U0566570

“十三五”国家重点图书出版规划项目

中国社会科学院创新工程学术出版资助项目

列国志

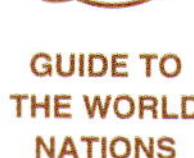

GUIDE TO THE WORLD NATIONS

新版

姚惠娜 编著

PALESTINE

巴勒斯坦

社会科学文献出版社
SOCIAL SCIENCES ACADEMIC PRESS (CHINA)

巴勒斯坦国旗

巴勒斯坦国徽

希沙姆王宫遗址（刘立伟　摄）

隔离墙（刘立伟　摄）

巴勒斯坦立法委员会（姚惠娜　摄）

中国援建的巴勒斯坦外交部大楼（刘立伟　摄）

阿克萨清真寺（姚惠娜　摄）

圣诞教堂和马槽广场（刘立伟　摄）

阿拉法特墓外景（刘立伟　摄）

拉姆安拉街景（刘立伟　摄）

纳布卢斯俯瞰（刘立伟 摄）

加沙城（刘立伟 摄）

卡兰迪亚难民营（刘立伟 摄）

联合国近东巴勒斯坦难民救济和工程处(UNRWA)建立的学校（姚惠娜　摄）

圣城大学，首届巴勒斯坦国际文化节（刘立伟　摄）

比尔宰特文化节（刘立伟　摄）

伯利恒圣诞节（刘立伟　摄）

巴勒斯坦葡萄节（刘立伟　摄）

出版说明

《列国志》编撰出版工作自1999年正式启动，截至目前，已出版144卷，涵盖世界五大洲163个国家和国际组织，成为中国出版史上第一套百科全书式的大型国际知识参考书。该套丛书自出版以来，受到社会各界的广泛好评，被誉为“21世纪的《海国图志》”，中国人了解外部世界的全景式“窗口”。

这项凝聚着近千学人、出版人心血与期盼的工程，前后历时十多年，作为此项工作的组织实施者，我们为这皇皇144卷《列国志》的出版深感欣慰。与此同时，我们也深刻认识到当今国际形势风云变幻，国家发展日新月异，人们了解世界各国最新动态的需要也更为迫切。鉴于此，为使《列国志》丛书能够不断补充最新资料，更好地服务于社会各界，我们决定启动新版《列国志》编撰出版工作。

与已出版的144卷《列国志》相比，新版《列国志》无论是形式还是内容都有新的调整。国际组织卷次将单独作为一个系列编撰出版，原来合并出版的国家将独立成书，而之前尚未出版的国家都将增补齐全。新版《列国志》的封面设计、版面设计更加新颖，力求带给读者更好的阅读享受。内容上的调整主要体现在数据的更新、最新情况的增补以及章节设置的变化等方面，目的在于进一步加强该套丛书将基础研究和应用对策研究相结合，将基础研究成果应用于实践的特色。例如，增加了各国有关资源开发、环境治理的内容；特设“社会”一章，介绍各国的国民生活情况、社会管理经验以及存在的社会问题，等等；增设“大事纪年”，方便读者在短时间内熟悉各国的发展线索；增设“索引”，便于读者根据人名、地名、关键词查找所需相关信息。

顺应时代发展的要求，新版《列国志》将以纸质书为基础，全面整合国别国际问题研究资源，构建列国志数据库。这是《列国志》在新时期发展的一个重大突破，由此形成的国别国际问题研究与知识服务平台，必将更好地服务于中央和地方政府部门应对日益繁杂的国际事务的决策需要，促进国别国际问题研究领域的学术交流，拓宽中国民众的国际视野。

新版《列国志》的编撰出版工作得到了各方的支持：国家主管部门高度重视，将其列入“‘十二五’国家重点图书出版规划项目”；中国社会科学院将其列为创新工程学术出版资助项目，王伟光院长亲自担任编辑委员会主任，指导相关工作的开展；国内各高校和研究机构鼎力相助，国别国际问题研究领域的知名学者相继加入编辑委员会，提供优质的学术指导。相信在各方的通力合作之下，新版《列国志》必将更上一层楼，以崭新的面貌呈现给读者，在中国改革开放的新征程中更好地发挥其作为“知识向导”、“资政参考”和“文化桥梁”的作用！

新版《列国志》编辑委员会

2013 年 9 月

前　言

自1840年前后中国被迫开关、步入世界以来，对外国舆地政情的了解即应时而起。还在第一次鸦片战争期间，受林则徐之托，1842年魏源编辑刊刻了近代中国首部介绍当时世界主要国家舆地政情的大型志书《海国图志》。林、魏之目的是为长期生活在闭关锁国之中、对外部世界知之甚少的国人"睁眼看世界"，提供一部基本的参考资料，尤其是让当时中国的各级统治者知道"天朝上国"之外的天地，学习西方的科学技术，"师夷之长技以制夷"。这部著作，在当时乃至其后相当长一段时间内，产生过巨大影响，对国人了解外部世界起到了积极的作用。

自那时起中国认识世界、融入世界的步伐就再也没有停止过。中华人民共和国成立以后，尤其是1978年改革开放以来，中国更以主动的自信自强的积极姿态，加速融入世界的步伐。与之相适应，不同时期先后出版过相当数量的不同层次的有关国际问题、列国政情、异域风俗等方面的著作，数量之多，可谓汗牛充栋。它们对时人了解外部世界起到了积极的作用。

当今世界，资本与现代科技正以前所未有的速度与广度在国际流动和传播，"全球化"浪潮席卷世界各地，极大地影响着世界历史进程，对中国的发展也产生极其深刻的影响。面临不同以往的"大变局"，中国已经并将继续以更开放的姿态、更快的步伐全面步入世界，迎接时代的挑战。不同的是，我们所面临的已不是林则徐、魏源时代要不要“睁眼看世界”、要不要“开放”的问题，而是在新的历史条件下，在新的世界发展大势下，如何更好地步入世界，如何在融入世界的进程中更好地维护民族国家的主权与独立，积极参与国际事务，为维护世界和平，促进世界与人类共同发展做出贡献。这就要求我们对外部世界有比以往更深切、全面的了解，我们只有更全面、更深入地了解世界，才能在更高的层次上融入世界，也才能在融入世界的进程中不迷失方向，保持自我。

与此时代要求相比，已有的种种有关介绍、论述各国史地政情的著述，无论就规模还是内容来看，已远远不能适应我们了解外部世界的要求。人们期盼有更新、更系统、更权威的著作问世。

中国社会科学院作为国家哲学社会科学的最高研究机构和国际问题综合研究中心，有11个专门研究国际问题和外国问题的研究所，学科门类齐全，研究力量雄厚，有能力也有责任担当这一重任。早在20世纪90年代初，中国社会科学院的领导和中国社会科学出版社就提出编撰“简明国际百科全书”的设想。1993年3月11日，时任中国社会科学院院长的胡绳先生在科研局的一份报告上批示：“我想，国际片各所可考虑出一套列国志，体例类似几年前出的《简明中国百科全书》，以一国（美、日、英、法等）或几个国家（北欧各国、印支各国）为一册，请考虑可行否。”

中国社会科学院科研局根据胡绳院长的批示，在调查研究的基础上，于1994年2月28日发出《关于编纂〈简明国际百科全书〉和〈列国志〉立项的通报》。《列国志》和《简明国际百科全书》一起被列为中国社会科学院重点项目。按照当时的计划，首先编写《简明国际百科全书》，待这一项目完成后，再着手编写《列国志》。

1998年，率先完成《简明国际百科全书》有关卷编写任务的研究所开始了《列国志》的编写工作。随后，其他研究所也陆续启动这一项目。为了保证《列国志》这套大型丛书的高质量，科研局和社会科学文献出版社于1999年1月27日召开国际学科片各研究所及世界历史研究所负责人会议，讨论了这套大型丛书的编写大纲及基本要求。根据会议精神，科研局随后印发了《关于〈列国志〉编写工作有关事项的通知》，陆续为启动项目拨付研究经费。

为了加强对《列国志》项目编撰出版工作的组织协调，根据时任中国社会科学院院长的李铁映同志的提议，2002年8月，成立了由分管国际学科片的陈佳贵副院长为主任的《列国志》编辑委员会。编委会成员包括国际片各研究所、科研局、研究生院及社会科学文献出版社等部门的主要领导及有关同志。科研局和社会科学文献出版社组成《列国志》项目工作组，社会科学文献出版社成立了《列国志》工作室。同年，《列国志》项目被批准为中国社会科学院重大课题，新闻出版总署将《列国志》项目列入国家重点图书出版计划。

在《列国志》编辑委员会的领导下，《列国志》各承担单位尤其是各位学者加快了编撰进度。作为一项大型研究项目和大型丛书，编委会对《列国志》提出的基本要求是：资料翔实、准确、最新，文笔流畅，学术性和可读性兼备。《列国志》之所以强调学术性，是因为这套丛书不是一般的“手册”“概览”，而是在尽可能吸收前人成果的基础上，体现专家学者们的研究所得和个人见解。正因为如此，《列国志》在强调基本要求的同时，本着文责自负的原则，没有对各卷的具体内容及学术观点强行统一。应当指出，参加这一浩繁工程的，除了中国社会科学院的专业科研人员以外，还有院外的一些在该领域颇有研究的专家学者。

现在凝聚着数百位专家学者心血，共计141卷，涵盖了当今世界151个国家和地区以及数十个主要国际组织的《列国志》丛书，将陆续出版与广大读者见面。我们希望这样一套大型丛书，能为各级干部了解、认识当代世界各国及主要国际组织的情况，了解世界发展趋势，把握时代发展脉络，提供有益的帮助；希望它能成为我国外交外事工作者、国际经贸企业及日渐增多的广大出国公民和旅游者走向世界的忠实“向导”，引领其步入更广阔的世界；希望它在帮助中国人民认识世界的同时，也能够架起世界各国人民认识中国的一座“桥梁”，一座中国走向世界、世界走向中国的“桥梁”。

《列国志》编辑委员会

2003年6月

CONTENTS 目录

CONTENTS

目录

CONTENTS

目录

CONTENTS
目录

CONTENTS

目录

CONTENTS

目录

CONTENTS

目录

CONTENTS
目录

CONTENTS

目录

CONTENTS

目录

CONTENTS

目录

第一章

概　览

在历史上，巴勒斯坦是指亚洲西部、地中海东岸的部分地区，该地区并非单独的政治-地理区域，也不存在严格的疆界。奥斯曼帝国统治后期和英国委任统治时期陆续划定的外围疆界使该地区东邻约旦及叙利亚、北接黎巴嫩、南连埃及的西奈半岛，面积约为27000平方公里。联合国大会1947年11月29日通过的《巴勒斯坦将来治理（分治计划）问题的决议》，即联大第181（二）号决议，将巴勒斯坦分为“阿拉伯国”和“犹太国”及耶路撒冷市辖区，占当时巴勒斯坦总人口69%的阿拉伯人得到约40.7%的土地，约11000平方公里；面积为158平方公里的耶路撒冷市由联合国管理。在1948年巴勒斯坦战争中，以色列占领了原本不属于“犹太国”的4850平方公里土地，约旦占领了约旦河西岸，埃及占领了加沙地带；耶路撒冷城被一分为二，约旦控制了老城和东部新区，以色列控制了西部新城；分治决议中规定的“阿拉伯国”未能建立。1967年6月，以色列发动“六五”战争，占领了包括耶路撒冷在内的整个巴勒斯坦。

时至今日，巴勒斯坦阿拉伯人仍未能正式建立拥有完全主权的独立的巴勒斯坦国。巴勒斯坦全国委员会第19次特别会议于1988年11月15日宣布成立巴勒斯坦国，首都为耶路撒冷，[①] 但并没有建立临时政府，没有对任何区域行使有效管理，宣布建立的巴勒斯坦国只是一个法理上的国家。随着形势的发展，巴勒斯坦阿拉伯人的领土被限制在原约旦兼并的约旦河西岸地区和原埃及控制的加沙地带。1967年11月22日联合国安理

① 此次会议同时宣布了巴勒斯坦国的国旗，但国徽未正式制定，官方长期采用的是巴勒斯坦解放组织的标志。

会通过的第 242 号决议，即“以色列军队撤离其在最近冲突中占领的领土”，实际上就是对这一事实的承认。从那时起，经过马德里中东和会，巴勒斯坦通过与以色列和谈，在约旦河西岸和加沙地带建立了巴勒斯坦民族权力机构（Palestinian National Authority）进行有限自治，目前仍处于有限自治阶段。由于中东和平进程的反复或停滞，巴勒斯坦开始寻求联合国成员国身份。2012 年 11 月，联合国大会通过决议，将巴勒斯坦从联合国观察员实体升格为观察员国。随后，巴勒斯坦和联合国官方文件中正式采用“巴勒斯坦国”这一名称。

第一节　国土与人口

一　国土面积

巴勒斯坦现有面积约 2500 平方公里（截至 2017 年），包括约旦河西岸约 40% 的土地和加沙地带，是巴勒斯坦通过与以色列签订和谈协议陆续收回的，但双方仍未就耶路撒冷永久地位问题达成协议。

巴勒斯坦战争中，“阿拉伯国”以耶路撒冷为中心的巴勒斯坦中部领土的边缘部分被以色列占领，其余被约旦军队占领的土地日后称为“约旦河西岸”。根据巴勒斯坦中央统计局（Palestinian Central Bureau of Statistics，PCBS）的数字，约旦河西岸面积为 5655 平方公里，[①] 另外还有约 220 平方公里的死海水面。同以色列的边界线为 330 公里，同约旦的边界线为 148 公里。[②]

联合国分治决议划定的加沙地带沿埃及边界向内陆延伸，面积在 2000 平方公里左右。巴勒斯坦战争后，以色列永久占领了加沙地带北段和“阿拉伯国”与埃及接壤的大部分内陆领土，将加沙地带压缩至 365

① 巴勒斯坦中央统计局网站，http：//www. pcbs. gov. ps/site/lang _ en/881/default. aspx # Census。

② 美国中央情报局网站，https：//www. cia. gov/library/publications/the - world - factbook/geos/we. html。

平方公里，仅为战前面积的18%。同以色列的边界线为59公里，同埃及的边界线为13公里，海岸线长40公里。①

二 地理位置

约旦河西岸东临约旦河和死海，其余三面为以色列所环绕，西南面隔以色列与加沙地带相望。

加沙地带位于巴勒斯坦南部地中海沿岸。拉法口岸是连接加沙地带与埃及的重要通道，也是巴勒斯坦唯一不经过以色列而直接通往外部世界的口岸。2000年9月阿克萨起义爆发后，以色列完全控制了原先由巴以联合控制的拉法口岸。巴以双方经过谈判，于2005年11月25日重新开放拉法口岸，由巴勒斯坦总统卫队控制口岸巴方一侧。2007年6月哈马斯（Hamas②）夺取加沙地带、控制拉法口岸后，口岸很少开放。

约旦河西岸和加沙地带两地互不相连。1995年9月巴以签署的《约旦河西岸和加沙地带过渡协议》规定，设立一个连接约旦河西岸和加沙地带的安全通道。1999年10月24日，连接加沙地带与哈利勒（希伯伦）的巴勒斯坦南部安全通道正式开通。阿克萨起义爆发后安全通道关闭。

三 地形特点

1. 约旦河西岸

约旦河西岸大部分是山区，长约150公里，宽31~58公里，分为半沿海地区、山地地区、斜坡地区和约旦河谷四个地形区。

半沿海地区始于杰宁和图勒凯尔姆，长约60公里，宽2~12公里。地势平坦，土壤肥沃。最高点海拔300米。

山地地区贯穿南北，包括北部的纳布卢斯山地、中部的耶路撒冷山地和南部的希伯伦山地三个次地形区。希伯伦山地的东、南和西南三面被沙

① 美国中央情报局网站，https：//www.cia.gov/library/publications/the-world-factbook/geos/gt.html。

② “伊斯兰抵抗运动”阿拉伯语（Harakat al-Muqawima al-Islamiyya）每个词首字母的缩写，意为“热情、勇敢”。

漠或半沙漠包围，山脊海拔大部分在900米以上，是巴勒斯坦最高的连续山地，山顶是一个起伏极小的宽阔高原，最高点海拔超过1000米。耶路撒冷山地向南延伸至希伯伦－伯利恒山地，地势较低，地形比较平缓，交通方便。纳布卢斯山地的中央部分升高到800米后在北部的杰宁山地下降到300~400米，其间有一些山谷和盆地。

斜坡地区始于杰宁东部，在海拔800米处向死海方向急剧下降，至低于海平面200米处。该地区降水稀少，属于半干旱地区；适宜放牧，有一些贝都因人（游牧民）临时搭建的营地，一些修道院坐落在靠近水源和河谷的地方。以色列建国后在这里建立了几个定居点，定居的人民依靠深水井生活。

约旦河谷是平原地区，从斜坡地区延伸到死海，构成约旦河西岸的东部边界。这里土地肥沃，水源充足，号称“巴勒斯坦的菜篮子”。杰里科是这个地区最重要的城市。

2. 加沙地带

加沙地带长约45公里，北部宽约6公里，南部宽约13公里，除两个由沙丘组成的丘陵外，几乎都是平原，最高点海拔105米。作为欧亚大陆和非洲的连接处，加沙地带在苏伊士运河开通之前一直是沟通二者的主要商道和人口迁徙通道。这里的港口不仅服务于整个南部巴勒斯坦，还影响到阿拉伯半岛及以更远地区的贸易活动。加沙城是加沙地带最重要的城市，也是世界上最古老的城市之一，古迹众多。

四　地质构造

巴勒斯坦地处阿拉伯高原西北部，在构造上属于阿拉伯半岛古地块西北边缘的断裂地带，也是东非－红海大裂谷向北延伸经过的区域，因而断层、断裂和抬升作用对地形的影响巨大。

约旦－死海谷地位于东、西约旦山脉之间，因为断层陷落而形成地沟。谷地宽3~24公里，两侧是巨大的陡立的断崖，地势险要，源于两侧高地的河流在陡崖上刻蚀出的许多幽深峡谷，成为人们出入于谷地的通道。

约旦河西岸的山地高原位于断裂带西侧，褶皱构造是其基本特征。这里的褶皱构造主要表现为一条宽阔的褶皱背斜，中轴线由南到北从希伯伦延伸到耶路撒冷以南的贝特贾拉，再从拉姆安拉延伸到卢班谷地，在卢班谷地转向东北，逐渐消失。在西北部有一些平行褶皱，其间是纳布卢斯向斜区。这个向斜区的中心上升并高于两侧，是典型的倒转地形，在断裂作用下形成许多内部盆地。背斜区几乎全部由白云岩和灰岩组成，局部含有泥灰岩夹层。向斜区主要由软灰岩和白垩组成。白云岩和灰岩上发育的是红色石灰土，土质肥沃，但常常是薄层的石质土。白垩和软灰岩上发育的是黑色石灰土，不太肥沃，非石质土。

五 河流与湖泊

1. 河流

约旦河西岸最大的河流是约旦河。约旦河发源于黎巴嫩和叙利亚交界处的谢赫山，是内流河。北部有三条支流：发源于黎巴嫩境内的哈斯巴尼河，源头在叙利亚境内的巴尼亚斯河，以及位于叙、黎、以三国边境的达恩河（又称利达尼河）。这三条支流汇合后构成上约旦河，正常年份每年总水量为5.5亿~6亿立方米。约旦河东北部源头为雅穆克河（Yarmuk River），发源于叙利亚，下游一部分构成叙约边界，另一部分构成约以边界。雅穆克河正常年份的总水量为4.5亿~4.75亿立方米，全长约360公里，向南流经巴勒斯坦并进入太巴列湖（Lake Tiberias），最后汇入死海。巴勒斯坦、叙利亚和约旦围绕约旦河水资源同以色列展开了多次斗争，目前尚未就水资源分配问题达成最终意见。当地还有一些季节性河流，流入约旦河或死海，或者经以色列流入地中海。

加沙地带没有永久性地表径流。从其西北部流向其东南部的加沙涸河是穿过本地区的唯一河流，被认为是当地最重要的河流，长8.5公里，在加沙城以南10公里处入海。[①] 希伯伦山和内格夫北部地区是加沙涸河的主要水源地。但以色列在内格夫北部地区修筑的堤坝和水渠使水流无法汇入加沙涸河。

---

① 巴勒斯坦国家新闻中心网站，http://www.pnic.gov.ps；〔以色列〕耶胡达·卡尔蒙等：《以色列地理》，北京大学地理系经济地理教研室译，北京出版社，1979，第309页。

2. 死海

死海位于约旦河南端的约旦－死海谷地，是巴勒斯坦、约旦和以色列共有的内陆湖。死海气候炎热，降水稀少，蒸发强烈，进水量大致与蒸发量相等，湖水含盐度在230‰以上，是世界上盐度最高的咸水湖之一。由于湖水含盐度较高，动植物难以在湖中和岸边生存，故被称为“死海”。死海水深304米，是世界上最深的盐度超高的湖泊。死海主要靠约旦河补充水源。近几十年来，死海进水量减少，水面面积日益缩小，现在只有600多平方公里，南北长50公里，东西最宽处15公里。水位也以平均每年1米的速度下降，目前死海水面低于海平面430.5米，是世界上海拔最低的地方。

六 气候

巴勒斯坦的气候属于地中海气候与热带沙漠气候之间的过渡类型。

1. 气温

夏季受副热带高压下沉气流控制，加上地中海的热力作用，炎热少雨。5～9月月平均气温差别不大，降雨极少。7月、8月为最热月份，月均温大多在25℃～30℃，最高温度达38℃，少数日子会出现40℃以上的高温。山区的最高气温和沿海一样，甚至比沿海还高，夜间降温，昼夜的平均气温较沿海低。

冬季受来自地中海的西风吹拂，气旋频率增加，温和湿润。由于受热带气团和极地气团变化影响，气温变化大，月平均气温并不能代表实际日温。1月最冷，平均气温在5℃以上，且由北向南递增。山区的日温差小。沿海地带几乎无霜，内陆的河谷和山地每年只有几夜下霜。

2. 日照

整年日照强烈，日照总时数位于世界前列。夏季几乎无云，冬季一日之中即使下雨，也有几小时出太阳。

3. 降水

在西亚北非，巴勒斯坦属于丰雨区，降水多局限于沿海，降水强度也由沿海向内陆递减；在山脉的迎风坡，雨量随地形升高而增加，背风坡雨量则减少。大部分地区年降水量在500～1000毫米。降水多集中在冬、春两季，每年12月到次年4月的降水量占到全年的75%～95%，6～9月降水甚少，有些地区甚至滴雨不降。降水年内分配不均，时间集中且强度大，造成了严重的土壤侵蚀与多数河流的季节性泛滥。

七 行政区划

巴勒斯坦分为约旦河西岸和加沙地带两部分。根据巴勒斯坦计划与国际合作部1997年10月绘制的地图，约旦河西岸分为8个省：杰宁、图勒凯尔姆、纳布卢斯、埃里哈（杰里科）、拉姆安拉、耶路撒冷、伯利恒、希伯伦。加沙地带分为5个省：北方省、加沙省、代尔拜莱赫省、汉尤尼斯省、拉法省。后来，约旦河西岸又增加了盖勒吉利耶（Qalqilya）、图巴斯（Tubas）、萨尔费特（Salfit）3个省。这16个省同时也是16个选区。

根据巴勒斯坦民族权力机构享有主权程度的不同，过渡时期约旦河西岸分为三个区域："A区"为城市地区，占18%，巴勒斯坦民族权力机构拥有完全自治权，行使包括民事和内部安全在内的行政、司法权。"B区"为农村地区，约占22%，巴勒斯坦民族权力机构只拥有民事权力，公共秩序由巴勒斯坦民事警察部队负责维持，而保护以色列公民及遏制恐怖活动的责任全部由以色列承担。"C区"是A区和B区之外的所有地区，占60%，包括犹太人定居点、军事设施区和开放区域，处于以色列控制之下，以色列负责安全问题、民事管理以及与土地相关的民事事务，包括土地划拨、规划建设和基础设施；巴勒斯坦民族权力机构只负责向当地巴勒斯坦人提供教育和医疗等服务，但这些服务所必需的基础设施的建设和维护仍然由以色列掌握。

1967年第三次中东战争结束后，以色列确立了在被占领土地上兴建定居点的政策。2005年8月，以色列虽然从加沙地带21个犹太人定居点全部撤出，结束了对当地的占领，但仍然不顾国际社会的反对，坚持在东耶路撒冷和约旦河西岸扩建定居点。目前，在约旦河西岸（不包括东耶路撒冷）有131个得到以色列承认的"合法"定居点和97个未获得政府批准但得到政府部门支持和帮助的非法定居点（outposts），共有39万多犹太定居者。到2012年，定居点几乎覆盖了约旦河西岸3.25%的领土，定居者实际控制的领土几乎占C区面积的68%。2017年2月，以色列国会通过法案，将约旦河西岸所有未经政府批准修建的非法定居点合法化。

八 人口、民族、语言

1. 人口

巴勒斯坦人口包括约旦河西岸和加沙地带居民以及流亡在外的难民。

（1）约旦河西岸和加沙地带人口

1998年初，经过长期的规划和准备，巴勒斯坦民族权力机构在约旦河西岸和加沙地带进行了首次人口普查。这次普查得到了联合国人口基金（UNFPA）的支持和承认。根据巴勒斯坦中央统计局公布的资料，如表1－1所示，到1997年年中，包括东耶路撒冷在内，约旦河西岸和加沙地带共有278.3084万人；到2010年年中，巴勒斯坦人口首次超过400万人，其中约旦河西岸251.3283万人，加沙地带153.5210万人；到2016年年中，巴勒斯坦人口增加至481.6503万人。

巴勒斯坦人口性别比为103.3，其中约旦河西岸和加沙地带的人口性别比是一样的。

2016年，巴勒斯坦平均人口密度为每平方公里800人，其中约旦河西岸平均人口密度为每平方公里519人。在约旦河西岸[①]，希伯伦、纳布卢斯、拉姆安拉、杰宁、伯利恒、图勒凯尔姆和盖勒吉利耶7个城市人口较多，其中希伯伦人口最多，超过70万人。约旦河西岸约有450个村镇，规模大的人口上万，规模小的只有百余人。加沙地带人口密度大大高于约旦河西岸，平均人口密度达到每平方公里5154人。当地人口主要聚集在城市，其中加沙城和汉尤尼斯两个城市的人口最多。

① 不包括东耶路撒冷。

表 1-1 约旦河西岸和加沙地带人口分布

单位：人

行政区＼时间	1997 年年中	2010 年年中	2016 年年中
巴勒斯坦	2783084	4048403	4816503
约旦河西岸	1787562	2513283	2935368
杰宁	192743	274001	318958
图巴斯	34755	54765	66854
图勒凯尔姆	127341	165791	185314
纳布卢斯	248102	340117	389329
盖勒吉利耶	68361	97447	113574
萨尔菲特	46077	63148	72279
拉姆安拉和比拉	202759	301296	357969
杰里科和阿赫瓦	31089	45433	53562
耶路撒冷	320809	382041	426533
伯利恒	130361	188880	221802
希伯伦	385165	600364	729194
加沙地带	995522	1535120	1881135
北方省	178605	297269	377126
加沙城	357768	534558	645204
代尔拜莱赫	144015	222866	273381
汗尤尼斯	195475	291737	351934
拉法省	119659	188690	233490

资料来源：巴勒斯坦中央统计局网站，http：//www. pcbs. gov－ps。

巴勒斯坦人口自然增长率很高，2016 年为 2.8%，其中约旦河西岸为 2.5%，加沙地带为 3.3%。流落在外的难民返回家乡也导致人口增长。

1997 年人口普查数据显示，巴勒斯坦平均每个妇女生育 6.1 个孩子；约旦河西岸妇女生育数量略少，平均每个妇女生育 5.6 个孩子；加沙地带生育率高于约旦河西岸，平均每个妇女生育 6.9 个孩子。近些年来，巴勒斯坦生育率逐渐下降，2011～2013 年，平均每个妇女生育 4.1 个孩子；约旦河西岸平均每个妇女生育 3.7 个孩子；加沙地带平均每个妇女生育 4.5 个孩子，依旧高于约旦河西岸。

随着生育率下降，巴勒斯坦的家庭规模也逐渐缩小。2016 年，巴勒斯坦每户家庭平均人口数量从 1997 年的 6.4 人下降到 5.2 人；约旦河西岸从 6.1 人下降到 2016 年的 4.8 人；加沙地带则从 6.9 人下降到 5.7 人。

巴勒斯坦人口结构非常年轻。根据巴勒斯坦中央统计局数据，到 2017 年年中，全国 15 岁以下人口占总人口的 38.9%，其中约旦河西岸 15 岁以下人口占其总人口的 36.6%，加沙地带 15 岁以下人口占其总人口的 42.6%；全国 65 岁以上人口只占总人口的 2.9%，其中约旦河西岸 65 岁以上人口占其总人口的 3.3%，加沙地带 65 岁以上人口占其总人口的 2.4%。这种人口年龄结构给就业、教育和社会服务带来巨大压力。

（2）巴勒斯坦难民

1948 年巴勒斯坦战争后，巴勒斯坦阿拉伯人由于恐怖和战争流落他乡，成为难民。综合各方面的统计，1948 年和 1967 年两次战争造成的直接难民人数在 100 万～120 万人。由于最初的巴勒斯坦难民产生距今年代久远，许多当初的难民已有了第二代甚至第三代。因此，不同的历史时期，巴勒斯坦难民的数量不尽相同。按照国际上一般的定义，目前巴勒斯坦难民的人数显然要比以前两次战争直接造成的难民人数多。

巴勒斯坦难民主要分布在以色列（1949 年停火线范围）、约旦河西岸、加沙地带、约旦、叙利亚、黎巴嫩、埃及等国家或地区。除约旦河西岸和加沙地带外，流落在约旦、黎巴嫩和叙利亚的难民数量最多。具体情况见表 1－2。

表 1－2　巴勒斯坦难民登记人数及其分布

单位：人

时间 地区	1950 年	1972 年	1991 年 6 月 30 日	2000 年 6 月 30 日	2007 年 6 月 30 日	2014 年 12 月 31 日
约旦河西岸	362000	278000	430083	583009	734861	774176
加沙地带	201000	325000	528684	824662	1030638	1276926
约旦	138000	552000	960212	1570192	1880740	2117361
黎巴嫩	129000	204000	310585	376472	411005	452669
叙利亚	82000	150000	289923	383199	446925	528616
合计	912000	1509000	2519487	3737534	4504169	5149748

资料来源：联合国近东巴勒斯坦难民救济和工程处网站，http：//www.un.org/unrwa。

到2016年，巴勒斯坦难民登记人数达到590万人，如果算上没有登记的难民，数量更多。截至2016年，在联合国近东巴勒斯坦难民救济和工程处（UNRWA）登记的巴勒斯坦难民中，在约旦河西岸的难民占登记难民总数的17.0%，在加沙地带的难民占登记难民总数的24.5%，在约旦的难民占登记难民总数的39.1%，在黎巴嫩的难民占登记难民总数的8.8%，在叙利亚的难民占登记难民总数的10.6%。

经过半个多世纪的发展变化，巴勒斯坦难民和难民社会已变得极为复杂。一部分难民取得了寄居国的国籍，甚至跻身社会上层，但仍有相当一部分难民栖身难民营中。在约旦的巴勒斯坦难民大多数拥有约旦公民身份，享有国民权利。但1967年从加沙地带逃出来的大约15.8万名巴勒斯坦难民没有取得约旦国籍，在获得公共服务方面受到限制。

2016年，在约旦河西岸和加沙地带的难民人数占巴勒斯坦难民总数的41.5%，约旦河西岸人口的26.2%是难民，加沙地带人口的65.3%是难民。当地难民的人口结构非常年轻，2016年第四季度统计数字显示，15岁以下人口比例达到39.3%，60岁及以上老年人比例为4.2%。这些难民的劳动参与率低，失业率高达33.3%，贫困人口比例很高。

自2011年初叙利亚危机爆发以来，当地巴勒斯坦难民的生活雪上加霜，很多人被迫逃离叙利亚，来到黎巴嫩或约旦。到2016年底，黎巴嫩估计收容了3.2万名来自叙利亚的巴勒斯坦难民，约旦收留了1.7万名来自叙利亚的巴勒斯坦难民。

（3）联合国近东巴勒斯坦难民救济和工程处

巴勒斯坦难民的生活、教育和医疗主要靠联合国救济。联合国近东巴勒斯坦难民救济和工程处（简称“近东救济工程处”）根据联合国大会1949年12月8日第302（Ⅳ）号决议成立，作为联合国下属的一个专门机构，负责对巴勒斯坦难民进行紧急人道主义援助。近东救济工程处于1950年5月1日开始工作，总部设在黎巴嫩贝鲁特。在约旦、黎巴嫩、叙利亚、约旦河西岸和加沙地带的难民到近东救济工程处登记。经过60多年的发展，近东救济工程处已成为这个区域内最大的联合国办事机构，雇用工作人员约3.1万人，包括教师、卫生工作人员、社会工作者和其他服务人员。这些工作人员大多数是难民，是他们所服务社区的成员。[①]

近东救济工程处经营着约900处设施，向难民提供多种服务，如小学和初中教育、职业和技术培训、包括家庭保健在内的综合初级保健、住院治疗补助、难民营环境卫生服务、救济援助特困户、为妇女青年和残疾人提供发展方面的社会服务等。在大部分情况下，近东救济工程处直接服务受益人，与东道国国营部门提供的服务并行。近东救济工程处的服务经费直接来自其预算。在适当可行的情况下，难民通过共同付费、自助计划、志愿工作和自愿捐款分担近东救济工程处的服务费用。

近东救济工程处实施小额资助和微型企业方案，帮助难民发展创收能力。为改进难民的生活条件，除“经常方案”之外，近东救济工程处还实施一系列基础设施项目。目前，巴勒斯坦政府与近东救济工程处已开展多种合作，在利用国际援助等方面继续为巴勒斯坦难民提供服务。

2. 民族

巴勒斯坦全国委员会于1968年7月修订的《巴勒斯坦国民宪章》第五条规定：“巴勒斯坦人是指那些1947年在正常情况下居住在巴勒斯坦的阿拉伯人民，不管是后来被人赶走的还是仍然留在那里的。从那以后，不管是在巴勒斯坦还是在其他地方，凡巴勒斯坦人的后代都是巴勒斯坦人。”第六条规定：“在犹太复国主义入侵以前，在正常情况下居住在巴勒斯坦的犹太人也被视为巴勒斯坦人。”[②]

巴勒斯坦阿拉伯人属欧罗巴人种地中海类型，属于闪含语系闪语族，是古代迦南人、腓力斯人（Philistine）及其他古代居民混血的后裔，自7世纪开始逐步同迁入的阿拉伯人融合，并阿拉伯化，形成巴勒斯坦阿拉伯人。

撒玛利亚人是一个古老的民族，目前世界上仅有700多人。撒玛利亚人中，一半居住在纳布卢斯附近的基利山上，另一半居住在以色列特拉维

① 联合国近东巴勒斯坦难民救济和工程处主任专员的报告（2016年1月1日至12月31日），大会正式记录，第七十二届联合国大会会议，补编第13号（A/72/13），联合国，纽约，2017。

② 《巴勒斯坦国民宪章》，巴勒斯坦解放组织驻京办事处编《巴勒斯坦问题和巴解组织》，第23页。

夫附近的霍伦。他们和犹太人一样庆祝逾越节，讲古希伯来语和阿拉伯语，同时拥有以色列和巴勒斯坦两国国籍。巴勒斯坦立法委员会中，专门有1个席位留给撒玛利亚人。

3. 语言

巴勒斯坦官方语言是阿拉伯语。阿拉伯语属于闪含语系闪语族。在基督教纪年之初，阿拉伯语主要在阿拉伯半岛使用。随着阿拉伯半岛居民的迁徙，特别是7世纪伊斯兰教的传播和阿拉伯人的对外征服，阿拉伯语影响不断扩大，成为整个阿拉伯民族的母语。阿拉伯语有28个字母，每个字母有13个音符。书写顺序为从右往左，呈横行排列，阅读顺序也为自右往左。

英语和希伯来语在巴勒斯坦广泛使用。巴勒斯坦公立和私立学校都开设英语课程。为了生活方便，东耶路撒冷及其周围地区的人也学习希伯来语。

九 国旗、国徽、国歌

巴勒斯坦国旗为横长方形，长宽之比为2∶1。靠旗杆一侧为红色等腰三角形，右侧自上而下为黑、白、绿三色等宽横条。巴勒斯坦国旗的颜色源于13世纪的阿拉伯诗人萨菲·丁·希利（Safī al – Dīn al – Hilli）的一首诗："白色是我们的创造，黑色是我们的战绩，绿色是我们的土地，红色是我们的历史。"这四种颜色成为1916年爆发的阿拉伯大起义旗帜用色，后来成为阿拉伯民族运动的象征。1948年10月18日，"全巴勒斯坦政府"采用阿拉伯大起义的旗帜作为巴勒斯坦旗帜。1964年，巴解组织调整阿拉伯大起义旗帜横条颜色顺序后，正式将其作为巴勒斯坦人的旗帜。1988年11月15日被确认为巴勒斯坦国旗。2015年9月30日，联合国总部首次升起巴勒斯坦国旗。

巴勒斯坦国徽为萨拉丁鹰。鹰的胸前是带白边的盾形国旗图案；鹰爪抓住弯匾，匾额上用阿拉伯文写着"巴勒斯坦"。

巴勒斯坦国歌为《我的救赎》（*Fida'i*），由巴勒斯坦革命诗人萨义德·木扎因（Said Al Muzayin）作词，埃及作曲家阿里·伊斯梅尔（Ali Ismael）谱曲，被称为"巴勒斯坦革命之歌"。1996年被巴勒斯坦立法委员会确定为国歌。在此之前，巴勒斯坦使用《我的祖国》（*Mawtini*）作为事实上的国歌。《我的祖国》是巴勒斯坦诗人易卜拉欣·图甘（Ibrahim Tuqan）在1934年创作的著名诗歌，由黎巴嫩作曲家穆罕默德·法拉菲（Mohammed Flayfel）谱曲。

国歌歌词如下：

自由战士，自由战士，自由战士，
我的土地，祖辈的土地。
自由战士，自由战士，自由战士，
我的民族，不朽的民族！

带着我的决心、我的复仇之火，
带着我血液中对土地和家园的渴望，
我翻山越岭投入战斗，
我排除万难跨越鸿沟。

带着强风般的意志和武器的怒火，
我的民族奋战到底，
巴勒斯坦是我的家园，是我的凯旋之路，
巴勒斯坦是我的家园，是我的人生考验，
巴勒斯坦是我复仇的永恒土地。

通过旌旗下的誓言，
通过我的土地和国家，痛苦的火狱，
我作为自由战士而生，坚持战斗，
我作为自由战士而死——直到祖国光复。

自由战士！

第二节 宗教与民俗

一 宗教

巴勒斯坦大多数人信奉伊斯兰教，属逊尼派。加沙地带的伊斯兰教特征比约旦河西岸更为明显，逊尼派占绝对主导地位。

7世纪初，阿拉伯半岛麦加古莱什部族人穆罕默德创立伊斯兰教。8世纪初，伊斯兰教传播到欧、亚、非三大洲，成为世界性宗教。逊尼派和什叶派是伊斯兰教两大派系。逊尼派全称为“逊奈和大众派”，意为“遵守逊奈者”，自称正统派；承认四大正统哈里发为穆罕默德的合法继承人；以《古兰经》为首要立法根据，以“六大圣训集”（al-Kutub al-Sitta）为第二立法渊源，主张“圣训”的地位仅次于《古兰经》。逊尼派基本教义为“六大信仰”（al-‘Aqa’id al-Sitt），即信安拉、信使者、信天使、信经典、信末日、信前定；必须履行的宗教义务为“五功”（念功、斋功、礼功、课功、朝功）。逊尼派在教法学方面分为哈乃斐派、沙斐仪派、马立克派和罕百里派四大学派。在巴勒斯坦，四大教法学派各有遵从者，但遵从罕百里派者人数最少。2016年，包括耶路撒冷在内，巴勒斯坦共有2924座清真寺，其中1979座位于约旦河西岸，945座位于加沙地带。

巴勒斯坦是基督教的发源地。据英国委任统治政府统计，1922年，在巴勒斯坦阿拉伯人中，基督教徒约占10.8%。基督教徒在英国委任统治时期享有某些特权，自犹太人开始大规模移入后，他们和穆斯林一起成为被排挤和受打击的对象。1948年以色列建国后，大批阿拉伯基督教徒和穆斯林一样，被迫逃往其他国家，成为难民。近年来，以色列的占领和封锁使约旦河西岸生活环境恶化，巴勒斯坦的基督教徒向外移民的数量增多。相对较低的生育率也是当地基督教徒人数减少的重要原因。截至2015年，在约旦河西岸，基督教徒约占总人口的1%～2.5%。在加沙地带，基督教徒占总人口的比例不到1%。东耶路撒冷、拉姆安拉、纳布卢斯和伯利恒是巴勒斯坦基督教徒的主要聚居地。2011年，包括耶路撒冷在内，巴勒斯坦共有162座教堂，其中159座位于约旦河西岸，3座位于加沙地带。

巴勒斯坦基督教中，东正教即耶路撒冷正教会教徒人数最多，约占基督教徒总数的一半。此外，还有罗马天主教、马龙派（Maronites）、亚美尼亚东正教、亚美尼亚天主教、科普特教派、埃塞俄比亚东正教、叙利亚东正教、圣公会、希腊天主教、路德教派以及其他几个新教教派。

耶路撒冷正教会5世纪产生于巴勒斯坦，信徒为巴勒斯坦阿拉伯人，教会上层均为希腊人，由牧首督辖，驻地是耶路撒冷。教会在约旦设两个教区，在叙利亚设3个教区，埃及设有1个教区，共有教徒10万多人。

二　民俗

1. 服饰

巴勒斯坦女性的传统服装是大袍，肥袖宽腰，长垂于地。大袍上通常带有手工刺绣、编织结等装饰物。在不同的城市甚至村庄，妇女服饰的特点各不相同。根据服饰的颜色、面料、样式和刺绣图案，就可以推断出服饰所属地区。比如，黑色代表“加沙地带”，白色代表“拉姆安拉”。

阿拉伯大袍是男子一年四季的传统服装。在节日及庆典时，人们习惯穿白袍，寓意吉祥如意；遇到丧事时穿黑袍，表示对亡者的敬意和痛悼。穿大袍时戴白帽或缠头巾，阿拉伯语称为“库非耶”。缠头巾分花、白两种颜色，用棉布或薄纱制成，长约一米，花色缠头巾底色一般是白色，有黑格、蓝格、红格、紫格、绿格，戴法是从右往左包缠在头上。巴勒斯坦民族权力机构主席亚西尔·阿拉法特（Yasir Arafat）总是头缠黑白或红白格头巾。对于头巾颜色的含义，阿拉法特有专门的解释，他说，黑格代表巴勒斯坦农民，红格代表沙漠中的贝都因人，格子中的白色代表居住在城里的居民。

20世纪初，巴勒斯坦城市居民开始穿西式服装。尽管在农村地区仍有人身着传统服装，但西装、牛仔裤、夹克衫等已经成为当地人的主要着装。即使穿着西式服装，穆斯林妇女多数也戴头巾。女性基督教徒不用戴头巾。

2. 饮食

巴勒斯坦饮食文化既有阿拉伯饮食文化的共同特点，又有鲜明的地域特色。《古兰经》训令信徒："禁止你们吃自死物、血液、猪肉，以及诵非真主之名而宰杀的、勒死的、捶死的、跌死的、抵死的、野兽吃剩的动物。"[①] 此外，《古兰经》禁止穆斯林饮酒，称饮酒是"魔鬼的行为"，是大罪。巴勒斯坦穆斯林严守教规，从不食用这些食物。

面饼和米饭是巴勒斯坦人的主食。巴勒斯坦面饼烤熟后自然分成两层，可以塞入沙拉和各种酱料。当地人喜欢把米饭和肉类一起烹煮，煮熟后再放上扁桃仁、葡萄干等坚果和干果。即使是做白米饭，他们也会放入油盐和香料。蔬菜塞饭是巴勒斯坦人喜欢的家常饭菜，做法是把米饭、肉末和香料混合做成馅料，塞入掏空的西葫芦、茄子、柿子椒内，或者用葡萄叶卷成小卷，煎熟或在肉汤里煮熟。

巴勒斯坦菜式包括沙拉、炖菜、肉类和奶制品。蔬菜主要有番茄、黄瓜、洋葱、土豆、小扁豆、茄子、西葫芦、卷心菜、葡萄叶和秋葵等。巴勒斯坦是橄榄产地，橄榄油和各种腌制橄榄是巴勒斯坦人每日都离不开的美食。典型的巴勒斯坦沙拉用切碎的番茄、黄瓜混合洋葱、柠檬汁和橄榄油做成。欧芹、奶酪也是重要的沙拉原料。肉类主要是鸡肉、羊肉和牛肉等。巴勒斯坦烤肉串（Kabab）也配上烤熟的番茄、青椒一起吃。鹰嘴豆在当地饮食中占有重要地位。鹰嘴豆泥和橄榄油等香料搅拌制成胡姆斯酱（Hummus），深受巴勒斯坦人欢迎。用磨碎的鹰嘴豆炸成的法拉费（Falafel）丸子既可以塞入面饼吃，也可以单独食用。

约旦河西岸和加沙地带的饮食各有特色。"莫萨卡"（Mosakhan）是约旦河西岸北部地区杰宁和图勒凯尔姆一种常见的菜式，即将鸡肉烤熟后佐以面包、洋葱、橄榄油和香料。濒临地中海的便利条件使鱼成为加沙地带居民的主要食物。巴勒斯坦人做饭时喜欢加入辣椒、大蒜、肉桂、月桂叶、丁香、豆蔻等香料，加沙地带尤甚。或烤或炸的鱼加上红辣椒、大蒜、孜然、香菜和切碎的柠檬，是加沙地带的典型美食。

① 《古兰经》，马坚译，中国社会科学出版社，1981，第5章第3节。

传统的巴勒斯坦饮食与特定的环境密切结合，隆重场合、家庭聚会或节日的食品各不相同。“曼沙夫”（Mansaf）是一种隆重场合才有的大餐，即将羊肉和大米同煮，再加上酸乳酪。贝都因人尤其喜欢这种大餐，用右手直接抓食。假日尤其是周五经常吃的是一种称为“马克鲁巴”（Maqlouba）的食品，即将肉和蔬菜烹煮之后再配上米饭。

甜点和糖果是节日里的必备食品。巴勒斯坦的甜点主要用面粉、糖或蜂蜜、奶酪和各种果仁制成，其中“卡塔伊夫”（Qataef）是有名的斋月甜点，即用面粉、水和牛奶混合烤制成金黄色的饼皮，包上奶酪、果仁等馅料炸制后浇上糖浆或蜂蜜；“阿瓦玛”（Awwama）是一种比较普遍的甜点，即用面粉做成小球油炸后蘸上糖水，香脆可口；“库纳法”（Konafa）是巴勒斯坦著名的甜点，用奶酪、面粉和糖制成，以纳布卢斯地区生产的最为有名。此外，椰枣、扁桃仁、腰果、葡萄干等坚果和干果也深受巴勒斯坦人喜爱。

除了传统饮食外，中餐馆、意大利餐馆、印度餐馆和美式西餐厅也开到了耶路撒冷、伯利恒、拉姆安拉等城市。2012 年，美国跨国连锁餐厅肯德基在拉姆安拉开设分店，成为进入巴勒斯坦的首家外国餐厅。

红茶和阿拉伯咖啡是巴勒斯坦人每天不可或缺的饮料。可口可乐、橙汁等饮料也很流行。当地人喜欢用薄荷、鼠尾草、洋柑橘、杏、生姜等制成的口味浓郁的花草茶。斋月晚餐中，当地人喜欢喝用罗望子、椰枣、椰子等天然水果制成的甜饮料，能够迅速补充糖分。

基督教徒没有饮酒禁忌。拉姆安拉附近的基督教村庄塔伊比（Taybeh）建有巴勒斯坦唯一的啤酒厂，生产号称“中东最好的啤酒”。当地每年举办为期两天的啤酒节（Oktoberfest）。

巴勒斯坦人喜欢吸食阿拉伯水烟。这种水烟通过一种特别装置，将烟草与蜂蜜或水果制成的烟膏燃烧后再吸食。与朋友在水烟馆抽烟聊天是巴勒斯坦男性的一种娱乐方式。有的餐馆也提供水烟供顾客餐后吸食。拉姆安拉开设有专门服务女性的水烟馆。

3. *居住*

住房在巴勒斯坦人的民族精神中占据着特殊地位，象征着家庭的完整、幸福和安全。他们的很多谚语都体现了这一点，如“没有比家更好的地方”，“我的家啊，掩盖我的过失，为我提供饮食”，“愿好事来到我的家，愿亲人们光临我的家”。[①] 巴勒斯坦人非常重视拥有自己的住房，建造宽敞、漂亮的房屋被视为经济实力的象征，是荣誉的来源。一旦资金充裕，他们首先想到的就是建房、买地或结婚。帮助村里人建房也是同村居民的责任。巴勒斯坦人把葡萄、橄榄树视为土地所有权的象征。在一个地方住下来后，就在房前屋后栽种这些植物。

传统民居用土坯或石头建造而成，内外墙面都要涂抹光滑并进行装饰。房屋一般分为两部分。较高部分约占房屋面积的2/3，是家庭成员起居场所。起居室通常铺有席子或地毯，招待客人时，室内还要铺上垫子；较低部分约占房屋面积1/3，用于饲养动物，角落里一般修建有盥洗室。巴勒斯坦人喜欢通风良好的房屋，在房门上方及与之相对的墙上都开有三角形的通风口。天气寒冷时，室内有由黏土做成的火盆供烧火取暖。冬天，室内的油灯整日点燃，其他季节只有在吃饭或来客人时才点油灯。贫穷的农民家里除了新娘的箱子以外没有别的木质家具。

贝都因人喜欢居住在帐篷里，帐篷截面像个等腰梯形，顶部突出（中心柱）。由于气候炎热，帐篷一般都用篷布，又薄又牢固。冬天帐篷四角捆在木桩上，四边紧贴地面，以防风沙和寒气侵袭。天气炎热时，篷布的四个角就卷起搭在木桩上，四边也掀起来，以使气流畅通，驱散暑热。帐篷中多有挂毯，可以用来阻挡风沙。

自以色列建国以来，数以百万计的巴勒斯坦人颠沛流离，成为难民。难民最大的愿望就是能有一个家。难民营成为背井离乡的巴勒斯坦人的居住地。最初的难民营基本是帐篷，很多难民营居民也利用木板、铁皮箱等材料搭建一些简易房。随着定居时间延长，难民营也建起了正式住房。难民营中人口密集，居住条件十分简陋，脏乱不堪，卫生、饮水等条件也极差。

约旦河西岸和加沙地带实行自治后，城市里建造了很多现代化楼房，

① 巴勒斯坦国家新闻中心网站，http：//www. pnic. gov. ps。

也出现了一些高级别墅。

4. 礼仪

阿拉伯人特别热情，他们主动邀请客人上门，频频劝客人吃，因为客人在饭桌上吃得多，表示喜欢主人的饭菜。阿拉伯人吃饭、喝茶时只能用右手，他们认为左手是不洁与不敬的，不能用来进食。当客人夸奖一件东西时，主人会坚持把它送给客人，如果客人不接受的话，主人会生气。

阿拉伯人忌讳非家族男性询问女眷的情况，忌赠送礼物给别人的妻子，认为这是极为失礼的行为。阿拉伯人生性慷慨，常常相互比较谁更慷慨，相互赠送的礼物一般都很值钱。伊斯兰教严禁偶像崇拜，而且阿拉伯人认为，动物形象会给人带来厄运，故不赠送带动物形象的东西，但送给儿童的玩具例外。

5. 婚姻

结婚在阿拉伯人眼中是丝毫马虎不得的大事。大体上说，阿拉伯人的婚姻要经过问亲、订婚和举行婚礼三个步骤。

问亲就是求婚，通常由男方家长或委托别人向女方的父亲提亲。

订婚一般在女方家举行，主要是商定彩礼的数额、首饰的多少，定下结婚的具体日期等。订婚分简、繁两种，简单的订婚只有双方男性家长参加；隆重的订婚则由双方的全体家庭成员参加，并邀请教长、名人或邻居作为证婚人出席。订婚后，结婚便进入倒计时。女方赶制嫁妆，男方准备彩礼和结婚用品。

巴勒斯坦婚礼的第一天被称为“海娜[①]之夜”（Henna Night），这一天新娘和新郎两家分别举行婚礼聚会。新郎的家人和朋友会为新郎举行舞会，庆祝其“告别单身”，新娘的姐妹们也会为新娘举行送别舞会。然后新郎家人带着“海娜”来到新娘家，由新郎的母亲用“海娜”在新娘的脸上绘上图案。新娘的手上也用“海娜”绘出美丽的图案作为装饰。这个晚上，新娘需要穿着传统的“海娜”礼服。高级“海娜”礼服相当昂贵，有的甚至高达1500美元，由新娘或她的母亲购买或定制。

---

① 海娜，又名散沫花，花极香，可提取香油和浸取香膏，是阿拉伯人常用的化妆品。

第二天举行正式的婚礼。人们在门前空地搭建舞场，或租用专门场地举办婚礼。婚礼上张灯结彩，歌舞不断。婚礼前半场是女眷专场。新郎新娘伴着传统婚礼进行曲共舞第一支舞，新郎和他的女性亲属共舞第二支舞，之后是新娘及其女性亲友共舞。男性亲友在婚礼后半场加入，以传统舞蹈表达对新人的祝福。随着社会的开放，许多现代元素融入婚礼，欧美流行音乐也出现在婚礼上。结婚仪式持续的时间依财力而定，一般为 3 天。

传统婚礼成本高昂。由于以色列的长期占领，巴勒斯坦经济困难、失业率高，许多年轻人无力承担个人传统婚礼开销。为此，巴勒斯坦政府经常出资举办集体婚礼，帮助年轻人成家立室。近几年，在慈善组织的帮助下，加沙地带也举行了数十次集体婚礼。

三 节日

新年 1 月 1 日是官方固定节假日。

国庆日是 11 月 15 日。1988 年 11 月 15 日，巴勒斯坦全国委员会第 19 次特别会议在阿尔及利亚首都阿尔及尔发表《独立宣言》，重申巴勒斯坦人民建立自己国家的权利，宣布“在我们的巴勒斯坦土地上建立一个巴勒斯坦国，它的首都为光荣的耶路撒冷”。

伊斯兰教的节日为巴勒斯坦全体穆斯林的节日。《古兰经》记载，真主在斋月中降示《古兰经》指导世人，故在此月应当斋戒。伊斯兰教历 9 月为斋月。斋月中，穆斯林每日黎明至日落禁饮食和房事，称为“把斋”。斋月最后一日看到新月后即可开斋。伊斯兰教历 10 月 1 日为开斋节。开斋节期间，穆斯林举行聚礼、讲道和其他庆祝活动，携带食品走访和问候亲友。

宰牲节，又称“古尔邦”节，在伊斯兰教历 12 月 10 日。根据《古兰经》记载，先知易卜拉欣为表示对真主的忠诚，遵真主之令宰杀儿子易司马仪献祭。当易司马仪俯首待宰时，真主又派天使改用绵羊代替。宰牲节是纪念易卜拉欣父子忠于信仰的节日，后来成为伊斯兰教的重要节日。宰牲节时穆斯林在清真寺内举行聚礼，宰牛、羊、骆驼并互相赠送。

圣纪是伊斯兰教历 3 月 12 日，为穆罕默德诞生纪念日。这一天，穆斯林在清真寺内聚礼，听伊玛目（教长）讲述先知穆罕默德的生平事迹。

此外，伊斯兰教的其他纪念日还有：登霄节，伊斯兰教历7月27日；白拉台夜，伊斯兰教历8月15日；盖德尔夜，伊斯兰教历9月27日。这些节日都有相应的传说，穆斯林在过节时更多的是念经、礼拜和施舍，以示纪念。

巴勒斯坦基督教徒主要过基督教节日，如圣诞节等。

第三节 特色资源

一 名胜古迹

1. 阿克萨清真寺[①]

阿克萨清真寺（Al-Aqsa Mosque）位于岩石清真寺以南，是仅次于麦加禁寺和麦地那圣寺的伊斯兰教第三大圣寺。阿拉伯语中“阿克萨”意思为“遥远的”，故阿克萨清真寺也被译为“远寺”。阿克萨清真寺高88米，宽35米，内立有53根大理石圆柱和49根方形辅柱。[②] 寺内有1座长方形的大礼拜寺，内有大小厅堂各1间，大厅称阿齐兹厅；小厅极为华丽，内设壁龛，称扎卡里亚壁龛。清真寺的北门设有高大的门廊，由7个独立的拱门组成，每一座拱门又与清真寺大殿的每扇门遥遥相对。

2. 岩石清真寺

又称萨赫莱清真寺。岩石清真寺圆顶用黄金覆盖，最外层的八角形墙体全部用石块砌成，外墙用花瓷砖贴面，镶嵌有《古兰经》经文，宏伟壮观，是伊斯兰时代建筑中的奇迹。在穆斯林看来，岩石清真寺“不仅是具有建筑学意义和艺术价值的古迹，而且是他们的信仰的活生生的象征”，“被认为是保存到现在的最古老的伊斯兰教古迹”。[③]

---

① 广义的阿克萨清真寺，是对阿克萨清真寺、岩石清真寺及周围广场和建筑物的总称。

② 〔巴勒斯坦〕穆罕默德·萨拉马·纳哈勒：《巴勒斯坦地理》，潘定宇、杨灏城译，北京出版社，1978，第87页。

③ 〔美〕希提：《阿拉伯通史》，马坚译，商务印书馆，1979，第308页。

3. 圣诞教堂

伯利恒马槽广场的马赫德山洞被认为是耶稣诞生地。326 年，君士坦丁大帝之母圣海伦娜在此修建圣诞教堂，又称马槽教堂（Church of the Nativity），后来在原址上多次重建，是巴勒斯坦现存最古老的教堂。目前该教堂由希腊东正教、罗马天主教和亚美尼亚教会联合管理。教堂建筑群占地 1.2 万平方米，主体呈十字形，有三处拱顶。位于地下的星洞长 13 米、宽 3 米，是圣诞教堂最具宗教和历史意义的部分。相传耶稣诞生在星洞中的一个泥马槽内。马槽在中世纪被运往梵蒂冈，现由一座白色大理石圣坛代替。圣坛上镶嵌一枚空心 14 角银星，标示着耶稣诞生的具体位置，并镌刻着拉丁文铭文：圣母马利亚在此诞下基督耶稣。圣坛上悬挂着 15 盏银质油灯，分属基督教各派。星洞侧面设有两座圣坛，分别纪念耶稣诞生于马槽和东方三博士向耶稣赠礼。

4. 希沙姆王宫

位于杰里科古城以北，是倭马亚王朝哈里发希沙姆所建宫殿。希沙姆王宫（Hisham's Palace）原本是哈里发冬季狩猎休憩的地方，建成后不久就毁于地震。从现存的浴室、马赛克镶嵌画地板和宏伟的柱子可以推断出其当初的规模，因而被考古学家称为“中东凡尔赛宫”。遗址保存有中东地区面积最大的马赛克镶嵌画。浴场活动室中存留的马赛克镶嵌画《生命之树》，图案精美，寓意深刻，保存完好。希沙姆王宫被视为巴勒斯坦最重要的伊斯兰考古遗址之一。

二 著名城市

1. 耶路撒冷

耶路撒冷是犹太教、基督教和伊斯兰教的共同圣地，拥有众多宗教遗迹和名胜古迹，是一座举世闻名的历史古城。耶路撒冷老城面积约 1 平方公里，分为穆斯林区、基督徒区、犹太区、亚美尼亚区 4 部分。阿克萨清真寺、岩石清真寺等是当地最重要的伊斯兰教圣迹。穆斯林称这两个清真寺所在的院落为“尊贵禁地”（al-Haram al-Sharif），犹太人称之为“圣殿山”。1981 年，耶路撒冷老城和城墙被列入《世界遗产名录》。

2. 拉姆安拉

拉姆安拉坐落在耶路撒冷以北 16 公里处，其海拔高出耶路撒冷 60 米。拉姆安拉为阿拉伯历史名城，由苏莱曼大帝修建。周围多山，泉源充足，夏季凉爽宜人，是约旦河西岸著名的避暑胜地，素有“约旦河西岸之珠”“巴勒斯坦新娘”之称。

巴勒斯坦民族权力机构成立后进驻拉姆安拉，拉姆安拉由此成为巴勒斯坦在约旦河西岸的行政管理中心，并和附近的比拉融合为一个城市。巴勒斯坦政府机构、巴勒斯坦立法委员会总部、巴勒斯坦解放组织（Palestine Liberation Organization，PLO，简称“巴解组织”）、“巴勒斯坦民族解放运动” ［Palestinian National Liberation Movement，简称法塔赫（Fatah①）］ 以及大部分党派的总部和巴勒斯坦官方电视台、电台等机构均设在此。近 40 个国家和国际组织在当地设有代表处。阿拉法特在拉姆安拉抵制以色列军队近 3 年的围困，逝世后安葬在此。因此，拉姆安拉如今也成为巴勒斯坦民族斗争的象征。

3. 杰里科

狭义的杰里科仅指杰里科市。广义的杰里科还包括附近地区，实际上是一个省（埃里哈）。杰里科市位于约旦河西岸、耶路撒冷东北，海拔低于海平面 251 米，是世界上海拔最低的城市。特殊的地势使这里自古以来就是远近闻名的“避寒”胜地。当地地下水丰富，泉水众多，水质上乘，可作为矿泉水直接饮用。

杰里科是世界上连续有人居住的最古老的城市之一，号称“万年古城”。从苏尔坦古城（Tel Al-Sultan）遗址中发掘出的一座园塔残迹，被认为是人类历史上最早的防御工事，距今 9000 多年。死海、库姆兰藏经洞及希沙姆王宫等名胜古迹举世闻名。试探山（Mount of Temptation）据说是魔鬼诱惑耶稣的地方，著名的夸伦多修道院依岩壁而建。杰里科附近的约旦河相传是耶稣接受洗礼的地方，吸引了众多基督教徒来此朝圣。连通约旦河西岸和约旦的阿伦比桥（Allenby，约旦称为“侯赛因桥”）是国

① 阿拉伯语“巴勒斯坦民族解放运动”（Tahrīr al-Watanī al-Filastīnī）逆序三个首字母缩写。

际政治中的一个“热点”地区，也为游客所向往。

4. 伯利恒

位于耶路撒冷南部。据说耶稣诞生于此，故而成为基督教圣地。马槽广场、圣诞教堂、圣乳教堂（Milk Grotto Chapel）、牧羊人旷野等都是著名的基督教圣迹。所罗门池（Soloman Pool）位于伯利恒和希伯伦之间的山谷中，由3个由西向东海拔依次递减的宽阔水池组成，四周树木蓊郁，是风光秀丽的旅游胜地。伯利恒是巴勒斯坦最大的宗教纪念品生产中心，专门生产以橄榄木和珍珠母为原料的圣物。

5. 希伯伦

亦称哈利勒，位于伯利恒南部，被犹太人、基督教徒和穆斯林视为各自宗教的发源地，是世界上最古老的城市之一，也是风景如画的避暑胜地。易卜拉欣清真寺（Ibrahimi Mosque）又称“列祖之墓”（Tomb of the Patriarchs）、“麦比拉洞穴”（Cave of Machpelah），是犹太人和阿拉伯人的共同祖先亚伯拉罕及其子以撒、雅各和他们妻子（拉结除外）的墓穴。老城的马穆鲁克风格建筑修建于奥斯曼帝国时期，精美异常。希伯伦还是巴勒斯坦重要的农产品集散地和贸易中心，盛产葡萄等水果，大理石开采、玻璃加工和制革工业也比较有名。

6. 纳布卢斯

位于耶路撒冷北部，是巴勒斯坦的主要城市之一，历史悠久，古称“示剑”（Shechem）。城里有雅各井和巴拉塔古城等历史名胜，附近有锡巴斯特（Sebastia）古代建筑遗迹。基利山山巅有撒玛利亚人社区和他们建造的犹太会堂。当地街道宽阔、建筑宏伟、别墅华丽。作为工业重镇，纳布卢斯集中了巴勒斯坦近1/3的企业总部和唯一的证券交易所。

7. 加沙城

加沙地带最大的城市，与杰里科同为最早实现自治的地区，曾是巴勒斯坦民族权力机构所在地。加沙城是世界上最古老的城市之一，至少在公元前15世纪就已有人类居住。老城区仍保留着一些历史遗迹。

第二章

历　史

第一节　上古简史

一　远古时代

巴勒斯坦属于冬季多雨潮湿、夏季炎热干燥的地中海气候，有适于栽培的野生谷物和易于驯养的动物，因而成为最早出现农业和畜牧业的地区，早在旧石器时代就有人类活动。据考古发现，公元前50万~前1.4万年前卡麦尔山（Carmel）山洞中就有人类活动。

公元前14000~前8000年，巴勒斯坦进入中石器时代，在马拉哈泉和杰里科发现的纳图夫文化（Natufian Culture）遗址是这一时期的典型代表。纳图夫文化的社会经济以采集、渔猎为主，并向农耕经济过渡，可能出现了畜牧业的萌芽。出土的动物骨骼表明，已出现家犬。工具以细石器为主，多为半月形，还有镰刀、石臼、石杵、石磨盘，这些工具可能是用来采集和加工野生大麦、小麦的。骨器有收割刀、针、锥、刮刀和鱼钩等。有不少雕刻品出土。住处极简陋，多为圆形茅棚，或直接居住在洞穴中。墓葬位于居住地之内，有单人葬、集体葬和集体二次葬。有些死者身上撒有赭石粉末，这可能含有宗教信仰的意义。

公元前8000~前6000年，巴勒斯坦处于新石器时代。

公元前8000~前7000年，巴勒斯坦进入前陶新石器或无陶新石器时期，已种植小麦、大麦、扁豆和豌豆等，开始饲养绵羊和山羊。这个时期的典型遗址杰里科古城，已出现用土坯砌筑的半地穴式房屋，城外有石砌围墙和壕沟，墙内有石塔，这被认为是世界上最早的防御工事。

公元前7000～前6000年左右，巴勒斯坦进入有陶新石器或发达的新石器时期。农业已有进一步发展，有的地方已出现灌溉农业。

公元前6000～前5000年左右，巴勒斯坦进入铜石并用时代。迦苏勒文化（Ghassulian Culture）是巴勒斯坦南部铜石并用时代中期的典型代表，其命名源于约旦王国境内约旦河谷附近图莱拉特·迦苏勒（Tulaylat al-Ghassul）的考古发掘。迦苏勒文化时期农人居住在小村落中，建造泥砖梯形房屋或地下住宅，绘制彩色壁画，同时还炼铜。贝尔谢巴附近出土了这一时期的陶器和石器，并且发现了制造铜器和象牙的作坊，这表明专门工匠已经出现。

二 青铜器时代

公元前4000年，巴勒斯坦已有完备的铜加工技术。公元前3000～前2500年，闪族人从阿拉伯半岛迁徙进入巴勒斯坦，开始定居生活，其中有迦南人和亚摩利人。据公元前2500年的卡迪铭文记载，巴勒斯坦被称为“亚摩利人之乡”。阿卡德人称之为“亚摩利人之地”。迦南人生活在地中海东岸的平原地区，并且建立了独立的城市国家。因此，《圣经·旧约》把巴勒斯坦称为“迦南地”或“迦南人的国家”。迦南人的城市国家规模不大，经常受到周围大国的侵扰。希克索斯人和埃及人曾先后统治巴勒斯坦，赫梯多次与埃及争夺巴勒斯坦及其周围地区的统治权。

公元前22世纪，迦南人有了最初的本土文字。公元前14世纪，出现了用迦南楔形文字书写的史诗及神话文本。迦南人信奉多神教，各部落都有自己的守护神，最主要的是“巴勒神”（Baal，即太阳神）。迦南人的经济以农业、手工业及贸易为主，开始与埃及和伊拉克进行商业往来，巴勒斯坦成为重要的贸易中转站。

三　铁器时代和犹太人统治时期

公元前 13 ~ 前 12 世纪，克里特岛和爱琴海沿岸的腓力斯人进入迦南沿海地带，将这个地方命名为腓力斯提亚（Philistian），即“腓力斯人的地方”。腓力斯人带来了迈锡尼文明的文化与技术，特别是冶铁技术，使巴勒斯坦从铜器时代进入铁器时代。腓力斯人建立了 5 个城市国家，创造的文明延续了 600 余年。

公元前 2000 年前后，希伯来人从两河流域移居迦南。迦南发生旱灾，希伯来人流亡埃及达 400 年之久，于公元前 12 世纪左右在摩西的带领下重返迦南。公元前 1025 年，犹太人建立统一的希伯来王国，定都耶路撒冷，历经扫罗、大卫和所罗门三位国王将近 100 年的统治。所罗门统治时期是希伯来王国最兴盛时期，他在耶路撒冷建造了规模宏大的耶和华圣殿，史称“第一圣殿”。所罗门死后，王国分裂为北部的以色列王国和南方的犹大王国（Kingdom of Judah）。

两河流域的亚述帝国崛起后，消灭了以色列王国，犹大王国也沦为亚述的属国。公元前 586 年，新巴比伦王国国王尼布甲尼撒二世攻陷耶路撒冷城，焚毁所罗门神殿，将贵族、祭司、工匠等数万名犹太人押往巴比伦，史称“巴比伦之囚”，犹大王国最终灭亡，“第一圣殿”时期结束。

四　前伊斯兰时代

公元前 538 年，波斯帝国灭亡巴比伦王国，获得巴勒斯坦的统治权，允许犹太人返回故乡。返回耶路撒冷的犹太人在“第一圣殿”原址上重建圣殿，史称“第二圣殿”。

公元前 332 ~ 前 142 年，巴勒斯坦处于希腊的统治之下，其间经历了亚历山大大帝、托勒密王朝和塞琉古王朝的统治。这一期间，希腊文化在巴勒斯坦广泛传播，希腊语成为当地正式语言。塞琉古王朝统治时期，禁止犹太教，洗劫了“第二圣殿”。这种做法激起了犹太人的顽强反抗，公元前 142 年犹太人起义军建立了独立的马卡比王国，后被罗马大军征服。

公元前63年，庞培进军耶路撒冷，巴勒斯坦与叙利亚一起成为罗马帝国的一个行省。罗马人在巴勒斯坦扶持建立了一些附属国，由当地的统治者进行统治。罗马帝国残酷的殖民统治迫使当地居民和犹太人多次起义，但均遭残酷镇压，幸存的犹太人几乎全部逃离或被驱逐出巴勒斯坦。犹太人作为主体民族在巴勒斯坦生存的历史结束。

罗马帝国分裂后，巴勒斯坦受拜占庭帝国统治，一直到7世纪初。这一时期，巴勒斯坦在文化上取得巨大成就，阿拉米语（Aramic）成为通用语言，但社会的上层人士仍说希腊语。巴勒斯坦的凯撒里亚（Karsaria）成为当时的文化学术中心之一。

1世纪，基督教在巴勒斯坦地区诞生。基督教最初作为犹太教的一个支派或异端出现，遭到犹太人的反对和罗马人的残酷迫害。313年，君士坦丁大帝颁布“米兰敕令”（Edict of Milan），宣布帝国境内人民有信仰基督教的自由。326年，君士坦丁大帝之母圣海伦娜前往耶路撒冷朝圣，亲自确定圣址，修建“圣母教堂”和“圣诞教堂”。巴勒斯坦和耶路撒冷开始成为基督教朝圣者修道生活的中心，耶路撒冷成为基督教的圣地。基督教在巴勒斯坦的主导地位最终确立后，当地居民除犹太人外，绝大多数信奉了基督教。

第二节　中古简史

一　阿拉伯人的征服和统治

7世纪初，阿拉伯人统一阿拉伯半岛后，大举进攻巴勒斯坦地区。636年，阿拉伯军队在雅穆克（Yarmūk）战役中大获全胜，这标志着拜占庭帝国在巴勒斯坦的统治结束。两年后，阿拉伯军队征服耶路撒冷。阿拉伯人统治时期，叙利亚和巴勒斯坦属于同一行政区，即沙姆（al-Shām）地区，它包括今天的叙利亚、黎巴嫩、巴勒斯坦和约旦。沙姆地区被划分为四个军区，巴勒斯坦分属于其中的菲勒斯坦军区（jund Filastīn）、约旦军区（jund Urdunn）和大马士革军区（jund Dimashq）。

第三任哈里发奥斯曼统治时期，帝国发生严重分裂。穆阿维叶被支持者在耶路撒冷拥戴为哈里发，建立倭马亚王朝，定都大马士革。约旦军区和菲勒斯坦军区的部落成为倭马亚王朝主要的政治、军事支持者，因此穆阿维叶经常去巴勒斯坦。在他统治期间，这一地区保持安宁。① 伴随着争夺哈里发权力的斗争，巴勒斯坦各部落之间进行了残酷的战争。同阿拉伯其他地区一样，巴勒斯坦的部落也分为南北两大派系，南方部落组成也门（Yaman）联盟，北方部落组成盖斯（Qays）联盟。680～692年，在倭马亚王朝与祖拜尔之子阿卜杜拉的斗争中，巴勒斯坦的也门部落支持倭马亚家族，成为倭马亚家族打败阿卜杜拉的重要力量。

阿拔斯王朝时期，统治中心转移到伊拉克，巴勒斯坦的政治地位急剧下降，当地部落很少参与国家的政治事务，部落战争和起义时有发生。由于远离统治中心，巴勒斯坦经常遭到周围王朝的侵袭，先后受到土伦王朝、伊赫希德王朝、埃及法蒂玛王朝的统治。

二 巴勒斯坦的伊斯兰化和阿拉伯化

1. 伊斯兰教和阿拉伯语的传播

在被阿拉伯人征服以前，巴勒斯坦除犹太人外，绝大多数居民信仰基督教，日常生活用语是希腊语和阿拉米语。随着阿拉伯人的进入和伊斯兰教的传播，阿拉伯语开始在巴勒斯坦传播。倭马亚王朝时期开始推行阿拉伯化，规定阿拉伯语为官方语言，所有公文都用阿拉伯文书写，大大提高了阿拉伯语在政治和文化上的重要性。政府中的非阿拉伯公务人员开始学习阿拉伯语。

阿拉伯人统治时期，臣民大体分为四个等级。第一等级是处于征服者地位的阿拉伯人；第二等级是改奉伊斯兰教的非阿拉伯人及失去和不能取得统治者资格的具有阿拉伯血统的人，即阿拉伯贵族保护下的平民；第三等级是巴勒斯坦的基督教徒和犹太教徒，也称为“迪米人”（Dhimmis）、“有经典的人”；第四等级是奴隶。迪米人享有宗教信仰自由，可以保留私有财产，但要缴纳人丁税和土地税。由于当地一些城市是通过和平方式

① Moshe Gil, *A History of Palestine, 634 - 1099*, Cambridge University Press, 1992, p. 78.

占领的，通常均有阿拉伯人与当地居民通过谈判签订的归降和约，因此巴勒斯坦的迪米人同其他地方的同类人相比，生活在一种较宽松的氛围之中。但为了获得较快的晋升或减免捐税，迪米人开始皈依伊斯兰教。特别是在阿拔斯王朝时期，哈里发哈伦·拉希德（Harun al-Rashid）和穆台瓦基勒（al-Mutawakkil）对迪米人的歧视性和限制性政策，加速了阿拉伯化与伊斯兰化进程。巴勒斯坦人口由基督教徒占多数逐渐变为穆斯林占多数。

2. 耶路撒冷伊斯兰教圣地地位的确立

伊斯兰教创立初期，穆罕默德为了得到麦地那犹太社团的支持，曾沿用犹太教的一些习俗，面向耶路撒冷朝拜。相传穆罕默德曾乘飞马一夜之间从麦加来到耶路撒冷，登上九重霄见到古代众先知和天园，《古兰经·夜行》篇对此事也有记载。由此，耶路撒冷作为伊斯兰教圣地的地位得以确立。

阿拉伯人进入耶路撒冷后，在穆罕默德登霄圣石上修建了清真寺。倭马亚王朝时期，哈里发阿卜杜·马立克（Abd al-Malik）为了吸引更多的穆斯林到耶路撒冷朝觐，于691年将这座清真寺扩建成宏伟壮观的岩石清真寺。[①] 之后，又在岩石清真寺以南修建了阿克萨清真寺。岩石清真寺和阿克萨清真寺建成后，以这两座清真寺及由高墙围筑的宽敞院落为中心，耶路撒冷成为伊斯兰教继麦加和麦地那之后的伊斯兰教第三圣地。

3. 城市的建设

拉姆安拉是阿拉伯人征服巴勒斯坦后修建的一座新兴城市。倭马亚王朝哈里发苏莱曼未继位之前就住在这里。715年继位之后，苏莱曼把宫廷设置在拉姆安拉，将这里作为菲勒斯坦军区的首府。拉姆安拉由此成为巴勒斯坦最重要的城市之一。由于靠近地中海和红海，且有着四通八达的道路网，拉姆安拉成为当时的商业中心、埃及人的物资转运站，同时还是阿拉伯帝国的军事要塞。近代以来，由于其特殊历史地位，成为巴勒斯坦民族权力机构所在地。

倭马亚王朝时期，巴勒斯坦和叙利亚沿海城镇作为同拜占庭海战的前线基地，得到很大发展。随着伊斯兰舰队的建立，推罗、阿卡、凯撒里

---

① 〔美〕希提：《阿拉伯通史》，第307页。

亚、雅法和阿什凯隆的港口得到恢复和建设，阿拉伯军队在当地驻防。阿卡成为约旦军区造船厂所在地和主要的海军基地。①

三 抗击十字军的斗争

11 世纪，教皇组建十字军，打着宗教的旗号对东方进行侵略。1099 年，十字军攻克耶路撒冷，继而控制了巴勒斯坦大部分地区。十字军首领鲍德温四世（Baldwin Ⅳ）被立为耶路撒冷王国国王，统治着巴勒斯坦沿海地区。

埃及阿尤布王朝的萨拉丁国王是抗击十字军的著名英雄。1187 年，萨拉丁在海廷（Hattīn）战役中大败十字军，歼灭十字军精锐部队。同年 10 月，萨拉丁攻陷耶路撒冷，并乘胜攻克许多城市和要塞，仅剩下安提克、的黎波里、提尔（苏尔）以及一些较小的城镇尚在十字军手中。

阿卡战役后，萨拉丁和英王理查一世签订停战和约。和约规定十字军负责保有从提尔到雅法的沿海地区，内地和耶路撒冷归穆斯林管理，在阿卡到圣城之间开辟一条走廊，供基督教徒自由朝圣。阿尤布王朝分裂后，埃及的统治者把耶路撒冷以及连接圣城与阿卡的走廊交给十字军。1291 年，埃及马木鲁克王朝军队攻破十字军在东方的最后堡垒——阿卡（Acre），结束了十字军对巴勒斯坦的占领。

在从 1099 年十字军占领耶路撒冷到 1291 年被全部赶出去的近 200 年间，巴勒斯坦先后受到十字军、突厥人、阿尤布王朝、蒙古人和马木鲁克王朝统治。频繁的政权更迭使经济受到严重摧残与破坏，沿海城市特别是加沙作为商业、文化中心的重要性下降。

第三节 近代简史

一 政治制度和政治生活

1516 年，奥斯曼帝国苏丹谢里姆一世的军队打败埃及马木鲁克王朝

① Moshe Gil, *A History of Palestine, 634 - 1099*, p. 107.

军队，占领了巴勒斯坦地区。此后，巴勒斯坦处于奥斯曼帝国统治下，直到第一次世界大战结束。

1. 行政区划变迁

奥斯曼帝国的省份称“维拉亚特”（wilayat），即“省”，省下面的州称为“桑贾克”（sanaijq），州下设县。在奥斯曼帝国统治早期，巴勒斯坦同现在的叙利亚、黎巴嫩、约旦组成地理上的叙利亚，被划分为四个省。属于大马士革省的巴勒斯坦被分为三个州，即加沙、耶路撒冷和纳布卢斯，其中耶路撒冷城区被划为特别州。但是这一区划并不稳定，有时一个总督同时管理两个州。1525 年，加沙和耶路撒冷合并为一个州，纳布卢斯也一度并入耶路撒冷。

1864 年奥斯曼帝国颁布《维拉亚特法》后，巴勒斯坦大体上被分为三个州。南部为耶路撒冷州，包括耶路撒冷、雅法、加沙、希伯伦、贝尔谢巴和哈菲尔。由于特殊的宗教地位，1887 年耶路撒冷被划为独立的行政单位，直属中央政府。北部为阿卡州，包括阿卡、海法、太巴列、萨费德、拿撒勒等地，属于贝鲁特省。中部为纳布卢斯州，包括纳布卢斯、卡勒基利亚、图勒凯尔姆、杰宁等地，属于大马士革省。

2. 土地制度

奥斯曼帝国统治时期，巴勒斯坦的土地基本上分为三种类型。所有权属于国家的官地，称为“米里”（miri），占土地面积的绝大多数，苏丹为最高所有者，归乡村公用，农民拥有耕种权。属于伊斯兰教宗教机构的土地，称为“瓦克夫”（waqf），是根据伊斯兰法律建立的永恒基金。私有土地，称为“木尔克”（mulk），有些是伊斯兰征服以来被允许保留的财产，有些是苏丹赏赐给大臣的礼物。除此之外，山区还保留着土地村社所有制。

“瓦克夫”是通过捐募形成的，免缴税收。世俗封建主将大量地产捐赠给伊斯兰宗教机构，如清真寺、宗教学校、修道院等。中小农民也常向“瓦克夫”捐赠土地，以求自己的土地免遭封建主侵吞。作为菜园和果园的私有土地几乎长期归农民耕种，但这类土地面积不大。大地主拥有的私有土地由农民在分成制的基础上租种。私有土地可以自由支配：出卖、赠送和继承。国家对私有土地征收土地税，税率可达收成的一半。村社土地归农民集体所有，一般在公有制的基础上进行耕种，产品归耕种者所有。土地分配方面，19 世纪初以前，巴勒斯坦普遍实行被称为“穆沙”（musha，意为“轮换”）的土地轮换制，根据农民的耕种意愿及拥有耕牛的数量每年重新分配土地。巴勒斯坦一般采用包税制，由谢赫（sheikh①，意为“长老”或氏族的上层人物承包土地税，除直接缴纳国库部分外，允许保留部分税收作为服务的薪金和有关开支。

19 世纪中叶，奥斯曼帝国进行了名为“坦齐马特”（Tanzimat）的现代化改革运动。改革后，巴勒斯坦的土地制度发生了较大变化。1858 年，奥斯曼帝国政府颁布“土地法”，后又通过“土地登记条例”，对土地进行重新登记，村社土地所有制被取消。此举的目的是加强国家对土地的控制，遏制土地私有化势头，增加国家税收。但在法令执行过程中，农民们为逃避债务或服兵役，把土地登记在大家族名下，成为佃农或雇佣劳动者。土地法的实施和土地登记导致了大规模的土地兼并，加快了巴勒斯坦土地的私有化进程。土地登记和地契的发放使包税者拥有了自由处置地产的权利，许多包税者成为大地主。而主要受益者是当地最有势力的家族。20 世纪初，地主获得出售土地的权利，从中获得丰厚利益。

3. 谢赫统治及精英家族的兴起

在巴勒斯坦地区，奥斯曼帝国的统治者依靠当地主要的阿拉伯部落进行统治。部落的长老谢赫掌握着基层权力，是农村的最高统治者。势力强大的家族垄断了谢赫这一职务，也在一定程度上控制了地区行政长官瓦里的职务。在履行职责的过程中，谢赫及其家族集聚了大量财富。“坦齐马特”改革以后，巴勒斯坦的部落制度逐渐衰落，氏族转变为拥有小块土地的家庭。谢赫的统治地位也逐渐被新兴的大土地所有者家族中的精英家族取代，他们凭借地位和财富，在政治、经济、宗教、文化等事务中发挥着日益重要的作用，成为巴勒斯坦的统治阶层。

侯赛尼家族、纳沙希比家族、哈立迪家族、努赛巴家族和阿拉米家族

① 谢赫有两个含义，一为伊斯兰教长老，二为部族长老、村长。本处为第二个含义。

是耶路撒冷著名的家族。侯赛尼家族的血统可以追溯到先知穆罕默德。自17世纪初期起，侯赛尼家族成员便开始担任耶路撒冷穆夫提（教法解释官），一直掌管着巴勒斯坦地区的伊斯兰教事务。侯赛尼家族成员也在奥斯曼帝国政府中担任高级职务，如奥斯曼帝国议会代表、奥斯曼帝国中央政府官员、耶路撒冷市市长等。纳沙希比家族在耶路撒冷、雅法和外约旦拥有大量土地，奥斯曼帝国统治后期，家族的几个著名成员进入奥斯曼帝国议会，并担任行政官员。伊沙夫·纳沙希比是著名的作家和阿拉伯语言大师，他的文学风格在阿拉伯世界被广泛推崇。哈立迪家族自称是636年征服叙利亚的著名穆斯林指挥官哈立德·伊本·瓦立德（Khalid ibn al-Walid）的后裔，在宗教、教育界享有崇高声望，家族的许多成员几个世纪以来都担任较高的政府和宗教职务，多为知识分子和专业技术人员。努赛巴家族也是耶路撒冷古老的家族，从第二任哈里发欧麦尔执政时期开始一直控制着圣墓教堂。阿拉米家族同样以家族中涌现出的宗教学者、知识分子、政府官员而自豪。

家族统治在其他城市也同样盛行，雅法、海法、拉姆安拉、加沙、希伯伦和阿卡等地重要的行政职务和宗教职务都由精英家族的人担任。

19世纪后半期，各个家族围绕着财富和权力扩张、反对犹太复国主义和英国委任统治产生的分歧、斗争，对巴勒斯坦历史产生了重要影响。

二 西方列强对巴勒斯坦的争夺

1. 西方教会的活动

西方列强利用奥斯曼帝国的衰落加紧在巴勒斯坦扩张势力。1799年，拿破仑率大军占领了加沙、雅法和海法等城市，但在北上途中遭到英国和奥斯曼帝国军队的合力抵抗，被迫退回埃及。

教会活动是外国势力渗透的重要渠道。1740年，法国传教士获得在巴勒斯坦修建新教堂的特权。1846年，教皇恢复耶路撒冷为总主教辖区。1774年，俄国传教士在巴勒斯坦获得了更多的权力。英国新教会自1850年取得在奥斯曼帝国境内传教的合法地位后，逐渐发展为巴勒斯坦势力最大的教会。西方教会在传教的同时，通过开办学校、建立慈善机构等方式扩大各自国家的影响。

列强在奥斯曼帝国的角逐也反映在各宗教使团之间的竞争上。在巴勒斯坦，主要是俄国人和法国人之间的对抗。1740 年的治外法权条约承认法国政府有保护奥斯曼帝国境内天主教教士之权，而 1774 年的《库楚克 - 凯纳尔吉条约》则使俄国成为东正教教士的保护者。双方对巴勒斯坦圣地的所有权产生争议，其中修缮圣墓教堂圆顶问题酿成了严重的国际危机，成为 1853 ~ 1856 年克里米亚战争的导火线。

2. 英国占领巴勒斯坦

19 世纪末，叙利亚、黎巴嫩和巴勒斯坦基本上被英、法两国瓜分。1914 年第一次世界大战爆发后，奥斯曼帝国加入德国一方对英法作战。为了争取阿拉伯人的支持，英国答应麦加的谢里夫·侯赛因，战后在奥斯曼帝国亚洲属地建立独立的阿拉伯国家。侯赛因则发动反对奥斯曼土耳其帝国的阿拉伯大起义，配合英军作战。但在阿拉伯大起义前不久，英国就背着阿拉伯人与法国秘密签订战后瓜分奥斯曼帝国领土的《赛克斯 - 皮科协定》，划分两国的势力范围，将巴勒斯坦从叙利亚分离出去，由“国际共管”。

1917 年，一支英国正规军越过埃及边界进入巴勒斯坦，在阿拉伯起义军的配合下，相继攻占贝尔谢巴、加沙地区、耶路撒冷和杰里科。巴勒斯坦地区开始处于英国的军事统治之下。

犹太复国主义兴起后，英国希望利用犹太人作为楔子打入巴勒斯坦，进而控制中东。1917 年 11 月 2 日，英国外交大臣贝尔福致函英国犹太复国主义联盟副主席、银行家罗斯柴尔德，宣布英国政府赞成在巴勒斯坦建立一个犹太人的民族之家，并将尽最大努力促其实现，这就是《贝尔福宣言》（*Balfour Declaration*）。《贝尔福宣言》为犹太复国主义在巴勒斯坦的发展开辟了道路。

三　巴勒斯坦犹太社团的发展

1. 犹太人移居巴勒斯坦

奥斯曼帝国统治时期，当地的主要居民是信仰伊斯兰教和基督教的阿拉伯人。1170～1171 年，巴勒斯坦只有 1440 名犹太人。19 世纪初，巴勒斯坦约有 8000 名犹太人，到 1845 年为 1.1 万人，即使到 1880 年，犹太人也不超过 2 万人。[①] 犹太人主要集中在耶路撒冷等犹太宗教圣地。根据英国驻耶路撒冷领事穆尔 1864 年的统计，当时居民总数为 1.5 万人，其中犹太人 8000 人，穆斯林 4500 人，基督教徒 2500 人。[②] 为接纳更多的犹太回归者，犹太社团在耶路撒冷旧城墙外西面建造住宅，这里后来发展为耶路撒冷新城。

1882 年，第一批来自东欧的犹太人到达巴勒斯坦，揭开了现代犹太人移居巴勒斯坦的序幕。1897 年 8 月，第一次世界犹太复国主义代表大会在瑞士巴塞尔召开，会上犹太人宣布向巴勒斯坦移民，并在那里建立"犹太家园"。经过 1881～1900 年、1904～1914 年两次大规模的犹太移民浪潮，巴勒斯坦的犹太人增多，出现了新的犹太社团。1908 年，世界犹太复国主义组织在雅法设立办事处，负责移民的安置和定居工作，并对犹太社团进行管理。1909 年，犹太移民开始在雅法附近的沙滩上建设特拉维夫城，很快它就发展为巴勒斯坦犹太人最多的城市。由于不堪忍受当地艰苦的生活，这些移民后来大部分离开巴勒斯坦，留下来的几千人成为劳工犹太复国主义运动的核心，不少人成为犹太复国主义运动和以色列国的领导人。

1914 年第一次世界大战开始后，巴勒斯坦犹太复国主义活动遭到禁止，犹太复国主义组织的报纸、学校和政治机构被取缔。没有加入奥斯曼帝国国籍的犹太移民被视为"敌对国公民"，在奥斯曼帝国参战后被流放到其他地区。大批犹太人离开巴勒斯坦，到 1918 年第一次世界大战结束时，巴勒斯坦的犹太人已减少到 5.6 万人。

2. 阿拉伯人的反应

早期到达巴勒斯坦的犹太移民多半是宗教性移民，人数很少，与

---

① 〔巴勒斯坦〕亨利·卡坦：《巴勒斯坦，阿拉伯人和以色列》，西北大学伊斯兰教研究所译，人民出版社，1975，第 23 页。

② Eliyahu Tal, *Whose Jerusalem*? International Forum for A United Jersulem, 1994, p. 273.

当地的阿拉伯人尚能和睦相处。随着犹太社团的扩张及出售给犹太新移民土地的日益增多，阿拉伯人和犹太人之间的矛盾日渐凸显。1886年，为反对犹太人购买土地，阿拉伯人同犹太人首次发生冲突。1891年，耶路撒冷一批阿拉伯名流向奥斯曼帝国政府呈递请愿书，控诉犹太人。奥斯曼帝国政府开始限制犹太人迁入巴勒斯坦及购买土地，但并未严格执行。直到1908年，奥斯曼帝国议会中的阿拉伯议员才正式提出制止犹太移民迁入及购置土地的要求，并开始采取反犹太复国主义的立法行动。

1909年后，巴勒斯坦开始出现有组织的反犹太复国主义力量。阿拉伯报刊开始详细介绍犹太复国主义运动及其政治主张。不少阿拉伯民族主义运动领导人预见到犹太复国主义者与阿拉伯民族将要发生冲突。1911年，第一个阿拉伯反犹太复国主义团体——奥斯曼爱国党成立。

由于犹太移民强烈要求解雇阿拉伯劳力，阿拉伯人和犹太人的关系甚为紧张，冲突事件日趋频繁。1913年夏，雷霍沃特（Rehovot）发生阿拉伯人和犹太人冲突事件后，阿拉伯人掀起了一场较大规模的反犹太复国主义运动。到1914年，耶路撒冷、纳布卢斯、海法、贝鲁特、伊斯坦布尔和开罗等地均建立了反犹太复国主义组织。

第四节 现代简史

一 英国的“扶犹抑阿”政策及其对巴勒斯坦的影响

奥斯曼帝国于1918年投降后，英军占领巴勒斯坦全境，实施军事统治。第一次世界大战结束后，1920年4月，协约国在圣雷莫（Sanremo）举行高级会议，将巴勒斯坦交给英国托管。1920年7月1日，英国首任巴勒斯坦高级专员、英籍犹太人赫伯特·塞缪尔（Hebert Samuel）就职，民政统治机构取代临时军事统治机构。

英国委任统治政府执行《贝尔福宣言》，推行“扶犹抑阿”政策，支持犹太复国主义，压制、削弱阿拉伯人的力量，使犹太复国主义力量得到迅速发展，阿拉伯人权利受到严重侵害。委任统治政府为犹太人移民巴勒斯坦敞开了大门，导致当地人口结构发生巨大变化。1918 年巴勒斯坦犹太人只有 5.6 万人，1922 年增加到 8.3 万多人，到 1931 年多达 17.4 万多人，1946 年犹太人则达到 60 多万人，占居民总数的比重由 1/12 增加到 1/3。[①] 由于犹太复国主义者大量购买、强占阿拉伯人的土地，失去土地的阿拉伯农民越来越多，日益贫困，不得不到沿海城市寻找工作。但在委任统治政府的政策导向下，阿拉伯人获得的工作机会少于犹太人，工资标准也低于犹太人的工资标准。而犹太复国主义组织所属企业均拒绝雇用阿拉伯人。进入城市的阿拉伯农民聚居在城市郊区的贫民窟里，生活条件十分恶劣。

委任统治政府支持犹太复国主义组织建立各种管理机构，发展军事组织，以保证犹太民族之家的建立。犹太复国主义组织建立了民族委员会，管理犹太居民内部事务；成立犹太人代办处，加强巴勒斯坦犹太人与世界犹太人、外国政府和委任统治政府的关系。犹太代办处的成立，正式成为犹太人有组织、有计划地建立“民族之家”的开始。委任统治政府支持犹太军事组织的存在，并为他们提供武器，利用犹太军事组织袭击阿拉伯人。

委任统治政府鼓励犹太人在巴勒斯坦投资，规定了免税权，出台了奖励机制，这使犹太资本日益膨胀。在政府的政策歧视、犹太企业的竞争和外国进口产品的挤压下，巴勒斯坦原有的农村家庭手工业被摧毁，阿拉伯民族工业生存艰难。小商人、手工业者及传统职业的工人受阿拉伯经济衰退和欧洲进口廉价商品的冲击，经常处于失业、半失业状态，构成巴勒斯坦庞大失业队伍的一部分。

二　阿拉伯人的抗议与英国的安抚政策

英国的委任统治及其推行的“扶犹抑阿”政策激起了阿拉伯人的反抗。但在 1929 年以前，由于犹太移民数量有限，阿拉伯人尚未强烈感受到犹太

① 〔巴勒斯坦〕亨利·卡坦：《巴勒斯坦，阿拉伯人和以色列》，第 21 页。

复国主义带来的威胁，多采取非暴力形式抗议委任统治，与犹太人的冲突规模也比较小，巴勒斯坦总体上保持相对平静。1918 年《贝尔福宣言》发表一周年之际，巴勒斯坦人举行了反对《贝尔福宣言》的非暴力抗议活动。1920 年 4 月，巴勒斯坦人在耶路撒冷举行集会和游行示威，抗议英国政府不履行战争期间对阿拉伯人许下的诺言，要求废除委任统治，实现民族独立。1921 年 5 月，雅法发生了阿拉伯人反对犹太移民的武装暴动。

在巴勒斯坦人的压力下，委任统治政府采取了一些安抚政策，以缓和同阿拉伯人的紧张关系。1921 年 4 月，英国高级专员塞缪尔任命穆斯林强硬派领导人阿明·侯赛尼（Mohammed Amin al-Husseini）为耶路撒冷穆夫提，即整个巴勒斯坦地区的伊斯兰教领袖。1922 年，成立了由侯赛尼任主席的穆斯林最高委员会（Supreme Muslim Council），负责处理穆斯林的宗教事务，掌管宗教基金，监督伊斯兰教法庭，并代表阿拉伯社团同英国委任统治政府和犹太社团打交道。1922 年，委任统治政府发表“丘吉尔白皮书”（Churchill White Paper），声称将继续执行《贝尔福宣言》，但不打算将整个国家变成一个犹太民族之家；犹太人的移入无论如何都不能超出这个国家的经济吸收能力所能承受的程度。阿拉伯人拒绝接受英国以《贝尔福宣言》为基础的任何政策，也拒绝了“丘吉尔白皮书”。以魏兹曼为首的犹太复国主义主流派接受了“丘吉尔白皮书”，并向英国保证犹太复国主义组织的活动将遵循英国的政策行事。此后，巴勒斯坦保持了相对的平静，没有发生较大规模的冲突。

三 1936～1939 年巴勒斯坦大起义

随着犹太人大量涌入，阿拉伯人与犹太人之间的矛盾日益尖锐。1929 年 8 月，阿拉伯人和犹太人在耶路撒冷西墙（又称“哭墙”）附近发生较大规模流血冲突。为调和阿拉伯人和犹太人之间的矛盾，巩固委任统治，英国先后组织了多个调查委员会，发表了一系列报告和白皮书。1930 年 10 月，以约翰·霍普－辛普森为首的调查委员会发表报告，认为巴勒斯坦耕地太少，经济吸收能力已经饱和，建议暂时停止犹太人迁入。但在犹太复国主义组织的强烈抗议下，英国政府随即表示无意禁止犹太人获得土地，也无意阻止犹太人入境。对英国抱有希望的阿拉伯政治精英们受到沉重打击，对委任统治政府不再信任，号召采取“合法的积极的斗争”恢复巴勒斯坦人的权利，并转向阿拉伯国家和伊斯兰世界寻求帮助。

1929～1935年是犹太人向巴勒斯坦移民的第五次高潮，尤其是1933年希特勒上台后，移民人数史无前例地猛增。1935年，约有6.2万犹太人移民巴勒斯坦，是1931年的15倍多。[①] 1936年4月，忍无可忍的阿拉伯人开始在特拉维夫和雅法等城市袭击犹太人居住区，袭击很快蔓延至巴勒斯坦全境。以侯赛尼为首的阿拉伯最高委员会宣布进行全境总罢工，直到英国人同意阿拉伯人自治、禁止犹太人迁入并停止购买阿拉伯人土地为止。罢工原计划和平进行，但阿拉伯人对犹太人的仇恨导致暴力活动时有发生，甚至出现了袭击英国人事件。为平息罢工，1937年7月英国发表“皮尔调查报告”，首次建议将巴勒斯坦分成英国委任统治区、阿拉伯区和犹太区，即“皮尔分治方案”。该方案遭到阿拉伯人的强烈谴责和断然拒绝，反对委任统治的暴力行动遍及整个巴勒斯坦。1938年，武装斗争达到高潮，阿拉伯人一度攻占耶路撒冷旧城。斗争遭到委任统治政府的武力镇压。1937年10月，阿拉伯最高委员会被解散，部分委员被逮捕、流放，侯赛尼等人被迫出逃。1939年春，英国终于控制了局势。

巴勒斯坦人的斗争得到阿拉伯国家的支持和响应。1937年9月，埃及、伊拉克、叙利亚、黎巴嫩、外约旦、北非地中海沿岸各国及巴勒斯坦的代表在叙利亚举行阿拉伯代表大会，谴责《贝尔福宣言》、英国委任统治和分割巴勒斯坦领土的任何计划。1938年10月，阿拉伯和伊斯兰国家在开罗举行各国议会会议，重申支持巴勒斯坦人的一切权利，宣布《贝尔福宣言》是非法和无效的。

四　英国改变“扶犹抑阿”政策

1939年，第二次世界大战迫在眉睫。英国为确保在中东的利益，转

① 〔英〕理查德·艾伦：《阿拉伯—以色列冲突的背景和前途》，艾玮生等译，商务印书馆，1981，第298页。

而支持阿拉伯人，采取平衡阿拉伯人和犹太人力量的做法，限制犹太复国主义组织的活动。当年5月，英国发表关于巴勒斯坦问题的白皮书，声称自己承担的关于建立犹太民族之家的义务结束；主张10年内建立阿拉伯人和犹太人分享政府权力的独立的“巴勒斯坦国”，犹太人在其中的比例应为1/3，即5年内再接受7.5万犹太移民，5年后未经阿拉伯人默许，犹太移民不准入境，并禁止或限制向犹太人转让土地。

白皮书得到了以纳沙希比家族为代表的巴勒斯坦阿拉伯温和势力的支持，但没有满足阿拉伯激进势力立即禁止犹太移民的要求。犹太复国主义者拒绝接受白皮书。犹太武装力量“哈加纳”（Hagana）、“伊尔贡”（Irgun）、“斯特恩帮”（Stern Gang）等采取了一系列恐怖手段反对英国，威胁阿拉伯人。委任统治政府同犹太复国主义者的关系开始紧张起来。

五 美国介入阿拉伯人与犹太人冲突

第二次世界大战爆发后，进入巴勒斯坦的犹太移民特别是非法移民迅猛增加。委任统治政府严格限制非法移民，并在1940年2月颁布“土地转让条例”，制止犹太复国主义组织兼并土地。这些政策没有取得什么效果，还加剧了英国与犹太复国主义组织之间的紧张关系，使双方矛盾激化。1942年5月，犹太复国主义组织在纽约比尔特莫尔饭店召开紧急会议，提出在巴勒斯坦建立犹太国家，决定大规模向巴勒斯坦移民，并向美国谋求支持。

《比尔特莫尔纲领》（*Biltmore Programme*）得到美国政府的赞同。从此美国取代英国，成为犹太复国主义的积极支持者。1943～1945年，美国国会通过一系列决议和宣言，支持在巴勒斯坦实行无限制移民和建立犹太国家。1945年8月，美国总统杜鲁门致函英国首相艾德礼，要求从速把无处遣返的犹太人送到巴勒斯坦。在美国的压力下，“英美调查委员会”开始调查犹太人移民和巴勒斯坦政治前途等问题。1946年4月30日，调查委员会报告提出：立即向犹太人发放10万张移民入境许可证；撤销对犹太人购买土地的种种限制。这个报告主要满足了美国和犹太复国主义者的要求，遭到阿拉伯人的强烈反对。

1946 年 7 月，以亨利·格雷迪（Henry F·Grady）为首的美国代表团和以赫伯特·莫里森（Hebert Stanley Morrison）为首的英国代表团拟定了“分省自治计划”，建议将巴勒斯坦分成四个省：一个犹太省（面积占 17%）、一个阿拉伯省（面积占 42%）、两个英国直辖省（耶路撒冷省和内格夫省）。四省组成联邦制国家，仍受英国高级专员管辖。这项方案不仅遭到阿拉伯人和犹太人的反对，也被美国杜鲁门总统拒绝。迫于形势，英国邀请阿拉伯人和犹太人代表在伦敦谈判讨论分省计划，阿拉伯人代表坚持未来的巴勒斯坦国必须是一个“阿拉伯人永远占多数的中央集权国家”，由此伦敦会议陷入僵局。1947 年 4 月 2 日，无力解决巴勒斯坦问题的英国政府正式通知联合国秘书长，要求召开联大特别会议进行讨论。

六　联合国分治决议与巴勒斯坦非正式战争状态

1. 联合国分治决议

1947 年 4 月，联合国召开特别会议，决定由 11 个“中立”的非常任理事国[①]组成特别委员会，调查巴勒斯坦问题。在为期三个月的调查期间，阿拉伯国家表明了强烈的反对分治立场，而巴勒斯坦阿拉伯最高委员会则认为，阿拉伯人在巴勒斯坦的自然权利无须他人判定，拒绝出席听证会，禁止巴勒斯坦阿拉伯人同特别委员会合作。当年 9 月，特别委员会向联合国大会提交调查报告，主张结束委任统治，巴勒斯坦经过短期过渡后独立。但对于未来的政治形势，多数派方案主张采取两个独立国家的形式，在经济联合的基础上实行分治；少数派方案主张成立由犹太区和阿拉伯区组成的联邦国家。分治方案得到英国、美国和苏联的认可，犹太复国主义组织原则上赞成分治方案，阿拉伯国家则对两个方案都持反对态度。

1947 年 11 月 29 日，联合国大会以 33 票赞成、13 票反对、10 票弃权通过了《巴勒斯坦将来治理（分治计划）问题的决议》，即联大第 181

---

① 这 11 个国家是澳大利亚、加拿大、捷克斯洛伐克、危地马拉、印度、伊朗、荷兰、秘鲁、瑞典、乌拉圭和南斯拉夫。

（二）号决议。6个阿拉伯国家全部投了反对票。安理会5个常任理事国中，美国、苏联、法国投了赞成票，英国和中国投了弃权票。决议规定：英国于1948年8月1日前结束委任统治，在委任统治结束后两个月内成立“阿拉伯国”和“犹太国”；耶路撒冷及其附近郊区村镇成为一个“特殊国际政权下的单独实体，并由联合国管理”。此外，分治决议还确立了“阿拉伯国”和“犹太国”在“经济联盟下分治”的原则，两国将组成“巴勒斯坦经济联盟”。分治决议及其附图详尽规定了两国的边界和耶路撒冷的市辖范围，并提出对耶路撒冷的管理原则。在领土分配上，占当时巴勒斯坦人口总数约31%的犹太人得到58.7%的土地，而占总人口约69%的阿拉伯人只得到约40.7%的土地。

2. 非正式战争状态

联合国分治决议遭到巴勒斯坦阿拉伯人和阿拉伯各国的强烈反对。抗议示威、暴力活动使巴勒斯坦处于非正式战争状态。1947年11月30日，阿拉伯最高委员会宣布进行三天的总罢工，抗议联合国通过的不公正决议。阿拉伯国家联盟（简称“阿盟”）在12月17日发表声明，宣布阿拉伯人“决心为反对联合国分裂巴勒斯坦的决议而战”，采取“决定性手段”阻止巴勒斯坦分治。阿盟会议后成立了由阿拉伯各国志愿人员组成的“阿拉伯解放军”（Arab Liberation Army），从叙利亚进入巴勒斯坦。

犹太复国主义者支持分治决议，积极备战，决心以武力保障建国权。迅速壮大的犹太武装力量积极部署，抢占交通线和战略要地，到处围攻阿拉伯人，驱赶巴勒斯坦阿拉伯平民，加紧扩大占领地。1948年4月9日，犹太复国主义地下武装组织“伊尔贡”在耶路撒冷附近的代尔·亚辛（Deir Yassin）村制造了大屠杀，全村250名阿拉伯男女老少无一幸免。恐怖情绪加速了阿拉伯人的逃亡。

1948年1~3月，阿拉伯军队和犹太军队在耶路撒冷、海法及周围地区多次发生激战。阿拉伯军队在兵力上占优势，但内部矛盾交错，缺乏统一指挥，逐渐丧失了主动权。委任统治结束前，犹太人相继占领了太巴列、海法、雅法、贝桑、萨费德和阿卡等地。在犹太人武力威逼下，阿拉伯人纷纷从这些地区逃离。

七　巴勒斯坦民族主义的发展和演变

1. 从奥斯曼主义到阿拉伯民族主义

第一次世界大战爆发前，巴勒斯坦阿拉伯政治精英主要是奥斯曼主义者。一些巴勒斯坦政治精英参加了青年土耳其党在纳布卢斯的分支机构，成为青年土耳其党成员。但青年土耳其党掌权后，没有平等对待非土耳其民族，反而推行更加集权化和土耳其化的政策。对此强烈不满的阿拉伯人同青年土耳其党分道扬镳。

1911 年，在巴黎求学的 7 名阿拉伯青年发起成立秘密政治组织“青年阿拉伯协会”（al-Jamiyat al-Arabiyat al-Fatat），即“法塔特”，主张阿拉伯人的完全自由和独立。其中两位发起者是巴勒斯坦纳布卢斯青年阿伍尼·阿卜杜勒·哈迪和拉菲克·塔米米。1913 年 7 月，“法塔特”在巴黎发起召开了阿拉伯人大会，对阿拉伯民族主义运动产生了重要影响。来自巴勒斯坦的阿拉伯穆斯林和基督教徒代表参加了大会。巴勒斯坦的政治精英们从奥斯曼主义者转变为阿拉伯民族主义者，追求的主要目标是巴勒斯坦与叙利亚的统一。

2. 主张与叙利亚统一的阿拉伯民族主义

第一次世界大战爆发后，巴勒斯坦的民族主义者在追求实现阿拉伯民族主义目标的同时，开始关注巴勒斯坦的形势，认为巴勒斯坦属于大叙利亚的一部分，要求在费萨尔的领导下建立以叙利亚为核心的独立的阿拉伯国家。他们在大马士革和巴勒斯坦等地建立了一些民族主义组织及分支机构，宣传与叙利亚统一的思想。著名的政治组织有纳沙希比家族控制的“阿拉伯文学俱乐部”、以侯赛尼家族青年为主的“阿拉伯俱乐部”等。1918 年在巴勒斯坦建立的“穆斯林 - 基督教徒联合会”也是主张与叙利亚统一的地方性民族主义组织，它既反对犹太复国主义，又反对将巴勒斯坦作为一个单独政治实体的“巴勒斯坦主义”。

1919 年 1 月底，巴勒斯坦的政治精英在耶路撒冷召开第一届阿拉伯代表大会，通过决议，称“巴勒斯坦是叙利亚的一部分”，明确表示“巴勒斯坦与叙利亚在民族、宗教、语言、精神、经济和地理上存在不可分割的联系”。[1] 当年7月，15名巴勒斯坦代表参加了在大马士革召开的第一届叙利亚大会，要求包括巴勒斯坦在内的地理意义上的叙利亚完全独立，建立君主立宪政府。[2] 但《赛克斯-皮科协定》将叙利亚和巴勒斯坦分别划为法国和英国的势力范围，1920年法国推翻叙利亚的费萨尔政府。巴勒斯坦与叙利亚统一的希望就此破灭。

3. 巴勒斯坦民族主义运动

1918年，英军的占领使巴勒斯坦作为一个独立的政治实体出现。巴勒斯坦的阿拉伯民族主义者开始追求在巴勒斯坦范围内实现民族独立，围绕反对犹太复国主义和英国委任统治展开活动。1920年12月，巴勒斯坦各界人士在海法举行第三届阿拉伯代表大会，放弃了与叙利亚统一的主张。独立的巴勒斯坦民族意识开始出现，巴勒斯坦民族主义逐渐形成。

巴勒斯坦民族主义党派带有浓厚的家族色彩和派系斗争特征，但基本政治目标都是反对犹太复国主义，建立民族政府。这一共同目标是他们政治合作的基础。1935年10月20日，巴勒斯坦各党派号召举行全国罢工，并向委任统治政府提交备忘录，要求收缴犹太人的武器。同年12月，他们又联合提出巴勒斯坦人的民族要求，包括：立即停止犹太人移民；禁止把阿拉伯人的土地转移给犹太人；在巴勒斯坦建立民族政府。1936年4月，巴勒斯坦各党派联合成立了阿拉伯最高委员会，选举侯赛尼为主席。阿拉伯最高委员会成为巴勒斯坦民族运动新的领导机构，领导了1936~1939年的巴勒斯坦人大起义。

然而，侯赛尼家族与纳沙希比家族之间的斗争严重削弱了巴勒斯坦民族主义运动的力量。侯赛尼担任耶路撒冷穆夫提后，成为巴勒斯坦民族主义运动的领导人。在他的领导下，巴勒斯坦民族主义运动的伊斯兰色彩越来越强烈，基督教徒逐渐与之疏远，代表全体巴勒斯坦阿拉伯人利益的“穆斯林-基督教徒联合会”影响减弱。犹太人利用阿拉伯阵营分裂的机会同纳沙希比

---

① Yehoshua Porath, *The Emergence of the Palestinian-Arab National Movement 1918 - 1929*, Frank Cass, 1974, pp. 181 - 182.

② Muhammd Y. Muslih, *The Origins of Palestinian Nationalism*, New York, 1988, p. 128.

家族建立了反侯赛尼同盟，使拉吉布·纳沙希比（Raghib Al-Nashashibi）在1927年的市政选举中战胜侯赛尼家族候选人，结束了侯赛尼家族对耶路撒冷市市长职位半个多世纪的垄断。两大家族的对立最终发展为纳沙希比家族联合其他阿拉伯家族势力和犹太人共同抗击侯赛尼势力的局面。两派在1936～1939年巴勒斯坦人大起义中暂时联合，但不久即宣告分裂，同室操戈。20世纪30年代后半期，以拉吉布·纳沙希比为代表的阿拉伯温和势力被摧垮，以侯赛尼为首的强硬派掌握了巴勒斯坦民族主义运动的领导权。

第五节　当代简史

一　巴勒斯坦战争

1948年5月14日，英国结束对巴勒斯坦的委任统治，当日24时，犹太人在特拉维夫宣布成立以色列国。随后埃及、外约旦、伊拉克、叙利亚和黎巴嫩相继出兵巴勒斯坦，巴勒斯坦战争正式爆发。

战争爆发时，阿拉伯国家军队在数量及装备上占有明显优势。埃及出兵7000人，外约旦“阿拉伯军团”出兵7500人，叙利亚出兵5000人，伊拉克出兵1万人，黎巴嫩出兵2000人，法齐·卡伍吉领导的“阿拉伯解放军”和侯赛尼所属的“阿拉伯拯救军”各出兵5000人，总兵力4.2万人。以色列“哈加纳”所辖战斗人员有3.4万人。[①]

军事力量上的优势使阿拉伯国家在战争初期掌握了战场上的主动权。埃及军队从南部两路出击，一路沿地中海海岸经过加沙进至特拉维夫南部的阿什杜德；另一路越过内格夫地区，通过贝尔谢巴，到达伯利恒和耶路撒冷南郊。外约旦的“阿拉伯军团”基本部署在巴勒斯坦中部地区，占领了分治方案规定的阿拉伯部分，并击退以色列对耶路撒冷的进攻。一支

① 季国兴、陈和丰等：《第二次大战后中东战争史》，中国社会科学出版社，1987，第67页。“哈加纳”在希伯来语中是“防卫”的意思，该组织是属于犹太建国协会执行机构的武装力量，成立于第二次世界大战前，以色列建国后，成为以色列国防军的骨干。

巴勒斯坦阿拉伯部队占领特拉维夫的利达机场。伊拉克军队相继占领了纳布卢斯、杰宁和图勒凯尔姆。在北部，黎巴嫩军队从其南部越过边界进入巴勒斯坦，攻占了乌勒基亚边防哨所。叙利亚军队首先向太巴列湖南端出击，陆续攻克几个犹太居民点。

面对阿拉伯军队的强大攻势，美国通过联合国安排阿以双方停火，从而使以色列获得重新组织和装备军队的机会。第一次停火期从 6 月 11 日到 7 月 8 日，虽然仅四周时间，但完全改变了阿以双方军事力量对比。以色列利用这一机会进行军事改组，大量扩充兵员，补给武器装备。由于英国停止武器供应，阿拉伯国家未能补充先进武器，仅仅进行了驻军地域内的调整，正规军人数只增加到 4.5 万人。

7 月 9 日，准备充分的以色列军队向阿拉伯军队发动攻击，经过 10 天的战斗，共夺取约 1000 平方公里的土地，改变了在战争中的被动地位。虽然联合国安排了第二个停火期，但以色列并未认真遵守，一面不断吞食阿拉伯军队的阵地，一面扩充军队和武器装备。相反，由于阿拉伯国家内部矛盾进一步激化，战局每况愈下。自 10 月 15 日起，以色列在各条战线上向阿拉伯军队展开全面攻势：通过约夫战役，给埃及军队以沉重打击，控制了除法卢贾和加沙地带以外的整个内格夫北部地区；通过希拉姆战役，占领加利利，并夺取黎巴嫩境内 15 个村庄；通过霍雷夫战役，把埃及军队赶入加沙的一条狭长地带，并侵入西奈半岛。

1949 年 1 月 7 日，埃及同意与以色列举行停战谈判，双方于 2 月 24 日在希腊罗得岛签订停火协议。黎巴嫩、外约旦和叙利亚随后也分别与以色列签订停火协议。伊拉克拒绝和以色列谈判，但表示遵守停火协议。

战争使近百万巴勒斯坦阿拉伯人逃离家园，沦为难民。这些难民失去了全部家产和赖以生存的土地，丧失了基本的生活要素。联合国拟议的“阿拉伯国”被瓜分。以色列占领了四部分阿拉伯土地和一部分国际共管区，约占分治决议规定的“阿拉伯国”领土的 44%，包括“国际城市”耶路撒冷西部地区、以阿卡为中心的巴勒斯坦北部地区、阿拉伯“飞地”雅法市、约旦河西岸边缘地带、加沙地带大部分地区；外约旦占领了约旦河西岸其余部分领土；埃及控制了加沙地带其余土地，但这部分土地的面积尚不足分治决议划定的加沙地带面积的1/5，仅占巴勒斯坦全部土地的1.3%。联合国决议中的“阿拉伯国”未能正式建立。

二　巴勒斯坦战争后的阿拉伯领土

1. 外约旦对约旦河西岸的争夺和统治

战争第一次停火期间，初见胜利希望的阿拉伯各方就开始划分战后的势力范围。外约旦占领了巴勒斯坦中部地区，在争取到纳沙希比等反侯赛尼势力的支持后，阿卜杜拉国王要求将占领区并入外约旦，遭到埃及和其他阿拉伯国家的反对。1948 年 9 月，阿盟支持阿拉伯最高委员会成立以艾哈迈德·希勒米（Ahmed Hilmi Pasha）帕夏为首的“全巴勒斯坦政府”，首府设在埃及控制下的加沙城。[①] 随后阿拉伯最高委员会在加沙城召开巴勒斯坦阿拉伯大会，选举侯赛尼为大会主席，相当于巴勒斯坦国家元首。10 月，除外约旦外的所有阿盟成员国都承认了“加沙政府”。

外约旦反对建立加沙政府。罗得岛停火协议签订后，阿卜杜拉加紧了对约旦河西岸的兼并进程。1949 年 2 月，外约旦决定授予任何愿意获得外约旦国籍的巴勒斯坦人以国籍。当年，一些外约旦法律开始在约旦河西岸推行。1950 年 4 月，阿卜杜拉任命了由 13 名约旦人和 7 名巴勒斯坦人组成的参议院，同时选举成立新一届众议院，两地代表各占 20 个席位。4 月 23 日，众议院和参议院举行联席会议，正式宣布外约旦同约旦河西岸合并，国家更名为约旦哈希姆王国。

埃及坚决反对约旦兼并约旦河西岸，要求立即把约旦开除出阿盟。5 月，约旦发表声明，宣布外约旦和约旦河西岸的统一并非问题的最后解决。为防止阿盟分裂，埃及做出重大让步。1950 年 6 月召开的阿盟理事会会议发表决议，称：“兼并只是暂时的措施，关于巴勒斯坦未来的问题将在最后解决时重新审定。”这表明阿拉伯国家承认了约旦兼并约旦河西岸的既成事实。

---

① 〔苏〕列·尼·科特洛夫：《现代约旦》，人民出版社，1973，第 154 页；〔英〕理查德·艾伦：《阿拉伯—以色列冲突的背景和前途》，第 394 页。

巴勒斯坦地区在1967年“六五”战争中全部被以色列占领后，约旦仍然保持着同约旦河西岸的密切联系。侯赛因国王极力维持约旦在约旦河西岸的存在和影响，议会中依然有约旦河西岸居民的代表，约旦河西岸巴勒斯坦人的约旦护照仍然有效，约旦的法律与货币仍在约旦河西岸实施和流通。约旦继续管理耶路撒冷宗教事务，行使对伊斯兰宗教圣地的监护权，为神职人员和管理人员支付工资。约旦河上的三座桥继续开放，成为西岸巴勒斯坦人与外界联系的通道。直到1988年，约旦才放弃对约旦河西岸的主权要求。

2. 埃及对加沙的控制

加沙政府维持了不到一个月内部即发生分化，工商界人士和侯赛尼所依靠的军事指挥官们接连退出，倒向外约旦阿卜杜拉国王一边。约旦河西岸的阿拉伯大地主集团也在停火协议签订后基本上转向外约旦。只有一些右翼民族主义者集结在侯赛尼的加沙政府周围，影响大为缩小。1959年，其办事处最终被埃及总统纳赛尔封闭。

停火协议确立了埃及对加沙的实际控制。埃及在加沙设置军事统治机构，管理当地全部事务。约有20万来自约旦控制区和以色列控制区的阿拉伯难民涌入加沙，除逃入西奈半岛的7000名难民得到埃及国籍外，这些外来难民和加沙当地居民全部成为埃及的二等公民。1954年起，埃及开始在加沙地带实行新法律，部分保障了巴勒斯坦人的一些民事权利，平均每年约有500名青年前往开罗接受高等教育。1956年苏伊士战争中，以色列一度攻占了加沙，但在国际社会的压力下于1957年3月撤出。以色列撤出后，“联合国紧急部队”接管了当地的行政权，宣布成立临时“加沙政府”，但并未得到埃及的承认。直到1967年5月，“联合国紧急部队”（United Nations Emergency Force，UNEF）仍留驻在加沙地带。1957年3月，埃及政府宣布接管加沙地带，任命行政长官，组建地方议会，鼓励当地居民建立工会和妇联等社会组织。1962年，埃及军事长官将地方议会的控制权交给当地人士。1964年巴解组织成立后，埃及允许其在加沙建立基地并为其提供了部分轻武器，巴解组织的游击队曾从加沙出发袭击以色列目标。

“六五”战争中以色列再次占领加沙地带，镇压当地抵抗力量，比较稳固地控制了难民营的局势。1971 年 9 月，以色列任命当地一位阿拉伯商人担任加沙市长，组成军事管制下的地方议事机构。埃及虽然结束了在加沙的统治，但并没有完全割断同它的联系。1978 年《戴维营协议》签订后，埃及停止向加沙地带 1967 年以前任职的管理人员支付工资，禁止本国大学录取来自加沙的学生，实际上终止了同加沙的联系。为此，加沙居民掀起大规模的示威活动，抗议埃及放弃加沙地带。

三　巴勒斯坦解放组织的斗争

1. 巴勒斯坦抵抗组织的崛起

早在 20 世纪 50 年代初，一些巴勒斯坦青年知识分子就开始成立各种组织，探求解放巴勒斯坦的途径。时任埃及开罗巴勒斯坦学生联合会主席的亚西尔·阿拉法特周围也聚集了一批致力于解放巴勒斯坦的积极分子。1957 年 8 月，阿拉法特在科威特秘密组建五人小组，1959 年初出版月刊《我们的巴勒斯坦》，在阿拉伯各国散发，由此开始了独立的巴勒斯坦民族解放斗争。出于保密的需要，组织成立之初并没有名称，只是在《我们的巴勒斯坦》创刊号出版前不久，才定名为“巴勒斯坦民族解放运动”，日后成为巴勒斯坦解放组织的主流派别。

1962 年阿尔及利亚反法独立革命取得胜利，极大地鼓舞了巴勒斯坦人的斗争。1963 年 2 月，法塔赫组建第一届中央委员会，开始有计划地寻求外部支持。散居在阿拉伯国家和欧洲等地的巴勒斯坦青年也组成了具有一定规模的抵抗组织。哈尼·哈桑领导的旅欧巴勒斯坦青年抵抗组织全体加盟法塔赫，在巴解组织成立之前就成为一支最有发展潜力的独立的巴勒斯坦抵抗组织。1965 年初，仍处于秘密状态的法塔赫以“暴风突击队”的名义首先从约旦和加沙地带渗入以色列境内发动袭击。由于遭到埃及和约旦的禁止，阿拉法特不得不转而寻求叙利亚复兴党人的支持。自 1966 年 1 月起，法塔赫开始以叙利亚为基地向以色列发动袭击。但叙利亚复兴党 1966 年 2 月政变成功后也开始镇压法塔赫的活动，逮捕了法塔赫的全部领导人。阿拉伯国家的反对使法塔赫的武装斗争变得异常艰难，始终维持在小规模袭扰的水平。

2. 巴勒斯坦解放组织的成立

巴勒斯坦人日益高涨的斗争及各抵抗组织的活动引起阿拉伯国家的极大关注。与此同时，以色列利用约旦河水灌溉内格夫沙漠的引水工程导致阿以关系日益紧张，阿拉伯国家领导人不得不重视巴勒斯坦问题。1963年9月，阿盟理事会确认了“巴勒斯坦实体”的存在，并正式任命艾哈迈德·舒凯里（Ahmad al-Shukeiri）为巴勒斯坦驻阿盟代表。在纳赛尔的积极推动下，1964年1月召开的第一次阿拉伯国家首脑会议决定建立巴勒斯坦解放组织。1964年5月28日至6月2日，来自世界各地的422名巴勒斯坦代表在东耶路撒冷举行第一次巴勒斯坦国民大会（Palestine National Council，又译巴勒斯坦民族大会，后改称巴勒斯坦全国委员会）。大会通过了《巴勒斯坦国民宪章》，[①] 决定成立巴解组织，组建巴勒斯坦解放军，舒凯里当选巴解组织执行委员会（The Executive Committee of PLO）主席。

3. 法塔赫在巴勒斯坦解放组织中核心地位的确立

在1967年爆发的“六五”战争中，阿拉伯国家惨败，以色列占领了整个巴勒斯坦。巴解组织损失巨大，分属于所在国武装部队的巴勒斯坦解放军几乎濒于瓦解，领导机构陷于瘫痪，领导成员之间的矛盾进一步激化。战争结束不久，法塔赫不顾阿拉伯国家的反对，在被占领区恢复对以色列目标的袭击。参加新一轮武装斗争的法塔赫成员包括在阿尔及利亚接受紧急训练的500名旅欧巴勒斯坦学生以及在约旦河西岸临时招募的巴勒斯坦青年。由于法塔赫在被封闭的占领区内进行反以活动，缺乏根据地的掩护，在三个月的游击战中损失惨重，阿拉法特本人也险遭逮捕。1968年1月，法塔赫被迫撤往约旦，在约旦河谷的卡拉迈难民营建立了根据地。

1968年3月21日，以色列向卡拉迈难民营发动大规模围攻。法塔赫

① 这次表决一般被认为是非正式的，宪章的正式文本于1968年在开罗举行的巴勒斯坦全国委员会上才正式获得通过。

游击队尽管损失过半，但仍在自愿参战的约旦军队的帮助下，毙伤以军百余人，迫使以军撤回约旦河西岸。“卡拉迈大捷”极大地振奋了巴勒斯坦民心，使法塔赫成为阿拉伯世界的英雄，同时也成为巴勒斯坦最有影响力和实力的抵抗组织。战役后的第三天，法塔赫便扩大到5000多人，在以后的18个月内，又有2.5万名志愿人员加入。1969年2月，在开罗举行的巴勒斯坦全国委员会第5次代表大会上，主张进行武装斗争的抵抗组织掌握了巴解组织的领导权。在改组后的巴解组织执行委员会中，法塔赫的代表占了多数，阿拉法特当选执行委员会主席，法塔赫成为巴解组织主流派别。

4. 巴勒斯坦解放组织丧失在约旦的基地

1967年“六五”战争后，撤往约旦的巴勒斯坦武装力量基本上分布在位于约旦河谷和约旦腹地的难民营中，并向城镇和农村渗透。游击队掌握了难民营的行政、治安权，建立了约旦政府无权过问的“国中之国”。大量巴勒斯坦武装人员的聚集也被约旦政府视为政权面临的强大挑战。游击队以约旦为基地对以色列发动的袭击，往往招致以军对约旦的报复性打击。约旦的内部和外部安全均受到严重威胁。从1968年11月起，约旦军队开始同巴解组织游击队发生武装冲突。

巴解组织游击队坚持认为武装斗争是解放巴勒斯坦的唯一方式，反对约旦国王侯赛因承认并接受联合国安理会242号决议，反对约旦参加在联合国中东特使雅林（Gunnar Jarring）主持下的中东和谈。1970年7月，约旦政府宣布接受“罗杰斯计划”（Rogers Plan），这激起一些激进游击队组织的强烈不满。“人阵”“民阵”等组织甚至提出“解放特拉维夫之前必须解放安曼”“一切权利归抵抗运动”等过激的口号，并于9月16日宣布在约旦北部地区建立一个巴勒斯坦“解放区”，甚至还宣布把推翻约旦王室政权作为主要目标，这引起侯赛因国王的强烈反感。[①] 暗杀约旦政界要员和侯赛因国王的事件也多有发生。1970年9月1日，侯赛因国

① Adnan Abu-Odeh, *Jordanians, Palestinians, and the Hashemite Kingdom in the Middle East Peace Process*, US Institute of Peace Press, 1999, p. 138.

王的车队遭到伏击，约旦军队随即在安曼同巴勒斯坦武装力量展开激烈战斗。5天后，“人阵”接连劫持4架国际民航班机，将其中3架劫持到约旦的道森机场炸毁。这次事件成为约旦镇压巴勒斯坦游击队的导火索，最终导致两者之间的大规模冲突。

1970年9月17日，约旦军队向巴解武装组织发动全面进攻，巴解组织损失惨重，史称“黑九月事件”。在阿拉伯国家的调解下，双方达成停火协议。但“人阵”领导人哈巴什提出“约旦河东岸是巴勒斯坦的一部分”，并在阿尔比德（Arbid）地区建立了“人民社会主义共和政府”。1971年7月13日，约旦军队对巴解武装进行残酷的清剿，数千名巴解游击队员被杀或被俘。7月19日，巴解组织被赶出约旦，丧失了在约旦的基地。

5. 巴勒斯坦解放组织撤出黎巴嫩

早在20世纪60年代后半期，巴解组织下属游击队的成员就开始渗入黎巴嫩境内。1969年初，法塔赫将500名游击队员派往黎巴嫩，在难民营中发展组织，并向以色列发动零星袭扰。巴解组织失去在约旦的基地后，其主要武装力量便在黎巴嫩南部建立了基地，作为袭击以色列的战斗场所。

巴解组织在黎巴嫩的发展破坏了当地各教派之间的势力平衡，成为黎巴嫩连年内战的主要原因之一。巴解游击队从黎巴嫩南部袭击以色列，招致以色列多次入侵黎巴嫩。1978年3月，以色列向黎巴嫩南部发动进攻，在那里建立了一个缓冲区，以阻止巴解游击队的袭击活动。1982年6月，以色列在“为了加利利的和平”的名义下再次大规模入侵黎巴嫩，巴解组织与入侵的以色列军队在贝鲁特西区进行了长达11周的殊死搏斗。8月，在巴解组织总部完全被以色列军队包围的危难关头，阿拉法特公开表示接受联合国关于巴勒斯坦问题的所有决议，实际上承认了以色列国的存在。最后根据协议，约1.25万名巴解游击队战士分15批撤离贝鲁特，分散到8个阿拉伯国家，巴解组织彻底丧失作为黎巴嫩“国中之国”的地位。巴解组织执行委员会主席阿拉法特撤往突尼斯，在那里建立巴解组织新总部。

四　巴勒斯坦解放组织战略目标的演变

1. 早期目标的确立

解放整个巴勒斯坦是抵抗运动初期阶段所有巴抵抗组织追求的目标。在巴解组织最高权力机构巴勒斯坦全国委员会 1968 年修订的《巴勒斯坦国民宪章》中，重申了 1964 年宪章的内容："巴勒斯坦是巴勒斯坦阿拉伯人民的家园"；"巴勒斯坦按其在英国委任统治时期所具有的边界，是一个不可分割的领土单位"；"1947 年巴勒斯坦的分治和以色列的建立是完全非法的"，必须"在巴勒斯坦清除犹太复国主义"。[①] 法塔赫的早期立场也是如此。1969 年 1 月，法塔赫中央委员会在"七点声明"中，首次明确宣布巴勒斯坦民族解放运动的最终目标是"恢复独立民主的巴勒斯坦国"，并在随后几年里不断重申这一主张。

法塔赫成为巴解组织主流派后，通过 1969 年 9 月召开的巴勒斯坦全国委员会第 6 次会议发表声明，清楚地阐述了其战略目标，即巴勒斯坦革命的目标是"完全彻底地解放整个巴勒斯坦"；"建立一个消除了所有宗教和种族歧视痕迹的民主的巴勒斯坦国"。[②] 之后，巴解组织的战略目标以官方文件的形式确定下来。

2. "小型巴勒斯坦国"的提出

进入 20 世纪 70 年代后，中东形势及自身处境的变化促使巴解组织的战略目标发生转变。巴解武装力量失去在约旦的武装斗争基地后转移到黎巴嫩南部，同黎巴嫩政府的矛盾和军事摩擦时有发生。这使巴勒斯坦领导人认识到建立"抗击以色列基地"的重要性，分阶段建国的想法得到越来越多的人支持。1973 年"十月战争"后，阿拉伯国家对以色列战略发生变化，采取了分阶段收复失地的方针。1973 年 11 月，埃及同以色列达成停火协议；次年 1 月，双方又达成军队脱离接触协议，收复了一部分西

① 《巴勒斯坦国民宪章》，巴勒斯坦解放组织驻京办事处编《巴勒斯坦问题和巴解组织》，第 22 ~ 28 页。

② 《巴勒斯坦全国委员会第六次会议的政治声明》，尹崇敬主编《中东问题 100 年》，新华出版社，1999，第 69 页。

奈领土的埃及开始实施分阶段收复失地的战略方针。

为适应新的形势，1974 年 2 月，法塔赫“民阵”“闪电”三个组织联合，公开提出战略目标分阶段实现的方针，主张首先在约旦河西岸和加沙地带建立一个巴勒斯坦民族权力机构，以此作为实现最终战略目标的第一步，同时强调该机构对整个巴勒斯坦拥有主权。同年 6 月，阿拉法特把建立“小型巴勒斯坦国家”的设想提交巴勒斯坦全国委员会第 12 次会议讨论。虽然巴解组织内部意见出现分歧，但还是肯定了分阶段建国的战略目标。在最后发表的《十点纲领》中，巴解组织宣布“在所有解放了的巴勒斯坦土地上建立民族的、独立的和战斗的权力机构”，巴勒斯坦民族权力机构建立后，将为“彻底完成巴勒斯坦土地的解放而斗争”。1974 ~ 1979 年，阿拉法特对巴勒斯坦全国委员会的 300 位委员逐一进行劝说，293 人表示接受建立一个“小型巴勒斯坦国”，即在 1949 年停火线范围内建立自己的国家，仅有 4 人反对。[①]

3. 宣布建国与承认以色列

20 世纪 80 年代初，巴解组织总部撤离贝鲁特，武装力量遭到严重削弱，失去了与以色列进行直接较量的阵地与实力，处境十分困难。不久，巴解组织也由于主流派法塔赫的内讧发生分裂，实力再次受到削弱。与此同时，和平解决中东问题的美国的“里根方案”、阿拉伯国家的“非斯方案”、苏联的“勃列日涅夫方案”以及“约巴联邦方案”相继出台。在这种情况下，巴解组织的战略目标也趋于务实，主张在以色列撤出的约旦河西岸和加沙地带建立一个国家；对以色列的立场也从有条件地承认发展到完全公开地承认以色列的合法存在。

从 1987 年 12 月开始，约旦河西岸和加沙地带的巴勒斯坦民众不满以色列的长期占领，发动名为“因提法达”（Intifada）的大规模起义[②]，沉

① 〔英〕阿兰·哈特：《阿拉法特传》，吕乃君等译，中国社会科学出版社，1990，第 381 ~ 384 页。

② 主要是通过非暴力的政治不合作方式进行，如罢工、示威游行、抵制以色列商品等，后期也出现了向以色列军警投掷石块及激进组织的袭击活动。巴勒斯坦人称之为“因提法达”（起义），西方媒体称之为起义（uprising）。

重打击了以色列在当地的统治。起义也严重削弱了约旦在约旦河西岸地区的影响。1988 年 7 月，约旦宣布断绝与约旦河西岸的法律和行政联系，放弃对约旦河西岸的主权要求。约旦和巴解组织双重代表约旦河西岸巴勒斯坦人的历史结束，这为巴解组织填补约旦河西岸的政治和法律真空提供了一个好机会。

1988 年 10 月 26 日，巴解组织公布了关于建立独立国家的文件，对“巴勒斯坦国”的国家制度做出规定，首次确认了 1947 年联合国通过的 181 号分治决议。这意味着巴勒斯坦人接受了联合国在巴勒斯坦建立“阿拉伯国”和“犹太国”的决议，承认了以色列的存在。11 月 15 日，巴解组织在阿尔及尔召开巴勒斯坦全国委员会第 19 次特别会议，发表了具有重要意义的《独立宣言》，重申了巴勒斯坦人民建立自己国家的权利。《独立宣言》宣布，“在我们的巴勒斯坦土地上建立一个巴勒斯坦国，它的首都为光荣的耶路撒冷”。巴勒斯坦全国委员会当日发表政治公报，要求在联合国第 242 号决议和第 338 号决议及保障巴勒斯坦人合法民族权利的基础上召开中东问题国际和平会议。[①]

巴解组织开始在不同场合公开承认以色列的合法存在。1988 年 12 月 7 日，阿拉法特在同美国犹太人士会谈后发表声明表示，巴勒斯坦方面明确“承认以色列的存在，承认以色列是该地区的一个国家”。同年 12 月，阿拉法特在日内瓦参加联合国会议期间再次重申巴解组织接受“中东冲突中所涉及的各方在和平与安全的环境中生存的权利”，“包括巴勒斯坦、以色列和其他邻邦”。[②] 巴解组织在 1991 年 6 月发表的《关于中东和平努力的十点立场》中进一步重申接受联合国第 181 号决议、第 242 号决议，表示“愿意在 1967 年被占领土上建立巴勒斯坦国”，“承认以色列在国际保证的安全边境内生存的权利”。

---

① Yehuda Lukacs, ed., *The Israeli-Palestinian Conflict: A Documentary Record*, Cambridge University Press, 1992, p. 419.

② "Yasser Arafat's Geneva Press Statement, 15 December, 1988," in Yehuda Lukacs, ed., *The Israeli-Palestinian Conflict: A Documentary Record*, p. 434.

五 《奥斯陆协议》与巴勒斯坦民族权力机构建立

20 世纪 90 年代初，尤其是海湾战争后，世界局势的急剧变化为阿以争端的政治解决提供了历史性机遇。海湾战争促进了阿拉伯世界温和力量的发展和政治格局的重组，为推动中东和平进程提供了条件。在 1990 年开始的海湾危机中，巴解组织对伊拉克入侵科威特持同情态度，并反对通过军事手段恢复科威特的独立。这一立场使巴解组织遭到阿拉伯国家的谴责，陷入孤立之中，处于有史以来最困难的境地。美国为维护并扩大在中东的优势和利益，积极倡导阿以和谈。经过美国国务卿贝克（James Addison Baker Ⅲ）的积极斡旋，1991 年 10 月中东和会在西班牙首都马德里召开。尽管巴解组织与叙利亚和埃及修复了因海湾战争而恶化的关系，但是埃及、叙利亚、约旦及其他海湾国家为了各自的利益，没有坚持巴解组织必须独立参加马德里中东和会，致使巴解组织处于弱势地位，只能派代表以约旦 - 巴勒斯坦代表团成员身份参加马德里和会。面对现实，巴解组织再次调整战略目标。

1993 年，巴解组织和以色列代表在奥斯陆经过将近一年的秘密接触与谈判，最终达成了有关加沙、杰里科先行自治的协议。当年 9 月 13 日，阿拉法特和以色列总理拉宾在白宫草坪正式签署了协议，即《临时自治安排原则宣言》，又称《奥斯陆协议》。这标志着巴解组织选择通过谈判建立一个真正意义上的国家。《奥斯陆协议》及稍后达成的一系列协议和文件构成了解决巴以冲突的奥斯陆模式，为巴勒斯坦分阶段在加沙地带和约旦河西岸建国打下基础。根据《奥斯陆协议》的安排，巴勒斯坦最终地位谈判将不迟于 1996 年 5 月开始，在 1999 年 5 月前达成巴勒斯坦最终地位协议。

根据 1994 年 5 月 4 日的《加沙 - 杰里科协议》，巴勒斯坦开始推进自治进程。1994 年 5 月 10 日起，由滞留在伊拉克、利比亚和阿尔及利亚等国的巴解游击队员改编的巴勒斯坦警察部队陆续进入加沙和杰里科接管内部防务。7 月，巴勒斯坦临时自治权力机构在杰里科宣告成立。1995 年 9 月，巴以双方签署了《约旦河西岸和加沙地带过渡协议》（又称“奥斯陆第二协议”），以色列军队先后撤出约旦河西岸的 7 座主要城市，由巴方自治。1996 年 1 月 20 日，在约旦河西岸和加沙地带举行巴勒斯坦历史上首次大选，选举产生了巴勒斯坦民族权力机构主席和巴勒斯坦立法委员会。在巴以双方的共同努力下，巴勒斯坦民族权力机构管辖加沙地带和约旦河西岸将近 20% 的巴勒斯坦领土，加上巴以共同管理的领土，巴勒斯坦控制的土地面积已约占 40%，一个巴勒斯坦国家的雏形已经出现。

1996 年 5 月 4 日，巴以就巴勒斯坦最终地位问题进行了首轮会谈。此后双方相继进行了几十轮秘密和公开的谈判，主要讨论的是耶路撒冷地位、巴勒斯坦难民回归、犹太人定居点、边界划分和水资源分配等问题，但由于这些问题涉及双方主权、安全、经济、宗教争端，要任何一方做出让步都很困难，因此谈判一直未能取得实质性进展。加上双方极端势力的阻挠和以色列政局的多次变化，巴以和平进程一再受挫。《奥斯陆协议》规定的期限已经被突破，在新的期限 2000 年 9 月 13 日临近的时候，巴以双方就巴勒斯坦最终地位问题举行的戴维营谈判再告破裂。

2000 年 9 月 28 日，以色列利库德集团领导人沙龙在数百名军警和保镖的护卫下，突然闯进东耶路撒冷的伊斯兰圣地阿克萨清真寺广场，引发了现场巴勒斯坦群众和以色列警察的流血冲突，旷日持久的“阿克萨起义”① 随之爆发。巴以和谈形势急转直下，冲突不断升级。

六　阿克萨起义与巴勒斯坦改革

以色列沙龙政府于 2001 年上台后，在巴以问题上推行强硬政策，巴勒斯坦一些激进组织则不断制造自杀爆炸事件，造成以色列无辜百姓伤亡。巴以双方陷入报复与反报复的恶性循环，关系更加恶化。在与以色列的较量中，巴勒斯坦的弱势地位更加明显。暴力冲突使巴勒斯坦经济陷入困境，失业人口剧增，也造成大量巴勒斯坦平民伤亡，使巴勒斯坦人的苦难加剧，民族情绪上扬。而激进组织针对平民的自杀式爆炸袭击又对巴勒斯坦正义斗争的声誉造成负面影响，为以色列提供了更多打击巴勒斯坦的

---

① 阿克萨起义从 2000 年 9 月底爆发到 2005 年 2 月初结束，历时四年多，也被称作“第二次因提法达”。

口实。以色列在打击巴勒斯坦激进势力的同时，连带打击巴勒斯坦主流派别。自2001年底开始，阿拉法特一直被以色列软禁在拉姆安拉的官邸内，完全失去行动自由。以色列以打击“恐怖主义”为由，多次围困阿拉法特的官邸，并采取了断水、断电及摧毁官邸内建筑物的极端手段，向阿拉法特施压。长期的“软禁”使70多岁高龄的阿拉法特身体每况愈下，2004年10月，健康状况恶化的阿拉法特在以色列方面的允许下取道约旦前往巴黎就医；次月在巴黎病逝。

在阿克萨起义爆发后的几年中，巴勒斯坦的内部矛盾逐渐激化，各派别向巴勒斯坦民族权力机构及阿拉法特的权威发起挑战。腐败问题是巴勒斯坦民族权力机构遭到攻击的主要原因之一，部分高级官员要求对权力机构进行改革，以打击腐败。在领导层内部，阿拉法特基本上大权独揽；在重要决策机构巴解组织中央委员会中，基本上也是元老派掌权。这种管理方式引发了内部改革派和年青一代的不满。要求阿拉法特改革与放权的呼声越来越高。

在内外的压力下，巴勒斯坦民族权力机构于2003年3月设立总理职位。但阿拉法特仍然牢牢控制着军政大权，总理并没有实际权力，首任总理马哈茂德·阿巴斯（Mahmoud Abbas）被迫辞职。2004年7月中旬以来，加沙地带陷入混乱状态，屡屡发生同室操戈的绑架、枪击、纵火、示威等事件，矛头指向巴勒斯坦政府的贪污、任人唯亲等现象。由于阿拉法特独揽大权，总理艾哈迈德·库赖（Ahmed Qurei）因无力稳定局势而提交辞呈，导致巴勒斯坦陷入政治危机。最后，阿拉法特同意部分放权，授予总理库赖部分安全和改革权力。在当年8月召开的立法委员会会议上，阿拉法特公开承认领导机构犯有错误，承诺将进行改革，以便尽快恢复安全与秩序。巴勒斯坦改革本质上是重新分配权力的过程，必将波及高层以及各方的切身利益，因此注定是个艰难的进程。

七 哈马斯的崛起与巴勒斯坦内部冲突

阿拉法特逝世后，马哈茂德·阿巴斯出任巴解组织执行委员会主席，成为巴解组织最高领导人。在2005年1月9日举行的大选中，阿巴斯高票当选第二任巴勒斯坦民族权力机构主席。巴勒斯坦内政基本保

持相对稳定状态。

阿克萨起义后，在以色列“定点清除”中遭到重创的哈马斯为保存实力、扩大影响，在表示不放弃武装斗争的同时，开始逐渐调整立场，以更加务实灵活的策略参政议政。在2004～2005年进行的巴勒斯坦地方选举中，哈马斯在第一阶段和第四阶段的选举中取得大胜，进而一举赢得2006年1月举行的巴勒斯坦立法委员会选举。以色列、美国和世界各主要国家都要求获得组阁权的哈马斯放弃暴力、承认以色列、承认巴解组织和巴勒斯坦民族权力机构同以色列签署的一系列国际协议。哈马斯表示，将客观对待已经同以色列签署的协议，但拒绝承诺放弃暴力，拒绝解除派别武装，拒绝承认以色列。2006年3月，哈马斯组建由专业人士构成的“专家型”政府，法塔赫没有参加。

哈马斯拒不改变立场的强硬态度，导致美国等西方主要援助国对新政府实施经济制裁。传统捐助方仅通过非官方渠道为巴勒斯坦民众提供援助，部分援助直接交付巴勒斯坦民族权力机构主席阿巴斯。在这种情况下，巴勒斯坦的社会经济只能维持最低限度的运转。同时，以色列严厉打击哈马斯，相继逮捕了近百名有哈马斯背景的立法委员、内阁部长和部分政治派别的骨干，致使哈马斯控制的立法委员会无法运转。

2006年5月，身处以色列监狱的马尔万·巴尔古提（Marwan Barghouti）等巴勒斯坦部分派别的高级成员联名签署“狱中协议”，提出在1967年被占领土建立“巴勒斯坦国”、组建联合政府等。面对复杂严峻的形势，哈马斯再次寻求组建联合政府。法塔赫也期望通过联合政府争取更多权力。但双方在政治纲领和关键内阁部长职位，特别是在掌握安全部队指挥权的内政部长人选上分歧严重。在国际社会的积极斡旋下，2007年2月8日，哈马斯与法塔赫签署《麦加协议》，就财政部部长、外交事务部部长和内政部部长三大关键职位的人选达成一致。3月17日，联合政府正式成立，哈马斯领导人伊斯梅尔·哈尼亚（Ismail Haneya）出任总理，独立人士卡瓦斯迈出任内政部部长。但是随着法塔赫与哈马斯矛盾加剧，两派武装冲突不断升级，致使安全局势恶化。6月12日，法塔赫宣布暂时退出联合政府。

2007年6月14日，加沙地带的哈马斯武装人员攻占了安全局总部、情报部门、阿巴斯官邸等多个重要据点，将法塔赫势力逐出加沙地带，夺取了当地的实际控制权。当日，阿巴斯下令巴勒斯坦进入紧急状态，并解散联合政府。次日，阿巴斯任命萨拉姆·法耶兹（Sallam Fayyad）担任新总理，负责组建紧急政府。17日，阿巴斯宣布哈马斯下属的武装派别为非法组织。此后，控制了加沙地带的哈马斯与控制着约旦河西岸的法塔赫一直处于紧张状态。巴勒斯坦陷入自巴勒斯坦民族权力机构建立以来最严重的内部分裂和对抗。

八 民族和解与寻求联合国正式成员国地位

在阿拉伯国家调解下，法塔赫与哈马斯不断为实现和解进行努力。2008年3月，根据也门总统萨利赫倡议，法塔赫与哈马斯签署《萨那宣言》，但宣言没有得到落实。经过埃及的斡旋，2011年5月，以法塔赫和哈马斯为首的巴勒斯坦13个政治派别在开罗签署和解协议。各方同意结束约旦河西岸和加沙地带的割据状态，开启和解进程，筹备巴勒斯坦民族权力机构主席选举和立法委员会选举。2012年2月，法塔赫和哈马斯签署《多哈宣言》，同意组建以阿巴斯为总理的联合过渡政府。2013年1月，阿巴斯与哈马斯政治局主席迈沙阿勒在开罗会晤，决定推动落实开罗和解协议。2014年4月23日，法塔赫与哈马斯达成和解协议，决定组建带有过渡性质的民族联合政府，双方相关人员于6月2日就职。随后，以色列和哈马斯在加沙爆发冲突，哈马斯退出民族联合政府。由于哈马斯的抵制，巴勒斯坦2012年和2017年的地方选举都仅在约旦河西岸进行。近年来，在埃及斡旋下，法塔赫与哈马斯的和解进程取得突破。2017年10月12日，法塔赫与哈马斯在埃及开罗签署和解协议。哈马斯同意将加沙地带的行政权移交法塔赫，结束双方长达10年的分裂对立局面。

阿克萨起义之后，巴勒斯坦和以色列进行了多次谈判，国际社会提出了包括中东和平“路线图”计划在内的多种解决方案，但都未能取得突破。2009年以来，以色列右翼利库德集团当政，奉行强硬政策，中东和平进程搁浅。在无法通过与以色列和谈建立独立国家的情况下，巴勒斯坦开始寻求联合国成员国身份，试图通过这一外交策略突破建国困境。在美国和以色列的强烈反对下，巴勒斯坦未能成为联合国成员，但取得了一些外交突破，在联合国的地位有所提升。2012 年 11 月，巴勒斯坦从联合国观察员实体升格为观察员国。

第六节　著名历史人物

麦格迪西（al - Maqdisi，946 ~ 990 年）　阿拉伯著名的旅行家和地理学家。原名为阿布·阿卜杜拉·穆罕默德·本·白谢里，耶路撒冷人，因耶路撒冷的阿拉伯名字是拜特麦格迪西（圣城），故以麦格迪西为姓。在游历了整个阿拉伯世界和几乎所有伊斯兰国家后，于 985 年将 20 年的旅行记录编成《各地区的最佳分类》。书中对各地的轶事珍闻、风土人情、历史、政情和名胜古迹均有详细记载，是一部很有价值的地理学著作。

穆罕默德·沙斐仪（Muhammad b. Idrīs al-Shāfi ‘ī，767 ~ 820 年）伊斯兰教沙斐仪学派的创始人。生于加沙，属麦加古莱西部落哈希姆（Hāshim）家族。幼年丧父，随母迁居麦加，曾向赞齐（Muslim al-Zanji）等人学习“圣训”和教法，能背诵马立克编的《穆瓦塔圣训集》。20 岁左右到麦地那向马立克及“圣训派”其他学者学习，后又在伊拉克向“意见派”的教法学家学习。曾在巴格达和弗斯塔德（今开罗）任教。在制定教法时，吸收马立克学派和哈乃斐学派的特点，兼重圣训和类比，提出教法渊源应由《古兰经》、圣训、公议和类比构成，从而自成一家。晚年迁居埃及，住在阿穆尔清真寺，传播自己新创的学说。死后葬于弗斯塔德。主要著作是关于教法原理的《雷沙米》《法源论纲》等。

阿明·侯赛尼（1895 ~ 1974 年）　英国委任统治时期巴勒斯坦领导人。生于耶路撒冷，是巴勒斯坦著名穆斯林家族的成员。1916 年参加阿拉伯大起义。1918 年当选“阿拉伯俱乐部”主席。1920 年服务于叙利亚国王费萨尔的阿拉伯民族政府。1921 年被英国委任统治政府任命为耶路撒冷穆夫提，担任穆斯林最高委员会主席。他坚决反对犹太复国主义，创建了阿拉伯最高委员会，领导 1936 年的阿拉伯人总罢工。由于拒绝接受“皮尔分治计划”，1937 年被英国委任统治政府撤销职位，流亡黎巴嫩继续领导起义。第二次世界大战期间与纳粹德国合作进行反英、反犹活动。1948 年在埃及的支持下组建加沙政府，1948 年巴勒斯坦战争后逐渐丧失政治影响。

拉吉布·纳沙希比（1883～1951 年） 巴勒斯坦政治家，主张与英国和犹太复国主义者和解。生于耶路撒冷，是巴勒斯坦著名穆斯林家族的成员。1914 年作为耶路撒冷地区代表入选奥斯曼议会。1920～1934 年任耶路撒冷市市长。1934～1946 年组织并领导“民族保卫党”（National Defense Party）。1936 年阿拉伯最高委员会成立后任委员。1948 年 12 月被约旦阿卜杜拉国王任命为耶路撒冷圣地监护人。后任约旦政府部长、约旦参议院议员。

艾哈迈德·舒凯里（1908～1980 年） 外交家、社会活动家，巴解组织第一任领导人。生于黎巴嫩，大学毕业后参加泛阿拉伯民族主义政党独立党（Istiqlal）。阿拉伯大起义后流亡开罗。20 世纪 40 年代，在阿拉伯最高委员会设在华盛顿的阿拉伯新闻办公室担任领导，后领导设在耶路撒冷的阿拉伯中央新闻办公室。参加 1948 年埃及扶植的加沙政府，是阿明·侯赛尼的追随者。1949～1950 年服务于叙利亚驻联合国代表团。1950～1957 年任阿盟副秘书长。随后任沙特阿拉伯联合国事务大臣及沙特阿拉伯驻联合国代表。1963 年 9 月任巴勒斯坦驻阿盟代表。1964 年积极筹备第一届巴勒斯坦国民大会，并担任巴解组织执行委员会主席。1967 年辞去巴解组织职务移居开罗。1978 年因反对《戴维营协议》移居突尼斯。

亚西尔·阿拉法特（1929～2004 年） 又称阿布·阿马尔。巴勒斯坦国总统、巴解组织执行委员会主席。巴勒斯坦官方及阿拉法特本人称他于 1929 年 8 月 4 日出生于耶路撒冷。1948 年参加巴勒斯坦战争。1950 年进入开罗大学土木工程系学习。1952 年当选为埃及巴勒斯坦学生联合会主席。开罗大学毕业后进入埃及军事学院学习。1956 年在埃及参加苏伊士运河战争。

20世纪50年代末在科威特秘密筹建法塔赫，出版月刊《我们的巴勒斯坦》。1964年作为法塔赫的代表参加第一届巴勒斯坦国民大会。1965年1月1日率领法塔赫下属组织“暴风突击队”在加利利山区打响武装反抗以色列占领的第一枪。1967年参加“六五”战争。1968年6月当选法塔赫中央委员会主席。1969年2月起担任巴解组织执行委员会主席。1971年起兼任巴勒斯坦革命武装力量总指挥。1974年11月阿拉法特以观察员身份参加联合国会议，并留下名言“我带着橄榄枝和自由战士的枪来到这里，请不要让橄榄枝从我手中落下”。

巴勒斯坦宣布建国后，被巴解组织中央委员会（The Central Committee of PLO）选为巴勒斯坦国总统，领导巴解组织走上通过与以色列谈判政治解决巴勒斯坦问题的道路。1993年9月与以色列总理拉宾在华盛顿正式签署《临时自治安排原则宣言》，两人实现历史性握手。1993年9月获得联合国教科文组织授予的“博瓦尼和平奖”。1994年与以色列总理拉宾和外长佩雷斯一起获得诺贝尔和平奖。1994年7月返回巴勒斯坦，就任加沙－杰里科自治领导机构主席。1996年1月在巴勒斯坦首次大选中当选巴勒斯坦民族权力机构主席。自2001年12月起被以色列军队“围困”在拉姆安拉的官邸中。2004年10月因健康状况恶化前往巴黎就医，11月11日在巴黎逝世。

谢赫·艾哈迈德·亚辛（Sheikh Ahmed Ismail Yassin，1938～2004） 哈马斯创始人和精神领袖。1938年出生于加沙地带南部。14岁时四肢瘫痪。1958年进入埃及爱资哈尔大学深造。1965年加入埃及穆斯林兄弟会。1966年被埃及政府逮捕入狱，一个月后返回加沙，教授阿拉伯语文和伊斯兰经文，同时以穆斯林兄弟会成员身份从事抗以斗争。1987年在加沙成立哈马斯，发起反抗以色列占领的政治和军事斗争。1988年被以军逮捕，次年被判处终身监禁，1997年10月获释。创建了一套完整的伊斯兰“圣战”理论体系，通过宗教训令和指示体现伊斯兰“圣战”思想。阿克萨起义爆发后威望和影响直线上升。2004年3月22日遭以军空袭身亡。

第三章
政　治

第一节　概述

巴勒斯坦至今未能正式建立拥有完全主权的独立国家，目前仍处于有限自治阶段。巴勒斯坦人民建立拥有完全主权的独立的“巴勒斯坦国”的目标只能在巴以和平进程的最终阶段实现。随着1993年巴以和平进程启动，作为巴勒斯坦人民代表的巴解组织开始了争取独立主权国家地位的进程。

1993年9月13日巴解组织与以色列签署的《奥斯陆协议》规定，在加沙地带和约旦河西岸安排不超过5年的过渡期。根据1993～1995年双方签署的一系列协议，成立巴勒斯坦民族权力机构作为巴勒斯坦临时自治政府。作为自治领导机构，巴勒斯坦民族权力机构属于阶段性、过渡性机构，负责巴勒斯坦除外交以外的所有民事权力与职责以及部分安全职责。巴勒斯坦民族权力机构按照完整的国家体制设立，在向正式国家过渡时，其体制不会发生明显变化。根据《临时自治安排原则宣言》的安排，巴勒斯坦最终地位谈判应在1999年5月4日前解决。由于双方极端势力的阻挠和政局变化，巴以和平进程一再受挫，“巴勒斯坦国”至今未能正式建立。2012年11月从联合国观察员实体升格为观察员国后，巴勒斯坦于2013年1月正式采用“巴勒斯坦国”这一名称。

在特殊的历史和政治环境下，巴勒斯坦并存有两个权力机构：以巴解组织及其最高权力机构巴勒斯坦全国委员会为中心的巴勒斯坦民族运动决策机构和与以巴勒斯坦民族权力机构及巴勒斯坦立法委员会为中心的巴勒斯坦领导机构。虽然《奥斯陆协议》详细规定了巴勒斯坦民族权力机构的职责和权限，但实际上很难明确区分二者的关系。双方在人员和组织功能上交叉重合，权力交错。巴解组织领导人领导着巴勒斯坦民族权力机构，担任着政府高级职务，也掌管着众多安全机构。

一　政治演变

1. 巴勒斯坦全国委员会与巴勒斯坦解放组织成立

1964 年 5 月在耶路撒冷市召开的第一次巴勒斯坦国民大会发表《巴勒斯坦国民宪章》，决定成立巴解组织，负责领导巴勒斯坦人民争取解放家园的斗争，建立由巴勒斯坦人民组成的民间组织和军事组织，组建巴勒斯坦解放军。巴勒斯坦国民大会转变为巴解组织的临时国民会议，作为巴解组织的最高权力机关，负责制定政策、纲领。

1968 年 7 月，第四次巴勒斯坦全国委员会会议通过了修改后的《巴勒斯坦国民宪章》。宪章第 26 条规定："巴勒斯坦革命力量的代表——巴勒斯坦解放组织将在军事、政治和财政等所有领域中负责，对在泛阿拉伯世界和国际上为解决巴勒斯坦问题在各方面开展收复家园、解放和返回家园斗争并行使自决权的巴勒斯坦阿拉伯人民的运动负责。"①

2. 《独立宣言》与巴勒斯坦建国

巴解组织在 1988 年 10 月 26 日公布了关于建立独立国家的文件，核心内容如下：①"新的巴勒斯坦国有一个共和国制度，有一个由议会选举出来的总统，有一个由一党或多党推举出来的内阁委员会"；②未来的"巴勒斯坦国"由巴解组织执行委员会主席亚西尔·阿拉法特主持，由巴解组织政治部主任法鲁克·卡杜米任新政府外长，巴解组织执行委员会成员自然成为新政府成员；③巴勒斯坦全国委员会为新国家的议会；④在被占领土上建立临时行政机构；⑤准备组成一个"工作代表团"，同以色

① 《巴勒斯坦国民宪章》，巴勒斯坦解放组织驻京办事处编著《巴勒斯坦问题和巴解组织》，第 27 页。

列谈判解决两国边界、加沙同约旦河西岸的联系、犹太人定居点前途、水资源的分配、“难民返回的权利或对他们的赔偿”等问题；⑥“一旦新国家被承认和以色列军队撤离，就采取措施进行自由和直接的选举，以组成一个新政府和选择国家元首”;[①] 同年 11 月 15 日，巴勒斯坦全国委员会第 19 次特别会议在阿尔及尔公布了《独立宣言》，宣布建立“巴勒斯坦国”，首都为耶路撒冷。从此，巴解组织成为巴勒斯坦流亡政府。

《独立宣言》公布后，130 多个国家宣布承认“巴勒斯坦国”，但绝大多数只是以政府声明形式表达的“事实承认”，而不是法律上的承认。巴勒斯坦也没有取得联合国正式成员资格。1998 年以前，巴解组织一直以观察员身份参加联合国工作，其名称也只是“巴勒斯坦”而不是“巴勒斯坦国”，直到 1998 年 7 月才获得“无投票权的成员地位”，成为“事实上的国家”。1988 年 11 月之后，巴解组织向一些国家派驻的办事处升格为“大使馆”，阿拉法特在某些场合也被称为“总统”。[②]

3. 巴勒斯坦民族权力机构建立

1993 年启动的巴以和平进程实际上就是巴解组织作为巴勒斯坦实体的代表争取独立主权国家地位的进程。当年 9 月，巴解组织与以色列在华盛顿签署了《临时自治安排原则宣言》，协议规定：加沙和杰里科先行自治；建立经选举产生的巴勒斯坦自治机构。《临时自治安排原则宣言》的签署标志着巴解组织选择通过谈判建立一个真正意义上的国家。1994 年 5 月 4 日，巴以双方在开罗签署关于实施《临时自治安排原则宣言》的《加沙 - 杰里科协议》，对巴勒斯坦民族权力机构的结构、组成、权限范围等做出规定。

1994 年 5 月 12 日，以阿拉法特为主席的巴勒斯坦临时自治政府成立，并首先在加沙和杰里科实行自治，之后自治范围扩大到约旦河西岸。

---

① 《巴解组织关于建立独立国家的文件》，刊登于 1988 年 10 月 26 日的黎巴嫩《国土报》，收录于尹崇敬主编的《中东问题 100 年》，第 127 ~ 130 页。

② 对于 1988 年巴勒斯坦宣布建国的法律解释，参见殷罡主编《阿以冲突——问题与出路问题》，国际文化出版公司，2002，第 234 ~ 239 页。

26 日，临时自治政府在突尼斯举行首次会议，通过了关于加沙和杰里科巴勒斯坦临时自治时期的政治纲领，重申建立一个以耶路撒冷为首都的“巴勒斯坦国”的目标。7 月 1 日，阿拉法特结束了 27 年的流亡生活返回加沙，巴勒斯坦临时自治政府从突尼斯迁往杰里科。7 月 5 日，巴勒斯坦临时自治政府在杰里科宣告成立，阿拉法特就任主席。

1996 年 1 月 20 日，巴勒斯坦在包括耶路撒冷在内的约旦河西岸和加沙地带举行了历史上首次大选。根据规定，凡在巴勒斯坦人口登记处登记的年满 18 岁的巴勒斯坦人均可参加选举。选举过程由 90 多个国家、国际组织、非政府组织监督，中国也应邀派出观察团。选举设立了 1668 处投票站，据巴勒斯坦中央选举委员会统计，约旦河西岸 73% 的选民、加沙地带 88% 的选民登记参加了此次选举。大选以多数代表制方式选举产生了巴勒斯坦立法委员会，以直接选举方式选举阿拉法特为巴勒斯坦民族权力机构主席。1996 年 2 月 12 日，阿拉法特正式宣誓就职。3 月 7 日，巴勒斯坦立法委员会宣告正式成立。5 月，阿拉法特组建巴勒斯坦自治政府。

二　基本法

巴勒斯坦没有宪法。根据《奥斯陆协议》安排，1997 年 10 月巴勒斯坦立法委员会起草完成并批准基本法，作为未来独立的“巴勒斯坦国”永久宪法的雏形和基础。基本法适用于巴勒斯坦自治政府领导下的过渡时期。

基本法规定了以自由市场原则、财产私有权、独立地解决争端办法以及法治为基础的制度。基本法规定，巴勒斯坦政体是以政治多元主义和多党制为基础的议会民主制，行政权授予巴勒斯坦民族权力机构主席及其任命的内阁；立法权授予巴勒斯坦立法委员会；司法独立。此外，基本法还规定，巴勒斯坦是阿拉伯世界的一部分，巴勒斯坦人属于阿拉伯民族；伊斯兰教是巴勒斯坦官方宗教，阿拉伯语是官方语言；巴勒斯坦民族权力机构主席由人民选举产生，政府对巴勒斯坦民族权力机构主席和立法委员会负责。

2003 年 3 月，巴勒斯坦立法委员会通过基本法修正案，增加了关于总理职位及其权限的条款。修正案还规定，总理及内阁各部长必须经过巴勒斯坦立法委员会批准后才能任职；除总理外，部长总人数由 19 人增至 24 人。

三 选举法

选举法是巴勒斯坦大选的指导方针，对选举人和候选人的资格、选举程序、竞选资金、竞选活动都做了规定。巴勒斯坦第一次大选是根据 1995 年第 13 号法令颁布的选举法及其修正案进行的。1995 年选举法只适用于加沙地带及包括耶路撒冷在内的约旦河西岸地区的巴勒斯坦居民，规定在国际监督下举行自由的直接选举，选出巴勒斯坦民族权力机构主席和立法委员会；巴勒斯坦立法委员会委员自然成为巴勒斯坦全国委员会委员，立法委员会一经选出，就要着手建立过渡时期政府的宪政制度。约旦河西岸和加沙地带共分为 16 个选区，各选区按人口比例确定在立法委员会中的席位，各选区至少有 1 个席位，为基督教徒留有一定席位，纳布卢斯选区有 1 个席位留给撒玛利亚人。选举法对“巴勒斯坦人”做出的定义为：①出生在巴勒斯坦，这里的巴勒斯坦是指英国委任统治时期的地理范围，或是根据这一时期法律具有巴勒斯坦公民权的人；②出生在加沙地带或约旦河西岸，包括耶路撒冷；③无论出生在何处，有一个或一个以上满足条件①的直系祖先；④满足以上条件的巴勒斯坦人的配偶；⑤非以色列公民。选举法规定，巴勒斯坦民族权力机构主席自然成为立法委员会成员，但不得担任立法委员会主席。立法委员会主席由立法委员会委员选出。①

2005 年 6 月 18 日，巴勒斯坦立法委员会批准了新的选举法修正案，对选举制度进行了较大修改。立法委员会席位由 88 席增至 132 席，通过比例制选举和多数制选举两种方式各产生 66 席。比例制选举是由约旦河西岸地区和加沙地带 16 个选区的选民在各派别和独立人士组建的竞选阵

① 巴勒斯坦选举法，参见巴勒斯坦中央选举委员会网站，http：//www. elections. ps。

营中投票选择一个阵营，最终得票超过2%的阵营按比例分配66个席位；多数制选举是由16个选区按人口多寡分配66个席位，选民直接投票选举本选区候选人，得票多者当选。

2007年9月，巴勒斯坦再次修订选举法。修订后的选举法将半比例代表制改为完全比例代表制，由选民对政党投票，政党根据得票多少分配立法委员会席位。修订后的选举法要求所有候选人必须承认巴解组织为巴勒斯坦人唯一合法代表，因此哈马斯拒绝承认此次修订。

第二节　巴勒斯坦解放组织

一　性质和地位

巴勒斯坦解放组织是巴勒斯坦民族运动的领导机构，是国际社会及以色列承认的巴勒斯坦人的唯一合法代表。

巴勒斯坦解放组织是由巴勒斯坦各派别组织组成的松散联盟，其成员在遵守《巴勒斯坦国民宪章》的前提下可保留自己的组织体系和政治主张。巴解组织于1964年5月在耶路撒冷成立，在1974年拉巴特第7次阿拉伯国家首脑会议上被确认为巴勒斯坦人民的唯一合法代表，1976年成为不结盟运动和阿盟的正式成员。巴解组织同世界上100多个国家建立了各种形式的联系，向包括联合国在内的近百个国家或国际组织派驻了代表或观察员，得到很多国家给予的外交礼遇。

巴解组织自1993年与以色列相互承认后，作为巴勒斯坦自治区境内外全部巴勒斯坦人的唯一合法代表，自始至终承担着同以色列政府进行和平谈判的重任，负责解决巴勒斯坦最终地位问题。

巴解组织总部设在突尼斯，其部分机构及一些成员组织的指挥部设在叙利亚大马士革等地。1993年巴以签署自治协议后，巴解组织除政治部等部门外，其他机构基本迁入巴勒斯坦。机关刊物为《革命的巴勒斯坦》，在塞浦路斯出版；通讯社名称为巴勒斯坦通讯社（Palestine News & Information Agency，Wafa）；广播电台名称为“巴勒斯坦之声”。

二 领导机构

巴勒斯坦全国委员会是巴解组织最高权力机构，具有议会的性质，代表全体巴勒斯坦人，负责制定巴解组织的纲领、政策，选举巴解组织中央委员会和常设领导机构。全国委员会每届任期两年，定期召开例会，审议执行委员会报告、巴勒斯坦民族基金会报告、巴解组织预算、各下设委员会提出的建议等。全国委员会设有主席办公室，由一名主席、两名副主席和一名书记组成，现任主席为萨利姆·扎农（Saleem al-Zanoon）。全国委员会闭会期间，由中央委员会指导巴解组织工作。

巴解组织中央委员会是巴勒斯坦全国委员会与巴解执行委员会之间的一个监督机构，负责监督巴解组织执行委员会执行巴勒斯坦全国委员会全的决议和巴解组织的方针政策。巴解组织中央委员会由全国委员会选举产生，共有 100 多名成员。自 1970 年起，阿拉法特一直担任巴解组织中央委员会主席。2004 年 11 月阿拉法特去世后，阿巴斯继任主席。

巴解组织执行委员会是巴解组织常设领导机构，集体对全国委员会负责。其成员为专职人员，分别负责执行全国委员会制定的政策、纲领。执行委员会根据全国委员会的总计划和决议行使巴解组织的所有职权，有 4 项主要职能：正式代表巴勒斯坦人民；负责监督巴解组织各个机构；发出指示，制定纲领，并就巴解组织的组织事宜做出决策；负责执行巴解组织的财政政策，制定预算。[①] 巴解组织执行委员会第一任主席是舒凯里。1969 年 2 月以来，巴解组织执行委员会主席一直由阿拉法特担任。阿拉法特逝世后，阿巴斯继任。本届执行委员会于 1996 年 4 月经巴勒斯坦全国委员会第 21 次会议选举产生。2015 年 8 月，阿巴斯宣布辞去巴解执行委员会主席职务，另有 9 位巴解组织执行委员会成员辞职。在举行选举前，阿巴斯仍代行主席一职。

---

① 巴勒斯坦解放组织驻京办事处编著《巴勒斯坦问题和巴解组织》，第 18 页。

三　组织结构[①]

巴解组织下设政治部、军事部、巴勒斯坦民族基金会、被占领土事务部、高等教育部、民族关系部、新闻文化部、巴勒斯坦社团部、社会事务部、行政事务部、和谈事务部、难民事务部12个准国家机构。

政治部负责巴解组织所有与其他国家、政党、国际组织、阿拉伯组织等有关的活动，包括巴解组织在联合国及其下属机构的活动。其主要工作为：①管理巴解组织设在各国家的办事机构，任命这些机构的领导和工作人员；②代表巴解组织与其他国家签署协议；③维护世界上所有巴勒斯坦人的利益；④加强巴解组织与阿盟的关系；⑤协调与非洲统一组织、伊斯兰会议组织及不结盟运动成员的关系；⑥实施巴解组织执行委员会的政治纲要。

军事部负责军事方面的工作，主要是训练和动员巴勒斯坦革命所需的武装力量、抚慰烈士家属等。

巴勒斯坦民族基金会由第一届巴勒斯坦全国委员会决定设立。基金的来源有：阿拉伯国家政府向居住在其国内的巴勒斯坦人征收的一项固定税收，阿拉伯国家政府和人民提供的捐赠，阿拉伯国家和友好国家提供的贷款和捐赠，全国委员会批准的任何其他的资金来源。巴勒斯坦民族基金会由一个根据全国委员会通过的特别法组成的董事会管理。董事会的董事长由全国委员会选举产生，董事长自然成为执行委员会成员，董事会一般成员由执行委员会指定。董事会负责接收、监督来自各种渠道的资金，并努力开拓更多的资金来源渠道；为巴解组织及其下属机构提供财政支持；对巴解组织各机构的财务进行审计；监督巴解执行委员会的财政。

被占领土事务部负责处理与被占领土有关的一切经济、社会和教育等事务。高等教育部负责被占领土和在其他阿拉伯国家的巴勒斯坦人的教育工作，是巴解组织在联合国教科文组织和阿拉伯教科文组织中的代表。

---

① 巴勒斯坦国家新闻中心网站，http：//www. pnic. gov. ps。

民族关系部成立较晚，1977 年由巴勒斯坦全国委员会第 13 次会议批准建立，与政治部协调工作，负责与官方的阿拉伯组织和政党、非官方的国际组织和政党、世界友好团体和国际和平机构等组织发展关系。

新闻文化部负责管理巴解组织的新闻、文化工作，代表巴解组织参加阿拉伯世界和国际社会的相关活动。

巴勒斯坦社团部负责管理巴勒斯坦人的社会团体，代表巴解组织参加国际劳工组织及有关国际组织的会议，下属的社会团体有巴勒斯坦青年协会、巴勒斯坦妇女协会、巴勒斯坦学生联合会、巴勒斯坦记者协会、巴勒斯坦教师协会、巴勒斯坦红新月会、青年和体育最高委员会、巴勒斯坦童子军协会、巴勒斯坦体育协会等。

社会事务部负责为被占领土及流亡在外的巴勒斯坦人提供社会服务，代表巴解组织参加国际社会举办的有关会议。其工作主要是通过巴勒斯坦人协会为巴勒斯坦战士和烈士家庭提供支持和帮助；支持有关巴勒斯坦妇女的工作；向阿拉伯国家一些贫困的巴勒斯坦人聚居区提供帮助。

行政事务部负责巴解组织的行政管理事务。

和谈事务部于 1994 年在突尼斯成立，由当时的巴解组织秘书长阿巴斯领导，负责同以色列进行和平谈判及其相关工作。

巴勒斯坦难民事务部在阿拉法特的要求下成立，于 1996 年重新成为巴解组织的一个部，主要负责解决巴勒斯坦的难民问题。

四　分化改组

目前参加巴解的主要组织和团体有巴勒斯坦民族解放运动、解放巴勒斯坦人民阵线（简称“人阵”）、解放巴勒斯坦民主阵线（简称“民阵”）、巴勒斯坦解放阵线（简称“巴解阵”）、解放巴勒斯坦阿拉伯阵线（简称“阿解阵”）、巴勒斯坦人民斗争阵线（简称“人斗阵”）、巴勒斯坦人民解放战争先锋队（统称“闪电”）、巴勒斯坦民主联盟（简称“菲达”）、巴勒斯坦人民党、巴勒斯坦阿拉伯阵线。其中，由阿拉法特创建的法塔赫是实力最强、人数最多的派别，在巴解组织中居于领导地位。

巴解组织成立以来，所属各组织发生过多次分化改组。1974 年 2 月，法塔赫“民阵”“闪电”联合提出战略目标分阶段实现的方针，主张先在加沙地带和约旦河西岸建立独立的“巴勒斯坦国”，进而最终在巴勒斯坦全境建立民主国家。这个方针遭到“人阵”的坚决反对。由于在战略目标和斗争方式上的分歧，1974 年 9 月“人阵”退出巴解组织执行委员会，并在次月与“人阵（总部）”、“人斗阵”和“阿解阵”组成“拒绝阵线”，要求继续进行武装斗争，以解放整个巴勒斯坦。巴解组织由此分裂成以法塔赫“民阵”“闪电”为一方，以“拒绝阵线”为另一方的两大派别。在 1977 年巴勒斯坦全国委员会第 13 次会议上，“人阵”同意了分阶段实现战略目标的方针，“拒绝阵线”最终瓦解。1984 年，“人阵”重新进入巴解组织执行委员会。

巴解组织 1982 年撤出黎巴嫩首都贝鲁特后，以阿拉法特为首的主流派主张在不放弃武装斗争的同时，通过政治外交斗争争取巴勒斯坦人的民族权利，但法塔赫内部以阿布·穆萨（Abu Musa）为首的部分人员坚持武装斗争是解放巴勒斯坦的唯一方式，反对阿拉法特赞同的“非斯方案”和“约巴联邦方案”。1983 年 5 月，以阿布·穆萨为首的 6 名军官组成“巴勒斯坦革命运动”，要求纠正阿拉法特的“错误领导”，与法塔赫发生武装冲突。在反对派的联合围攻下，阿拉法特被迫于 1983 年 12 月撤离的黎波里，并在撤离途中访问埃及，同穆巴拉克总统进行了会谈。阿拉法特的访埃行动遭到巴解组织内其他派别的强烈反对。“闪电”和“人阵（总部）”支持阿布·穆萨的政治主张，攻击阿拉法特的埃及之行，并于 1984 年5 月与“人斗阵”共同组成“民族联盟”，与法塔赫对抗。“民族联盟”强调加强武装斗争，反对一切投降主义的解决办法，要求同叙利亚结成战略同盟。“人阵”和“民阵”虽然同情法塔赫反对派的政治主张，但不赞成用暴力手段解决内部分歧，反对外部力量插手巴解组织内部事务。阿拉法特访埃之后，“人阵”和“民阵”明确表示反对这次访问，公开提出要阿拉法特下台。1984 年 4 月，“人阵”、“民阵”、“巴解阵”和巴勒斯坦共产党组成“民主联盟”，成为巴解组织内除法塔赫“民族联盟”之外的另一大派别。

1985 年 2 月“约巴协议”的签署引起巴解组织内多数派别的不满和反对，“人阵”的态度尤为强烈。当年 3 月，“人阵”和“民族联盟”所属组织在大马士革另外组成“巴勒斯坦民族拯救阵线”，以挫败“投降路线和奉行投降主义路线的人”。

派系分裂和斗争严重影响了巴解组织领导巴勒斯坦人民的斗争。在苏联的积极斡旋和阿尔及利亚、利比亚的推动下，巴解组织内的各派别多次接触对话，寻求恢复团结的方式和途径。1987 年 4 月，法塔赫、“人阵”、“民阵”、“巴解阵”、“阿解阵”和巴勒斯坦共产党等出席在阿尔及尔举行的巴解组织全国委员会第 18 次会议，选举产生以阿拉法特为主席的执行委员会，达成了各方都能接受的协议。但“民族联盟”的各组织没有出席这次会议。

1988 年 11 月，巴解组织宣布建国的行为遭到一些组织的强烈反对。“民族联盟”所属组织拒绝出席“巴勒斯坦国”成立大会。“人阵”和“民阵”虽然参加了成立大会，但在接受联合国第 242 号决议和第 338 号决议上同法塔赫存在分歧。

20 世纪 90 年代中东和平进程的启动，再次引起巴解组织及其所属派别的分化改组。1991 年，“民阵”分裂为“亲阿拉法特派”和“强硬派”两派，后者与“人阵”和哈马斯等 10 个组织组成了“巴勒斯坦力量联盟”，反对《临时自治安排原则宣言》。1993 年，由于对“阿解阵”反对《临时自治安排原则宣言》不满，部分成员从“阿解阵”中分裂出来，另外组成“巴勒斯坦阿拉伯阵线”。1999 年，“人阵”“民阵”开始参加中东和平进程。

第三节 立法机构

一 巴勒斯坦立法委员会

1993 年巴以签署的《临时自治安排原则宣言》首次提出建立“经过选举产生的委员会”，以使“西岸和加沙地带的巴勒斯坦人民能够按照民主的原则实现自治管理"。[1] 1995 年巴以签署的《约旦河西岸和加沙地带过渡协议》进一步详细规定了巴勒斯坦立法委员会的选举办法、结构、权责等重要问题。根据规定，巴勒斯坦立法委员会为一院制议会，是一个过渡性的临时立法机构，主要代表巴勒斯坦自治区内的巴勒斯坦人行使立法权和监督权。

1. 职权

根据巴勒斯坦基本法规定，立法委员会具有以下职权：创制和通过法律；以 2/3 多数通过遭到巴勒斯坦民族权力机构主席否决的法律；以 2/3 多数通过基本法修正案；批准预算；批准巴勒斯坦民族权力机构主席提名的总理人选；批准总理提名的所有内阁成员人选；总理或 10 名及 10 名以上立法委员可以提出对内阁的不信任案；质询内阁成员，但不能质询巴勒斯坦民族权力机构主席；在国家紧急状态下不得被解散；每年召开两次常务会议，每次会议不超过 3 个月；以简单多数通过决议。此外，立法委员会还有权对巴勒斯坦人民的政治、社会、经济生活特别是人权和自由状况进行跟踪调查并颁布有关规定，对相关方面的执行情况进行监督。

2. 组织结构

《约旦河西岸和加沙地带过渡协议》规定，立法委员会由 88 人组成。2005 年 6 月的选举法修正案将立法委员会成员人数增至 132 人，每届任期 5 年。每届立法委员会召开第一次会议时，选出一位主席、两位副主席、一位秘书长组成立法委员会主席办公室（Presidency Office of the Council），其成员在任期内不得兼任部长和政府其他职务。

立法委员会下设 11 个专门委员会，分别是耶路撒冷委员会，领土与定居委员会，难民和散居在外巴勒斯坦人委员会，政治委员会，法律委员会，预算与财政事务委员会，经济委员会，内政与安全委员会，教育和社会委员会，自然资源和能源委员会，监督、人权和全面自由委员会。各专门委员会设主席和报告起草人，每半个月召开一次会议。

---

① 《临时自治安排原则宣言》第一条、第三条，尹崇敬主编《中东问题 100 年》，第 723 页。

3. 会议制度

立法委员会每年举行两次会议。第一次会议从 2 月的第一周开始；第二次会议从 9 月的第一周开始。总统和立法委员会主席可以要求召开特别会议。立法委员会主席在 1/3 委员的要求下也可以召开特别会议。每次会议必须有半数以上的议员出席方为有效，决议的通过须获得出席人员过半数支持。

4. 立法委员会辅助机构

立法委员会设立法律处、公共关系处、行政处、图书馆、议会研究处、委员会事务处、财政处、新闻处、技术处和计算机处作为辅助机构。

立法委员会设有 16 个地区办公室，按选举法规定分布在 16 个选区，负责与选民和各界人士保持密切联系。

立法委员会建立了一支被称为“委员会警察”的专门警卫队，警卫队成员身着统一制服，主要职责是保卫立法委员会及各委员的安全，确保立法委员会的正常运转及会议的有序召开。警卫队成员身着统一制服。①

二 第一届立法委员会

第一届立法委员会由 1996 年 1 月巴勒斯坦首次大选产生，库赖任主席，纳哈德·拉伊斯和艾布·埃塔为第一和第二副主席。这次选举注册选民为 1028280 人，参加投票的选民为 736825 人，投票率达到 71.66%。来自欧盟和其他各国的 519 名国际观察员和 2000 多名当地观察员监督了整个选举进程。立法委员会席位根据 16 个选区的人口按比例分配，加沙地带 5 个选区占 37 席，约旦河西岸 11 个选区占 51 席。16 个派别和组织的候选人及独立候选人共 672 人参加了这次立法委员选举，法塔赫共获得 55 个席位，独立的法塔赫候选人获得 7 个席位，独立的伊斯兰人士候选人获得 4 个席位，独立的基督教徒候选人获得 3 个席位，独立候选人获得 15 个席位，撒玛利亚人获得 1 个席位，其他人士 1 个席位，空缺 2 个席

① As'ad Ghanem, *The Palestinian Regime: a 'partial democracy'*, Sussex Academic Press, 2002, p. 70.

位。25 位妇女候选人有 5 位胜出。①

2003 年 9 月库赖出任总理后，根据巴勒斯坦相关法律，辞去立法委员会主席职务，原农业部部长拉菲克·纳特谢（Rafiq al-Natsheh）继任。2004 年 3 月，劳希·法图当选为立法委员会主席，在其 2004 年 11 月 11 日至 2005 年 1 月 15 日担任巴勒斯坦民族权力机构临时主席期间，由哈桑·赫赖谢任立法委员会临时主席。之后法图继续担任立法委员会主席一职。

阿拉法特逝世后，在 2005 年新一届巴勒斯坦民族权力机构主席选举时，立法委员会选举未能同时进行，而是经过两次推迟后最终于 2006 年 1 月举行。

三　第二届立法会委员

2006 年 1 月 25 日，巴勒斯坦历史上第二次立法委员会选举在约旦河西岸（包括东耶路撒冷）和加沙地带举行。这次选举共设立了 1008 个投票中心，注册选民为 1341671 人，参加投票的选民为 1042424 人，投票率达到 77.7%。来自欧盟和其他各国的 900 余名国际观察员和 1.8 万名当地观察员监督了整个选举进程。在这次选举中，哈马斯取得了压倒性胜利，获得 132 个席位中的 76 席，而法塔赫仅得到 43 席。剩余席位中，"人阵"获得 3 席，巴迪尔党（Al-Badil）获得 2 席，"独立巴勒斯坦"获得 2 席，"第三条道路"党获得 2 席，有 4 位独立候选人当选。②

2006 年 2 月 18 日，以哈马斯为首的新一届立法委员会宣誓就职并召开第一次会议，57 岁的哈马斯领导人阿卜杜勒·阿齐兹·杜维克（Abdul Aziz Duwaik）当选立法委员会主席。同年 8 月，杜维克和哈马斯其他一些高级成员被以军逮捕。由于以色列的逮捕以及哈马斯与法塔赫的分裂，立法委员会人数无法达到召开会议所需的 71 人的法定人数，因此自 2007 年中期以来立法委员会就再没有召开。

---

① 1996 年总统和立法委员会选举结果，参见巴勒斯坦中央选举委员会网站，http://www.elections.ps。

② 参见巴勒斯坦中央选举委员会网站，http://www.elections.ps。

第四节 行政机构

一 总统和巴勒斯坦民族权力机构主席

巴勒斯坦全国委员会在1988年11月宣布建国后，巴解组织执行委员会主席亚西尔·阿拉法特就任巴勒斯坦总统。

基本法将巴勒斯坦民族权力机构主席一职定性为过渡性职位，直至巴勒斯坦最终地位问题得到解决。根据基本法，巴勒斯坦民族权力机构主席的职权主要包括：任命总理；享有立法建议权和创制权，在30天内对立法委员会批准的法律具有否决权；签署法律；在特殊情况下颁布具有法律效力的命令；统率巴勒斯坦安全部队，掌管所有安全事务；拥有对巴以和平谈判的最终决定权；宣布不超过30天的国家紧急状态，超过30天则需要立法委员会批准。

2005年8月的基本法修正案规定，巴勒斯坦民族权力机构主席每届任期4年，连任不得超过两届。这是基本法首次对巴勒斯坦民族权力机构主席的任期做出明确规定。根据基本法，如果巴勒斯坦民族权力机构主席发生不测或意外，立法委员会主席自动代理巴勒斯坦民族权力机构主席之职，最长不超过60天，并负责组织新一届选举，产生新的巴勒斯坦民族权力机构主席。

1996年1月，巴勒斯坦举行历史上首次大选，阿拉法特赢得直接选举中88.2%的选票，当选巴勒斯坦民族权力机构第一任主席。此后，巴勒斯坦总统和巴勒斯坦民族权力机构主席这两个职务便由同一人担任。

阿拉法特逝世后，2005年1月9日巴勒斯坦再次举行大选，选举新一任巴勒斯坦民族权力机构主席。巴解组织主流派法塔赫的候选人巴解组织执行委员会主席马哈茂德·阿巴斯获得80.20万张选票中的50.14万张，得票数过半，当选巴勒斯坦民族权力机构第二任主席。2008年11月，阿巴斯被巴解组织中央委员会选举为巴勒斯坦总统。

马哈茂德·阿巴斯 又名阿布·马赞（Abu Mazen），巴勒斯坦国总统、巴解组织执行委员会主席。1935 年生于巴勒斯坦北部的萨法德，获得大马士革大学法律学学士学位和莫斯科大学历史学博士学位。1959 年协助阿拉法特筹建法塔赫。20 世纪 90 年代初曾作为巴勒斯坦首席代表出席马德里中东和会，主持巴以奥斯陆谈判，并代表巴勒斯坦签署了《奥斯陆协议》。1995 年当选巴解组织执行委员会主席。2003 年 4 ~ 9 月出任巴勒斯坦自治政府首任总理。2004 年 11 月继任巴解组织执行委员会主席。2005 年 1 月当选巴勒斯坦民族权力机构主席。2006 年 11 月被法塔赫革命委员会推选为最高领导人。2008 年 11 月被巴解组织中央委员会选为巴勒斯坦国总统。2009 年、2016 年两次当选法塔赫中央委员会主席。曾于 2005 年 5 月、2010 年 5 月、2013 年 5 月、2017 年 7 月以巴勒斯坦领导人身份访问中国。

二　总理

2003 年的巴勒斯坦基本法修正案设立总理职务。总理最重要的权力是监管所有公共及政府机构的运作，其他权力包括组建内阁、任命副总理、任免部长、定期或应巴勒斯坦民族权力机构主席要求召开并主持内阁会议。

阿拉法特就任巴勒斯坦民族权力机构主席后长期主持内阁事务。2002 年改革派为使阿拉法特将部分权力转移至立法委员会，特提出设立总理职务。2003 年 3 月 19 日，在外部的压力下，阿拉法特任命阿巴斯为巴勒斯坦自治政府首任总理。9 月，随着内部权力斗争激化，阿巴斯辞职，立法委员会主席库赖被任命为总理。2005 年 1 月阿巴斯就任新一届巴勒斯坦民族权力机构主席后，任命库赖为总理。2006 年 1 月哈马斯赢得立法委员会大选后，阿巴斯任命哈马斯领导人哈尼亚为总理，组成了以哈马斯成员为主的新政府。2007 年 3 月 17 日，哈马斯、法塔赫等组成民族联合政府，仍由哈尼亚担任总理。当年 6 月，哈马斯和法塔赫爆发严重冲突，哈马斯控制了加沙地带。阿巴斯随之解散了民族联合政府，在约旦河西岸和加沙地带实行紧急状态，并授权前财政部部长法耶兹成立紧急政府。2007 年 7 月 14 日零点，法耶兹辞职，标志着巴勒斯坦为期30天的紧急状态结束。阿巴斯任命法耶兹为总理，组建过渡政府。

2013年6月6日，阿巴斯任命成功大学（An-Najah National University）校长拉米·哈姆达拉为新一任过渡政府总理；23日，哈姆达拉辞职，但在新政府产生前仍担任过渡政府总理。2014年6月2日，哈马斯与法塔赫根据和解协议，组建带有过渡性质的联合政府，原过渡政府总理拉米·哈姆达拉留任总理。2015年6月17日，联合政府解散，哈姆达拉辞职，随即被委任组建新政府。

2017年10月2日，拉米·哈姆达拉作为和解政府总理，率领代表团抵达加沙地带，开始着手恢复对当地行使政府职能；3日，巴勒斯坦和解政府在加沙总理府召开近3年来首次政府会议；17日，巴勒斯坦和解政府宣布，开始在加沙地带重组政府部门和机构，由政府组建的委员会已经着手工作，负责加沙地带政府机构、口岸和安全事务。

艾哈迈德·库赖（1937～） 又名阿布·阿拉（Abu Alla），曾任巴勒斯坦自治政府总理。1937年生于耶路撒冷附近的阿布迪斯。法塔赫创始人之一，长期主管法塔赫的财务。1993年率领巴勒斯坦代表团参加巴以秘密谈判，是《奥斯陆协议》的主要起草人。1994年5月担任加沙－杰里科自治领导机构经济和贸易部长，兼任巴勒斯坦开发和重建经济委员会执行主任。1996年3月当选首届巴勒斯坦立法委员会主席。2003年9月10日出任巴勒斯坦自治政府第二任总理。2004年11月兼任全国安全委员会主席。2005年2月再次担任总理，2006年1月辞职。曾三次访华。

伊斯梅尔·哈尼亚（1963～） 曾任巴勒斯坦自治政府总理。1963年出生于加沙的一个难民营。1987年毕业于加沙伊斯兰大学教育学院，获得阿拉伯文学学士学位并留校任教。1987年加入哈马斯。1992年被驱逐到黎巴嫩。1993年重返加沙，出任伊斯兰大学校长，并成为哈马斯学生运动领袖。1998年起担任亚辛办公室主任。2006年1月作为哈马斯第一候选人参加立法委员会选举。2006年2月21日被巴勒斯坦民族权力机构主席阿巴斯任命为巴勒斯坦自治政府新总理，负责组建新一届政府，并于当年3月29日宣誓就职。2007年2月辞去总理职务。同年3月出任联合政府总理。2007年6月14日被解除总理职务。

萨拉姆·法耶兹（1952～） 曾任巴勒斯坦过渡政府总理。1952年出生于约旦河西岸的图勒凯尔姆地区，在黎巴嫩贝鲁特美国大学获得理学学士学位，并在美国得克萨斯大学获得工商管理硕士学位和经济学博士学位。1987～1995年就职于华盛顿世界银行总部。1995～2001年任国际货币基金组织驻巴勒斯坦（耶路撒冷）代表。2002年6月到2006年3月担任巴勒斯坦财政部部长，期间大力推行财政改革，缓解和改善了巴勒斯坦民族权力机构的金融状况。2007年3月出任民族联合政府财政部部长。2007年6月被任命为紧急政府总理。同年7月被任命为过渡政府总理。曾创建“第三条道路”党，主张与以色列进行谈判、推行改革、根除腐败。在2006年1月举行的立法委员会选举中，以独立候选人身份当选。

拉米·哈姆达拉（1958～） 巴勒斯坦现任总理、成功大学校长。1980年毕业于约旦大学，1982年获曼彻斯特大学文学硕士学位，1988年获兰开斯特大学语言学博士学位。1998年起任成功大学校长。2002～2013年任巴勒斯坦中央选举委员会秘书长，并于2011年任中央选举委员会副主席。2013年6月6日任巴勒斯坦总理。

三 内阁

内阁由总理与巴勒斯坦民族权力机构主席磋商后任命，且只有在通过立法委员会的信任表决后方可就任。内阁拥有以下职能：行使立法建议权；颁布法规；采取必要措施实施法律；制定预算。2003年基本法修正案赋予内阁更多的权力。修正案承认巴勒斯坦民族权力机构主席是武装部队统帅，但将部分安全权力置于内阁控制之下。

1996年阿拉法特当选巴勒斯坦民族权力机构首任主席后，任命了内阁各部部长，经立法委员会批准后组成首届内阁。内阁由巴勒斯坦民族权力机构主席主持工作，集体对立法委员会负责。

第二届内阁于1998年8月改组成立，由25名部长和5名国务部长组成。穆罕默德·纳沙希比（Muhammed Nashashbi）任财政部部长；亚西尔·阿比德·拉布（Yasser Abed Rabbo）身兼新闻部与文化艺术部两部部长；纳比勒·沙阿斯（Nabil Shaath）任计划与国际合作部部长；蒙齐尔·萨拉赫（Munther Salah）任高等教育部部长；纳伊姆·阿布·胡姆斯（Naim Abu al-Hummus）任教育部副部长；因提萨尔·瓦齐尔（Intisar al-Wazir）任社会事务部部长；米特里·阿布·艾塔（Mitri Abu Eita）任旅游与考古部部长；弗赖赫·阿布·迈迪安（Freih Abu Medein）任司法部部长；赛义卜·埃雷卡特（Saeb Erekat）任地方政府部部长；阿卜杜勒·拉赫曼·哈马德（Abdul Rahman Hamad）任住房部部长；马希尔·马斯里（Maher al-Masri）任贸易与经济部部长；萨阿德·克伦兹（Sa'edi al-Krunz）任工业部部长；伊马德·法卢吉（Imad Falougi）任电信部部长；希克马特·扎伊德（Hikmat Zeid）任农业部部长；贾米勒·塔里菲（Jamil al-Tarifi）任民事事务部部长；里亚德·扎农（Riyad Za'noun）任卫生部部长；拉菲克·纳特谢（Rafiq al-Natsheh）任劳工部部长；艾哈迈德·塔米米（Ahmad Tamimi）任内政部副部长；阿里·卡瓦斯迈（Ali al-Qawasmi）任交通部部长；阿卜杜勒·阿齐兹·沙欣（Abdul Aziz Shahin）任供给部部长；贾迈勒·穆海森（Jamal Muhaisen）任青年与体育部副部长；优素福·萨拉迈（Yousef Salameh）任教产与宗教事务部副部长；纳比勒·阿姆鲁（Nabil Amru）任议会事务部部长；纳比尔·卡西斯（Nabil Kasiss）任“伯利恒2000年项目部”部长；哈桑·阿斯夫（Hasan Asfour）任非政府组织部部长兼任国务部部长；希沙姆·阿卜杜勒·拉齐克（Hisham Abdel Razeq）任被俘人员事务部部长兼任国务部部长；优素福·阿布·萨菲亚（Yousef Abu Safieh）任环境部部长，并兼任国务部部长；阿扎姆·艾哈迈德（Azzam El-Ahmad）任公共工程部部长；萨利姆·塔马里（Salah al-Ta'mari）和巴希尔·巴古提尔（Bashir al-Barghouti）任国务部部长。18位部长中，有11人为法塔赫成员，巴勒斯坦民主联盟和人民党成员各1人；这18人同时还是立法委员会委员。

第三届内阁于2002年6月改组成立，成员变为21人。改组后的内阁增设自然资源部，取消了非政府组织部、环境部、议会事务部以及没有具体职务的国务部。文化艺术部与新闻部合并为新闻文化部；教育部与高等教育部合并为教育部；被俘人员事务部并入社会事务部；“伯利恒2000年项目部”并入旅游与考古部；公共工程部并入住房部；贸易与经济部同工业部合并，称经济、贸易和工业部；交通部与电信部合并为电信交通部。改组后的内阁增加了5位新部长。技术专家、独立人士萨拉姆·法耶兹担任财政部部长，曾担任国际货币基金组织巴勒斯坦特别委员会主席、阿拉伯银行巴勒斯坦主席；技术专家、独立人士易卜拉欣·达赫马（Ibrahim Dughme）担任司法部部长，他曾任比尔宰特大学讲师、耶路撒冷媒体新闻中心（JMCC）主任；巴勒斯坦人民党成员卡桑·哈提卜（Ghassan Khatib）担任劳工部部长；曾在驻扎黎巴嫩的叙利亚军队中服役的独立人士阿卜杜·拉扎克·叶海亚（Abdel Razzak El-Yehya）担任内政部部长；宗教基金与宗教事务部部长由穆罕默德·侯赛因（Mohammad Hussein）担任；萨里·努赛贝（Sari Nusseibeh）被任命为耶路撒冷委员会书记。

第四届内阁于2002年10月成立，由19名部长组成。新内阁取消民事部、交通部、青年和体育部以及宗教基金与宗教事务部，恢复被俘人员事务部，由原部长希沙姆·阿卜杜勒·拉齐克出任部长。这届内阁有4名新部长。法塔赫中央委员、对外关系部部长、总统政治顾问哈尼·哈桑（Hani al-Hasan）出任内政部部长；最高法院副院长朱海尔·苏拉尼（Zuhair Sourani）出任司法部部长；立法委员会委员艾哈迈德·希比（Ahmad al-Shibi）出任卫生部部长；“人斗阵”代表、巴解组织执行委员会成员萨米尔·古沙（Samir Ghosheh）出任东耶路撒冷巴解组织办事处“东方大厦”主任。

第五届内阁于2003年4月成立。在外部压力下，2003年3月巴勒斯坦自治政府进行机构改革，设立总理职位，具体负责内阁事务。经阿拉法特提名和巴解组织中央委员会一致通过，阿巴斯于3月19日正式出任巴勒斯坦自治政府首任总理。但由于阿巴斯与阿拉法特在内阁主要人选上存在严重分歧，新政府推迟到4月23日傍晚才成立。双方争执的焦点在于，是否保留原内阁中一些忠于阿拉法特的部长，是否同意原加沙地带预警司令穆罕默德·达赫兰在新内阁中主管安全事务。最终的结果是：总理阿巴斯兼任握有实权的内政部部长，达赫兰出任安全事务国务部部长，原新闻文化部部长阿比德·拉布出任内阁事务部部长，原地方政府部部长兼首席谈判代表埃雷卡特出任谈判事务国务部部长，原“东方大厦”主任古沙、原内政部部长哈桑、原卫生部部长希比、原供给部部长沙欣、原能源和自然资源部部长哈马德、原司法部部长苏拉尼未能进入本届内阁。

由于在人事任命、巴勒斯坦安全部队领导权等问题上无法与阿拉法特达成一致，在巴勒斯坦激进组织与以色列再次发生冲突的情况下，阿巴斯于 2003 年 9 月辞职。

2003 年 10 月以色列北部城市海法发生自杀式炸弹袭击后，巴勒斯坦民族权力机构宣布巴勒斯坦进入紧急状态，成立紧急内阁，由总理库赖、外交事务部部长沙阿斯、内政部部长纳斯尔·优素福（Nasr Yousef）、财政部部长法耶兹以及包括首席谈判代表埃雷卡特在内的 4 名暂时没有具体职务的成员组成。8 人组成的紧急内阁的主要任务是统一巴勒斯坦各派立场，应对当前巴以之间出现的危机，任期一个月。这是巴勒斯坦第一次成立紧急内阁，也是第六届内阁。但阿拉法特随后解除了对人事安排不满的优素福的内政部部长职务。

2003 年 11 月，以库赖为总理的第七届内阁成立。这届内阁包括 22 名部长和 2 名没有具体职务的国务部部长，共 25 人。其中财政部部长法耶兹、外交事务部部长沙阿斯、教育与高等教育部部长阿布·胡姆斯、住房与公共工程部部长哈马德、地方政府部部长贾迈勒·舒巴齐（Jamal Shobaki）、卫生部部长贾瓦德·提比（Jawad Tibi）、谈判事务部部长埃雷卡特为原紧急内阁成员。在内政部部长人选问题上，经过几周的僵持，库赖放弃优素福，同意由阿拉法特中意的哈卡姆·巴拉维（Hakam Balawi）出任。本届内阁新增妇女事务部，由祖海拉·卡迈勒（Zuhira Kamal）出任部长。

阿巴斯于 2005 年 1 月接任巴勒斯坦民族权力机构主席之后，任命库赖为总理，组建新一届政府，即第八届内阁。在巴勒斯坦内部和国际社会要求完成对安全部队和政府改革的强大呼声下，库赖迫于压力起用新人，最终组建了以政治、技术专家为主的“专家型”政府。这届内阁由总理、副总理、22位部长组成，其中两位部长没有具体职务。22位部长中，法塔赫成员7人，巴勒斯坦人民党和“菲达”成员各1人。包括总理、副总理在内，只有8人为前一届内阁成员，他们是原外交事务部部长、现任副总理兼新闻部部长沙阿斯，财政部部长法耶兹，教育和高等教育部长阿布·胡姆斯，妇女事务部部长、“菲达”成员祖海拉，前国家安全事务部部长、现任民事事务部长达赫兰，前内阁秘书长、法塔赫成员、现任劳工与社会事务部部长哈桑·阿布·利卜达（Hasan Abu Libdeh），前文化部副部长、法塔赫成员、现任文化部部长叶海亚·亚哈鲁夫（Yahia Yakhlof），前劳工部部长、巴勒斯坦人民党成员、现任计划部部长哈提卜。新任部长15人，其中原巴解组织驻联合国代表、法塔赫成员、阿拉法特的侄子纳赛尔·基德瓦（Nasser al-kidwa）出任外交事务部部长；法塔赫中央委员会委员、国家安全部队原司令优素福出任内政和国家安全部部长。

2006年1月26日立法委员会大选后，巴勒斯坦自治政府总理库赖携全体内阁成员辞职，随后行使看守内阁的职权，直至新一届巴勒斯坦自治政府成立。

2006年3月29日，由哈马斯组建的新政府宣誓就职。新政府由哈马斯成员、独立人士和技术专家组成，共25人。其中，总理、外交事务部部长、内政部部长、财政部部长等重要职务均由哈马斯成员担任。总理伊斯梅尔·哈尼亚兼任体育与青年部部长；马哈茂德·扎哈尔（Mahmoud Zahhar）博士出任外交事务部部长；纳赛尔·丁·沙伊尔（Naser Eddin al Shaer）博士出任副总理，兼任教育和高等教育部部长；赛义德·赛亚姆（Saeed Siam）出任内政部部长兼民事事务部部长；经济学教授奥马尔·阿卜杜勒·拉齐克（Omar Abdul Razeq）博士出任财政部部长。

2007年3月17日，哈马斯、法塔赫等派别组成民族联合政府，是为第十一届内阁。哈尼亚仍担任总理，副总理由立法委员会中法塔赫党团主席阿扎姆·艾哈迈德担任；法耶兹作为哈马斯和法塔赫都能接受的独立人士再次出任财政部部长；外交事务部部长由独立人士齐亚德·阿布·阿姆鲁（Ziad Abu Armu）博士出任；内政部部长由原内政部高级官员、独立人士哈尼·塔拉卜·卡瓦斯迈（Hani Talab Al-Qawasmi）出任。其余各部部长职位中，哈马斯成员占据了11个，包括教育部部长、计划部部长、地方政府部部长、经济部部长、青年和体育部部长、电信和信息技术部部长、农业部部长、司法部部长、宗教基金和宗教事务部部长、妇女事务部长以及国务部部长；法塔赫成员占据了5个，分别是卫生部部长、交通运输部部长、劳动部部长、被俘人员事务部部长、公共工程部部长；“巴勒斯坦民族倡议”总书记穆斯塔法·巴尔古提（Mustafa al-Barghouthi）出任新闻部部长；巴勒斯坦人民党总书记巴萨姆·萨尔希出任文化部部长；社会事务部部长由“民阵”代表萨利赫·齐丹（Saleh Zeidan）出任；独立人士哈鲁德·哈利勒·达尔布斯（Khouloud Khalil D'eibes）女士出任旅游部部长。

2007年6月14日，巴勒斯坦民族权力机构主席阿巴斯宣布解散联合政府，约旦河西岸和加沙地带进入紧急状态。次日，阿巴斯任命萨拉姆·法耶兹为新总理，负责组建紧急政府。2007年7月14日巴勒斯坦紧急状态结束，法耶兹再次被任命为总理，组建过渡政府。这届过渡政府成员与紧急政府成员一致，是巴勒斯坦历史上第十三届内阁。本届内阁中，法耶兹一人兼任总理、外交事务部部长和财政部部长三个职务，阿卜杜勒·拉扎克·叶海亚（Abdul Razzaq al-Yahia）出任内政和社会事务部部长；齐亚德·阿卜杜拉·班达克（Ziad Abdullah al-Bandak）出任地方政府部部长；达尔布斯女士任旅游和妇女事务部部长；卡迈勒·哈苏恩（Kamal Hasouneh）出任公共工程、电信和经济部部长；拉米斯·阿拉米（Lamis al-Alami）任教育和高等教育部部长；萨米尔·阿卜杜拉（Samir abdullah）任劳动部部长；法特希·阿布·马赫利（Fathi Abu Maghli）任卫生部部长；利亚德·马利基（Riyad al-Malki）任新闻部部长；谢赫·贾迈勒·穆罕默德·巴瓦特赫（Sheikh Jamal Mohammed Bawatneh）任宗教基金部部长；马什胡尔·阿布·达卡（Mashhour Abu Daqqa）任交通部部长；阿什拉夫·艾德·阿杰拉姆（Ashraf Eid al-Ajrami）任被俘人员事务部部长；马哈茂德·哈巴什（Mahmoud Habbash）任农业和社会事务部部长；阿里·卡沙汗（Ali Khashaan）任司法部部长；易卜拉欣·阿卜拉什（Ibrahim Abrash）任文化部部长；塔哈尼·阿布·达卡（Tahani Abu Daqqa）任青年和体育部部长。

2013 年 6 月，哈姆达拉组建过渡政府。2014 年 6 月 2 日就职的民族联合政府由技术专家组成。总理拉米·哈姆达拉博士兼任内政部部长；齐亚德·阿布·阿姆鲁博士任副总理兼文化部部长；穆罕默德·穆斯塔法（Mohammed Mostafa）博士任副总理兼国民经济部部长；舒凯里·比沙拉（Shukri Bishara）博士出任财政和计划部部长；利亚德·马利基博士任外交事务部部长；萨利姆·萨卡（Saleem al-Saqqa）任司法部部长；阿德南·侯赛尼（Adnan al-Husseini）任耶路撒冷事务部部长；卢拉·玛雅女士（Rula Maa'yaa）任旅游和文物部部长；贾瓦德·阿瓦德（Jawad Awwad）博士任卫生部部长；卡瓦拉·沙赫希尔（Khawla Shakhshir）博士任教育部部长；阿拉姆·穆萨（Allam Mousa）博士兼任电信部和交通部部长；穆菲德·哈萨尼（Mofeed al-Hasayneh）任公共工程和住房部部长；绍基·艾莎（Shawqi al-Aissa）兼任农业部、社会事务部和被俘人员事务部部长；海法·阿迦（Haifaa al-Agha）博士任妇女事务部部长；马蒙·阿布·沙赫拉（Ma'moun Abu Shahla）任劳动部部长；纳耶夫·阿布·卡拉夫（Nayef Abu Khalaf）任地方政府部部长；优素福·艾戴斯（Youssef Ideiss）任瓦克夫和宗教事务部部长；阿里·阿布·迪亚克（Ali Abu Diyak）任内阁秘书长。

阿巴斯要求取消新政府中的被俘人员事务部部长一职，遭到哈马斯的坚决反对。2014 年 9 月，被俘人员事务移交给巴解组织的“被俘和被拘留人员事务全国高级委员会”。上届过渡政府中的哈姆达拉、穆罕默德·穆斯塔法、利亚德·马利基、舒凯里·比沙拉都在本届联合政府中留任原职。2015 年 6 月 17 日，联合政府内阁宣布集体辞职。

2015 年 7 月 1 日，阿巴斯任命了 5 位新部长，组成新一届内阁。侯赛因·阿勒杰（Hussein Al-Araj）任地方政府部部长；萨布里·萨伊达姆

(Sabri Saydam) 任教育部部长；萨米·阿比德 (Samih al-Abed) 任电信和交通部部长；苏菲安·苏尔坦 (Sufian Sultan) 任农业部部长；阿比尔·奥德 (Abeer Odeh) 任国民经济部部长。2015 年 12 月 14 日，阿巴斯宣布改组改组，重新任命了 3 位部长：阿里·阿布迪亚克 (Ali Abu-Diak) 任司法部部长；埃哈卜·巴萨苏 (Ehab Bseiso) 任文化部部长和副总理；易卜拉欣·沙耶 (Ibrahim al-Shaer) 任农业部和社会事务部部长。

四 地方政府制度和地方选举

1. 地方政府制度

巴勒斯坦政府架构分为三级：中央政府、省 (governorates，或 muhafazat)、市政区 (municipalities)。1994 年，巴勒斯坦民族权力机构设立地方政府部 (Ministry of Local Government)，作为中央层面的地方政府管理和监查机构。省是地区一级的政府机构，处在内政部直接监管之下；省长由巴勒斯坦民族权力机构主席任命，掌管辖区内的警察部队，协调卫生、教育、交通等事务。

巴勒斯坦的地方政府机构 (Local Government Units) 主要是市政区、乡村委员会 (village council)，二者都由地方政府部监督管理。

市政区是巴勒斯坦地方政府机构的主要组织形式，在巴勒斯坦行政机构中占据着重要地位。2011 年的统计数据表明，约旦河西岸 70% 的人口居住在 107 个市政区内，而加沙地带的全部居民居住在 25 个市政区内。[①] 市政区成为居民公共服务的主要提供者。巴勒斯坦的市政区分为两种。一种是传统市政区，这种市政区在巴勒斯坦设立的历史较长，最早的市政区设立于 19 世纪下半叶奥斯曼帝国统治时期，是巴勒斯坦延续时间最久的治理形式之一；这些传统市政区一般是各省的省府和重要城镇，人口密集，领导机构大都由选举产生的地方委员会和市长共同组成。第二种是新设市政区，这是巴勒斯坦民族权力机构在原有的乡村委员会和居民区的基

① Thierry Senechal, "AFD Municipal Development Projectin the Palestinian Territories," Agence Française de Développement, September 2011, p. 7.

础上建立的，多数是位于农村地区的村镇，规模小的仅1000多人，只有地方委员会作为领导机构。①

1994年，约旦河西岸和加沙地带共有31个市政区、86个乡村委员会和225个没有法律地位的居民区。由于巴勒斯坦自治政府的积极增设，到2008年，巴勒斯坦中央统计局的数据显示，市政区的数量增加到121个，乡村委员会增加到355个。② 这也导致大量的地方政府规模太小，缺乏必要的资源，无法提供有效的市政服务。在国际社会的推动下，巴勒斯坦自治政府从2005年开始，对地方政府进行重大改革，主要措施就是将规模小的地方政府机构合并，改善其运行能力。

每个市政区都是独立选区，由居民通过地方选举产生领导机构。地方委员会的人数根据各选区人口按比例确定。直属中央政府的地区，委员会由15人组成；人口超过1.5万人的地区，委员会由13人组成；人口超过5000人的地区，委员会由11人组成；人口在1000～5000人的地区，委员会由9人组成。③

自1997年以来，地方政府成立了联合协会，作为地方与中央沟通的媒介。协会在2002年由阿拉法特发布总统令，正式以“巴勒斯坦地方政府协会”（Association of Palestinian of Local Authorities）的形式建立。

2. 地方选举

巴勒斯坦的地方委员会和市长都由地方选举产生。地方选举是巴勒斯坦地方政府建设的重要步骤，在巴勒斯坦政治生活中具有重要地位。《地方委员会选举法》规定，地方选举每四年举行一次。自1994年实行自治以来，巴勒斯坦一直以缺乏合适的政治条件为由推迟地方选举，地方委员会的成员一直由巴勒斯坦民族权力机构任命。

2002年5月，立法委员会颁布改革文件，要求尽快举行地方选举。当月28日，阿拉法特颁布总统令，任命组成“地方选举高级委员会”

---

① Aude Signoles, “Local Government in Palestine,” FOCALES 02, 2010.

② Aude Signoles, “Local Government in Palestine,” FOCALES 02, 2010, p. 22.

③ “Electoral System-Local Elections,” http://www.elections.ps.

（The Higher Committee for Local Elections），由地方政府部部长贾迈勒·舒巴齐（Jamal al-Shoubaki）领导，准备地方选举。地方选举高级委员会根据地方委员会选举法（1996年第5号法令）及修正案行使职责。2003年7月，舒巴齐宣布“开始准备在被占领土举行地方委员会选举”。[①] 根据地方选举法修正案（2004年第5号法令）的规定，2005年地方选举结束之后，地方选举高级委员会解散，其职责转移给监督总统和议会选举的中央选举委员会。

从2004年12月23日第一阶段选举开始到2005年12月15日第四阶段选举结束，巴勒斯坦完成自1976年以来的首次地方选举。前两个阶段的选举根据1996年第5号法令颁布的地方委员会选举法进行，后两个阶段的选举则根据2005年第10号法令颁布的地方委员会选举法进行。在第一阶段和第四阶段的选举中，哈马斯取得大范围胜利，而法塔赫则在第二阶段和第三阶段的选举中胜出。此次选举获得了广泛的参与。巴勒斯坦全部政党，包括抵制1996年大选和2005年1月巴民勒斯坦族权力机构主席选举的政党，都参加了这次地方选举。

2012年10月，巴勒斯坦再次举行地方选举。由于哈马斯的抵制，这次地方选举仅在约旦河西岸进行，加沙地带被排除在外。约旦河西岸共设立了340个投票站，约有50万名选民参加投票，投票率为55%。共有4700名候选人参选，其中女性候选人约占25%。候选人来自法塔赫及其他三个政治派别和独立人士，他们组成了321个竞选团队。最终93个团队胜出，成为地方委员会成员和行政机构领导人。法塔赫在11个地区中的6个地区中胜出。

2016年6月，巴勒斯坦政府宣布在约旦河西岸和加沙地带举行地方选举，得到包括哈马斯在内的巴勒斯坦各派别的积极响应。但由于法塔赫与哈马斯的分歧，选举经几次延期后，最终于2017年5月13日在约

① Palestinian Centre for Human Rights，“Elections of Palestinian Local Elections，An Evaluation Report on Elections of 10 Palestinian Local Councils in the Gaza Strip on 27 January 2005，” http：//www. pchrgaza. org.

旦河西岸举行。在哈马斯的抵制下，加沙地带的地方选举被“无限期推迟”。本次选举产生了约旦河西岸 145 个地方委员会中的 1552 位委员，以及 181 个地方机构中的 1683 位委员。投票率为 53.4%。法塔赫、“民阵”、“巴勒斯坦民族倡议”、巴勒斯坦民主联盟、“人斗阵”、巴勒斯坦人民党等党派及独立人士参加了选举；哈马斯、“杰哈德”和“人阵”则抵制选举。

第五节　法律与司法

巴勒斯坦法制受到欧洲大陆法系、英美普通法系与伊斯兰教法的共同影响，是一种混合型的多层法制体系，其中占主导地位的是受到欧洲大陆法系和英国普通法系交叉影响的世俗法律，伊斯兰教法则主要在涉及个人身份的案件中起作用。目前，除自治政府颁布的法律外，还包括在约旦河西岸起作用的约旦法律、在加沙地带起作用的埃及法律、以色列军事法令、英国委任统治时期法令、伊斯兰教法、习惯法等，甚至还有部分奥斯曼帝国法律。这些受不同传统影响的法律共存于巴勒斯坦，形成了相互冲突的多层法律制度体系。巴勒斯坦极其复杂的法律制度虽然在世界上独一无二，但并不健全，极大地阻碍了当地社会的发展。[①] 享有立法权和司法权的巴勒斯坦自治政府为建立统一法制体系做出了不懈努力，但距离建成成熟的法制体系还有相当距离。

一　法律制度的历史变迁

1. 奥斯曼帝国统治时期的法律

1516～1917 年，巴勒斯坦处于奥斯曼帝国统治之下并实行其法律制度。时至今日，仍有部分该时期的法律在巴勒斯坦发挥着重要作用。以奥

① Office of the United Nations Special Coordinator in the Occupied Territories, “Rule of Law Development in the West Bank and Gaza Strip: Survey and State of the Development Effort,” May 1999.

斯曼帝国1839年的“坦齐马特”改革为界，这一时期巴勒斯坦的法律发展可以分为两个阶段：改革之前，伊斯兰教法“沙里亚”[①]、奥斯曼苏丹发布的行政命令以及习惯法占据着主导地位；改革后，西方法律制度的引入“大大削弱了传统伊斯兰教法的统治地位，商法、刑法和民法三个外围领域率先脱离了伊斯兰教法，为现代西方资产阶级的世俗法律制度所取代”。[②]

奥斯曼帝国第一次使“沙里亚”成为行之有效的官方法律，一切刑事、民事案件均由伊斯兰法庭审理，按照官方信仰的哈乃斐派教法进行判决。[③] 作为“沙里亚”的补充，奥斯曼苏丹发布的行政命令也是重要的法律，用以解决新出现的社会关系和社会问题。这种行政命令称为“卡奴”，主要涉及与政府有关的公法，特别是税法和刑法。习惯和习惯法直到现在还对巴勒斯坦社会具有重要影响。习惯法被称为“乌尔夫”(Urf)，涵盖了社会生活的很多方面，以口耳相传的风俗习惯和道德为标准，通过民间方式解决争端。争端涉及的原告可以是个人，也可以是家族、部落。习惯法重视调解、仲裁的作用，强调家族和部落的荣誉，任何对个人的冒犯都被视为对整个家族、部落的冒犯。在解决争端的过程中，尊重长者、调解人及仲裁者的意见。参与调解、仲裁的人为成年男性，具有较高的社会地位。

“坦齐马特”改革开始后，引进西方国家尤其是法国的法典成为司法部门改革的主要特点。巴勒斯坦作为奥斯曼帝国的一部分，也实施了相继颁布的以法国法律为蓝本的《商法典》《奥斯曼刑法典》《土地法》《商业程序法》《海商法》《刑事诉讼法》。与这些新颁布的世俗法律相配套，现代世俗法院建立起来，与沙里亚法院并存，形成了双重司法系统。除涉及穆斯林“私人法律身份”外的全部民事审判权，都由沙里亚法院移至世俗法院。

---

① 伊斯兰教法在阿拉伯语中被称为“沙里亚”，原意为“道路”“通往水泉之路”，后来引申为“安拉指引之路”“安拉的命令”，从而成为伊斯兰教法的专有名词。

② 吴云贵：《伊斯兰教法概略》，中国社会科学出版社，1993，第219页。

③ 金宜久主编《伊斯兰教史》，中国社会科学出版社，1990，第293、295页。

2. 英国委任统治时期普通法系法制的引入

英国委任统治时期，巴勒斯坦原来适用的奥斯曼帝国法律多被仿效英国模式的法律取代，尤其是刑法、程序证据法。《奥斯曼民法典》则继续在商业合同等领域发挥作用。为了使普通法能够有效地输入巴勒斯坦，委任统治政府将判例法制定成法典或法规予以颁布。罗伯特·H. 德雷顿（Robert H. Drayton）作为委任统治政府的法律起草专家，编纂了三卷本的《托管地法制汇编》。《托管地法制汇编》包含了英国在巴勒斯坦实行的法律、法案、政令、判决等全部内容及其索引。

英国模式的司法制度也在巴勒斯坦建立起来。根据当地实际，设立世俗法院和宗教法院两大系统。按照审理案件的不同，世俗法院分为刑事法院、土地法院、部落法院、市政法院、私人法院等多种类型，由英国人或经过英国培训的巴勒斯坦人担任法官。宗教法院包括伊斯兰教沙里亚法院、犹太教拉比法庭和基督教法院，受理有关宗教信徒个人身份的案件，由委任统治政府任命宗教人士主持工作。耶路撒冷首次设立了最高法院，作为巴勒斯坦的最高司法机构。最高法官由委任统治行政长官——高级专员任命，其他法官由最高法官任命。

3. 约旦和埃及统治时期的法律

1948 年巴勒斯坦战争后，约旦河西岸和加沙地带分别由约旦和埃及实行统治，政治和地理上的分裂导致两地法律制度发展的分裂。包括东耶路撒冷在内的约旦河西岸地区被约旦占领后，当地原有法律中除与约旦 1935 年国防法相抵触的内容外，仍然有效。1950 年，约旦宣布将约旦河西岸并入约旦后，约旦议会陆续进行了几项法律改革，总部设在安曼的最高法院成为最高司法机构。由于约旦保留了奥斯曼帝国的法律传统，改革后英国普通法对约旦河西岸法律的影响削弱，传统法律及大陆法系的影响增强。

加沙地带由埃及统治，但并未并入埃及，1948 年 5 月 15 日之前的法律，只要不与埃及在当地实施的法律相抵触，就仍然有效。因此，英国委托统治时期的大部分法律制度在加沙地带仍得以延续。埃及在加沙地带实施了部分埃及民法，进行了几项司法改革。1955 年，埃及颁布加沙地带基本法，并于1957年成立了具有有限自治权力的立法委员会。1962年，立法委员会在1955年和1962年基本法的基础上颁布了具有宪法性质的加沙法令。这部法令是加沙地带原有的奥斯曼帝国法律与英国普通法混合的产物。[①] 加沙地带的司法制度也发生了一些重要变化。1948年以前，加沙地带没有完备的法律制度，缺乏常设法院。加沙的埃及统治机构通过发布紧急行政命令建立了司法机构，并在加沙城设立了最高法院，由埃及法律和军事人员充实司法岗位。1950年，加沙地带首次设立军事法庭，根据埃及法律审理危害政府的案件。

4. 以色列占领期间的军事法令

1967年以色列占领约旦河西岸和加沙地带后，当地原有的法律制度逐渐被边缘化。以色列军事法院和法庭掌握了被占领土的司法权，除了负责与“安全”有关的案件外，还负责从税收到土地争端等所有重要的民事案件。被占领土当地的法院只处理一些不涉及以色列利益的轻微民事案件。英国委任统治政府在耶路撒冷设立的最高法院被以色列地区法院取代，约旦河西岸的司法机构与约旦安曼最高法院之间的联系被割断，加沙地带的最高法院事实上也已停止行使权力。

占领机构控制了当地的立法权。在25年的占领中，以色列的任何政策及其变化都通过颁布军事法令的形式进行。[②] 1967年6月7日，以色列占领军颁布第1号军事公告，宣布“为了安全和公共秩序”占领约旦河西岸和加沙地带，由占领军司令官掌握立法、行政和司法权力。当年颁布的第2号军事法令取消了约旦河西岸和加沙地带原有法律中所有与以色列法令相抵触的内容。此后，占领当局在约旦河西岸颁布了1400多条军事法令，在加沙地带颁布了1100多条类似的军事法令，修改或取代了被占领土原有的法律。这些军事法令的首要目的就是通过各种方式控制被占领

① Office of the United Nations Special Coordinator in the Occupied Territories, "Rule of Law Development in the West Bank and Gaza Strip: Survey and State of the Development Effort," May 1999.

② Jerusalem Media & Communication Centre, *Israeli Military Orders in the Occupied Palestinian West Bank: 1967 - 1992*, 2nd, Jerusalem, 1995.

土上的巴勒斯坦人，征用、夺取土地，为被占领土社会、经济、文化发展制造障碍，从而促进以色列本土的利益。但被占领土的犹太人定居点实行以色列国内的法律，并不受占领区司令官或民事机构管辖。

5. 自治后的法制建设

1993 年，巴解组织与以色列通过和平谈判达成《奥斯陆协议》，在加沙地带和约旦河西岸实行自治，步入建立拥有完全主权的独立国家的过渡阶段。此后，双方又相继签署了《加沙－杰里科协议》《约旦河西岸和加沙地带过渡协议》。根据上述三个协议，巴勒斯坦委员会作为自治领导机构，拥有立法权和司法权。巴勒斯坦民族权力机构建立后，首先颁布法令，建立独立的法律制度。1994 年颁布的巴勒斯坦第 1 号法令规定，恢复 1967 年 6 月 5 日之前，即以色列占领之前约旦河西岸和加沙地带的法律制度。第 2 号法令规定，提高加沙最高法院的地位，将其权限扩大到约旦河西岸处于巴勒斯坦自治政府主权范围内的地区，使其成为巴勒斯坦的最高法院。[①] 巴勒斯坦法制建设最重要的举措是颁布基本法及建立、实施公平选举制度。1995 年第 13 号法令颁布了选举法。1996 年 1 月，巴勒斯坦首次大选产生了巴勒斯坦立法委员会。立法委员会作为临时性的过渡立法机构，主要代表自治区内的巴勒斯坦人行使立法权和监督权。此外，立法委员会还起草通过了基本法，并通过立法为自治机构的正常运转提供法制支持，促进巴勒斯坦的社会经济发展。

二　法制建设面临的挑战及应对措施

完善的法制是巴勒斯坦社会稳定和发展的保证，也是国际社会对其进行援助和投资的保证。巴勒斯坦自治政府成立后面临的首要问题就是建立统一的法制。在此过程中，法制建设面临诸多挑战。第一，法律制度存在结构性缺陷。巴勒斯坦自治政府继承了落后几十年的法制体系，各种相互矛盾的法律给法制建设带来沉重负担。目前巴勒斯坦的司法仍然依靠这些过时落后的法律，因此法制改革必须协调、统一旧有的法

① 第 1 号法令、第 2 号法令参见巴勒斯坦国家新闻中心网站，http：//www. pnic. gov. ps。

律，同时制定新的法律。第二，法制基础设施薄弱，如缺乏必要的物资设备，无法实施现代刑法以及可信赖的法庭科学[①]。第三，法律人才极为匮乏。司法机构人员严重不足，约旦河西岸和加沙地带的长期隔离造成两地法律从业人员交流不畅，更严重的是缺乏法律和司法人员培训的统一的标准的课程。

在国际社会的援助下，巴勒斯坦针对这些问题采取了一些应对措施。

1. 进行法律文献编纂和研究，培养法律人才

第一，对法律文献进行编纂。受世界银行的资助，巴勒斯坦比尔宰特大学法学研究所在司法部、发展和重建经济委员会联合委托下，对目前约旦河西岸和加沙地带仍具有效力的所有法律、法规及军事法令进行编纂。从 1995 年开始，法学研究所建立了“巴勒斯坦司法和法律制度”数据库，收集了自 19 世纪中期以来巴勒斯坦所有的法律文件。法律文献的编纂为进行新的立法提供了依据，奠定了开展法律研究的基础，也为法律和司法人员培训提供了统一的标准课程。

第二，开展法律研究工作。为研究解决法律制度中存在的问题，巴勒斯坦自治政府在比尔宰特大学成立了法学研究所，集中研究巴勒斯坦法律，探讨巴勒斯坦法制改革、约旦河西岸和加沙地带的法制统一、巴勒斯坦法律现代化、比较法研究等问题。[②]

第三，培养法律人才。巴勒斯坦自治政府成立前，巴勒斯坦的律师都是在约旦、黎巴嫩、埃及和叙利亚等地的学院获得法律学位的，对巴勒斯坦当地法制的特点并不了解。巴勒斯坦从 1996 年开始委托法学研究所举办法学硕士班，以培养高级法学人才。法学硕士毕业后主要从事法学研究，并参加法学教学。同时，圣城大学、成功大学以及加沙伊斯兰大学都开设了法学课程，以满足对法律人才的迫切需要。

2. 法制改革

巴勒斯坦自治政府在成立之初就出台了法制改革计划，并于 1997 年

---

① 法庭科学是综合运用物理学、化学、医学、生物学等自然科学的原理和技术方法，研究证据采集、鉴定之一般规律的科学理论。

② 巴勒斯坦比尔宰特大学法学研究所网站，http：//lawcenter. birzeit. edu。

整合各部门力量成立了法制改革领导小组，负责法律及司法机构工作，规划法律部门发展。立法委员会也成立了若干法律改革委员会研究法制改革问题。在巴勒斯坦发展规划（1999～2003）中，自治政府提出，在民主、负责、透明和人权的基础上建立善治政府，从而在法制的基础上建立巴勒斯坦现代市民社会。根据这个规划，司法部制订了法律战略发展规划，提出了主要的优先发展计划：统一约旦河西岸和加沙地带现有的法律，改善司法、检察机关基础设施，统一司法、检察制度和程序，推进法律和司法领域的计算机化，发展独立的法庭科学。[①] 为确保司法部战略发展规划的实施，法制改革领导小组进行了具体分工，积极准备提出方案，并向各捐助机构提出实施这些方案所需的费用预算、时间表及相关信息，以争取资助，促进实施法制改革项目。

巴勒斯坦十多年的法制建设取得了一定成就，但总体来说发展缓慢。外部原因主要是巴以和谈屡屡受挫，巴勒斯坦的最终地位问题迟迟得不到解决，影响了巴勒斯坦自治政府获得完全的立法和司法权。根据《加沙－杰里科协议》的规定，由立法委员会通过并获得巴勒斯坦民族权力机构主席签署的法律，必须经过以色列的同意才能生效。[②] 在巴勒斯坦内部，行政权、立法权、司法权划分不清，行政权对立法权和司法权的过度干涉阻碍了法制建设进程。在国际社会的压力下，巴勒斯坦民族权力机构于2002年5月公布的改革计划提出，采取措施促进行政权、立法权和司法权分立。但内部权力斗争使改革计划的实施一波三折。2006年哈马斯上台后巴以冲突再起，法制建设的前途更加难以预料。

三　司法

巴勒斯坦民族权力机构拥有通过独立的司法系统进行审判的权力。实行自治后，巴勒斯坦民族权力机构颁布了一系列法令，建立了司法制度和

① Office of the United Nations Special Coordinator in the Occupied Territories, "Rule of Law Development in the West Bank and Gaza Strip: Survey and State of the Development Effort," May 1999.

② 《加沙－杰里科协议》第7条。

各级司法机构。1995 年第 5 号法令规定，约旦河西岸和加沙地带 1994 年 5 月 19 日之前有效的法令文件规定的所有权力都移交给巴勒斯坦民族权力机构。

1. 司法制度

司法独立，法官独立行使职责。约旦河西岸和加沙地带设立两级法院，实行两审终审制，一个案件经过两级法院审判后审结。第一审法院包括调解法院、刑事法院、中央法院和初级法院。第二审法院包括上诉法院、中央法院、初级法院和最高法院，受理对初审法院的上诉，陪审团通常由 3 名法官组成，负责纠正初审法院的错误判决。根据 1947 年调解法院程序法的规定，除非中央法院特别许可，诉讼标的低于 20 埃及镑的小额权利案件不得上诉。

实行司法回避制度，当司法人员与经办的案件或者案件的当事人存在某种特殊关系，可能影响案件的公正处理时，不得参与案件。实行公开审判制度，法院审理案件，除法律规定的特殊情况外，一律对社会公开，开庭审判的全过程，除合议庭评议外，都允许公民旁听。依法不公开审理的案件也要公开宣判。诉讼人个人或其代理律师在开庭审理时同陪审团进行口头答辩，必要时公诉人也要进行口头答辩，尤其是在刑事案件中。被告人、犯罪嫌疑人拥有辩护权，除自己行使辩护权以外，还可以委托律师作为辩护人。虽然诉讼人或败诉方需要承担一定的费用，但数额微小，需要者可获得免费的法律援助。在劳务争议案件中，可以免除劳动者的诉讼费。

2. 司法机构

巴勒斯坦司法机构分为民事法院、非民事法院、军事法院和国家安全法院、检察院四类。

（1）民事法院

民事法院包括最高法院、调解法院、初级法院、中央法院、刑事大法院和上诉法院。

最高法院 根据基本法规定，最高法院是最高司法机构，负责受理其他法院无权受理的案件，尤其是行政机构、司法机构之间的争议，此外还是有关权利、刑事、土地和个人身份案件的最高上诉法院。

巴勒斯坦最高法院设立于英国委任统治时期，地点在耶路撒冷。1948年巴勒斯坦战争后，由于政治环境的变化，最高法院在加沙地带和约旦河西岸都设立了分支机构。约旦河西岸并入约旦期间，由约旦最高法院行使最高司法权；而在埃及军事占领下的加沙地带，当地最高法院仍发挥着作用。《奥斯陆协议》签署后，巴勒斯坦1994年颁布的第2号法令规定，提高加沙最高法院的地位，将其权限扩大到杰里科和约旦河西岸其他处于巴勒斯坦民族权力机构主权范围内的地区，使之成为巴勒斯坦的最高法院。随后，第21号法令任命库赛·奥斯曼为最高法院主席、最高法官。

调解法院 专门负责民事、商业和轻微刑事案件的审判。调解法院只有一名法官，陪审团由最高法官任命一名高级调解法官或由调解法官担任主席。法官配有若干助理人员，刑事案件还配有检察人员。若对调解法院有关权利案件的判决不满，可以向初级法院或中央法院上诉，有关土地的案件则向最高法院上诉。到2000年底，约旦河西岸和加沙地带设有16个调解法院，共有27名法官。

初级法院 约旦河西岸设有4个初级法院，分别位于纳布卢斯、拉姆安拉、希伯伦和杰里科。作为一级法院，初级法院负责审理所有不在调解法院受理范围内的权利案件、涉及固定资产的案件以及刑事案件；作为上诉法院，初级法院有权受理调解法院的判决。每个初级法院由1名主席及若干名法官组成。严重刑事案件由3名法官审理，刑罚包括死刑或终身劳役拘禁、终身监禁、有期监禁或13年以下的劳役拘禁。权利案件由1名法官审理。2000年，约旦河西岸初级法院审理的案件达到46410件。

中央法院 加沙地带设有2个中央法院，分别位于加沙城和汉尤尼斯。作为一级法院，中央法院受理调解法院无权受理的所有权利和土地争议案件及刑事案件。若对其判决不满，可以向最高法院上诉。作为上诉法院，它有权受理调解法院的判决。中央法院由1名主席法官和若干名法官组成，主席法官发布行政命令组成陪审团。作为一级法院时，陪审团包括

1～2名法官；作为上诉法院时，陪审团包括3名法官。[①]

刑事大法院 加沙地带第一个独立的法院是在埃及统治时期建立的，称为“刑事大法院”（The Greater Criminal Court），位于加沙城。刑事大法院受理刑事争议案件，在司法体系中属于民事法院的一部分，与中央法院性质相同，也是一级法院。其陪审团由3名法官组成，若对其判决不满，可以向最高法院上诉。约旦河西岸没有与刑事大法院对应的法院。

上诉法院 负责审理法院、民事机构及非民事机构之间的争议。上诉法院在英国委任统治时期设立，由英国高级专员任命最高法官。埃及统治加沙时期，最高法官由埃及总统任命。巴勒斯坦自治后，由巴勒斯坦民族权力机构主席任命最高法官。陪审团由最高法院的3名法官组成。如果案件涉及个人身份或宗教事务，第三名法官则是相关教派或宗教机构的最高法官。

（2）非民事法院

非民事法院分为伊斯兰法院和宗教法院。[②]

伊斯兰法院根据伊斯兰教法受理有关穆斯林个人身份及法律允许的其他案件。实施两级诉讼制度。一级法院广泛分布于约旦河西岸，而加沙地带只有一个伊斯兰法院，位于加沙城，但可以在汉尤尼斯城设立法庭。在耶路撒冷和加沙城还各有一个二级法院。一级法院陪审团有1名教法官，二级法院陪审团则包括3名教法官。伊斯兰法院不受最高法院管辖，即使对其判决不满，也不得上诉。

宗教法院分为犹太教法院和基督教法院。犹太教法院称为拉比法庭，只受理涉及犹太教徒的宗教案件，但随着以色列的建立，约旦河西岸和加沙地带的犹太教法院实际上已经被撤销；基督教法院目前还存在于约旦河西岸和加沙地带，只受理涉及基督教徒的宗教案件，实行两级诉讼制度，二级法院判决为最终判决。

（3）军事法院和国家安全法院

军事法院根据巴解组织1979年颁布的巴勒斯坦革命程序法和革命刑

① 巴勒斯坦国家新闻中心网站，http：//www. pinc. gov. ps。

② 巴勒斯坦国家新闻中心网站，http：//www. pnic. gov. ps。

事法行使司法权，负责审理安全人员的犯罪和违纪行为、平民针对军队的犯罪行为。

军事法院设有中央军事法庭、常设军事法庭和秘密军事法庭。中央军事法庭由 1 名法官组成，所处刑罚最高不得超过 1 年监禁。约旦河西岸和加沙地带共有 3 个中央军事法庭，可在不同地点举办。常设军事法庭由 3 名法官组成，统管所有军事司法事务。拥有固定办公地点的常设军事法庭有 3 个，其中 1 个位于加沙地带，2 个位于约旦河西岸。秘密军事法庭是为处理个别案件而组成的法庭，由巴勒斯坦民族权力机构主席根据最高军事法官建议，下令由 3 名法官组成。秘密军事法庭负责受理少校及以上级别军官犯罪案件。

军事司法系统由最高军事法官掌管，完全独立于民事司法制度。所有军事法院刑罚不超过 3 年的判决都要由最高军事法官批准。最高军事法官拥有特赦、更改或取消判决的权力。监禁超过 3 年的刑罚由巴勒斯坦民族权力机构主席批准。秘密军事法庭的判决不能上诉，其他军事法院的判决只能向最高军事法官上诉。

国家安全法院包括小型国家安全法庭和最高国家安全法院，二者均由巴勒斯坦民族权力机构成立。在这里，国家安全的含义比较广泛，贪污、盗窃等经济案件和破坏社会安定的刑事案件都属于国家安全范畴。2000 年 6 月，经巴勒斯坦民族权力机构主席阿拉法特批准，司法部部长将 100 名吸毒者和 10 名贩毒分子交由国家安全法院审判。小型国家安全法庭由 1 名法官组成，审理轻微案件，所处刑罚不得超过 3 年监禁。最高国家安全法院根据巴勒斯坦民族权力机构 1995 年 2 月颁布的主席令成立，负责审理有关国家安全的国内外犯罪。每次审理案件都需要有巴勒斯坦民族权力机构主席的命令，由 1 名担任主席的文职人员和 2 名军事法官组成法庭，判决由巴勒斯坦民族权力机构主席批准。

（4）检察院

检察院的职责是决定和进行各种起诉，代表执行机关面对司法机关、监管司法纪律和监狱。由于加沙地带与约旦河西岸在自治之前实行不同的法律制度，两地检察院的构成和职能并不相同。巴勒斯坦民族权力机构

1995 年颁布的第 287 号法令，统一了两地的检察院制度。设最高检察院 1 个，由总检察长、数名副检察长和检察官组成，下设 5 个检察分院和 10 个总起诉庭。

第六节 主要政治派别和群众组织

一 巴解组织所属派别

巴勒斯坦民族解放运动（Palestine National Liberation Movement） 简称法塔赫，成立于 1957 年，是巴解组织中实力最强、影响最大的主流派，控制了军事、财政与外交大权，得到阿拉伯国家的广泛承认与支持，自称是巴勒斯坦的执政党。有成员 70 万人。武装力量除“暴风突击队”外，还拥有“坦齐姆”组织、“阿克萨烈士旅”等多个军事派别，占巴勒斯坦武装力量的 95%。

最高权力机构是代表大会，约有 500 名代表。由 114 名成员组成的革命委员会在代表大会闭会期间行使职权。革命委员会选举产生 18 名成员组成中央委员会，领导日常工作。中央委员会下设主管军事的“暴风突击队”总司令部和主管财务、组织和宣传的总办公室。阿拉法特一直任中央委员会主席兼“暴风突击队”总司令。除阿拉法特外，领导人还有法鲁克·卡杜米、阿布·伊亚德和哈立德·哈桑。阿拉法特去世后，卡杜米当选中央委员会主席。2006 年 11 月，革命委员会推选阿巴斯为最高领导人。

法塔赫主张在整个“巴勒斯坦土地上建立一个以耶路撒冷为首都的民主国家”，坚信武装斗争是实现这一目标的“唯一方式”。1965 年 1 月 1 日，法塔赫打响了武装反对以色列占领的第一枪，标志着巴勒斯坦进入武装斗争的新阶段。20 世纪 80 年代后，随着形势的变化和中东和平进程的发展，法塔赫的立场逐渐趋于温和、务实，主张承认以色列的存在，并在“以土地换和平”原则下和平解决阿以冲突。属于巴解组织的温和派，奉行现实主义的灵活路线，主张同所有阿拉伯国家合作，不干涉它们的内政，也反对阿拉伯国家干涉巴解组织内部事务。

2009 年 8 月，法塔赫在约旦河西岸城市伯利恒召开第六次代表大会。这是法塔赫第一次在巴勒斯坦本土举行代表大会，也是时隔 20 年后首次召开代表大会。大会选举阿巴斯为中央委员会主席，并产生新一届中央委员会。18 位中央委员中，有 14 人为首次当选。巴勒斯坦前安全顾问穆罕默德·达赫兰、仍被以色列关押的马尔万·巴尔古提、巴勒斯坦首席谈判代表埃雷卡特等高级领导人都入选中央委员会。

2016 年 11 月，法塔赫第七次代表大会在约旦河西岸城市拉姆安拉召开。本届代表大会的主题是"体现国家与民族独立"。大会选举产生新一届中央委员会和革命委员会。阿巴斯当选中央委员会主席。中央委员会中，马尔万·巴尔古提、贾布里勒·拉朱布、穆罕默德·伊斯塔耶（Mohammad Ishtayeh）、侯赛因·谢赫（Hussain Sheikh）、马哈茂德·阿鲁勒（Mahmoud Aloul）、陶菲克·狄拉威（Tawfiq Tirawi）、赛义卜·埃雷卡特、贾迈勒·穆海森、纳赛尔·基德瓦、穆罕默德·迈达尼（Mohammad Madani）、阿扎姆·艾哈迈德、阿巴斯·扎齐（Abbas Zaki）12 人为原中央委员会委员，伊斯梅尔·贾布尔（Ismail Jabr）、艾哈迈德·希尔斯（Ahmad Hilles）、萨布里·赛义达（Sabri Saidam）、萨米尔·雷菲（Samir Refaee）、拉维·法图赫（Rawhi Fattouh）、达拉尔·萨拉马（Dalal Salameh）6 人为新当选的中央委员。

2017 年 2 月，马哈茂德·阿鲁勒被中央委员会任命为副主席，成为法塔赫建立以来首位副职领导人。

解放巴勒斯坦人民阵线（Popular Front for Liberation of Palestine） 简称"人阵"，1967 年 7 月由"巴勒斯坦解放阵线""复仇青年""归国英雄"三个组织在叙利亚合并组成，其后曾多次分裂。创始人是乔治·哈巴什（George Habash）。领导机构为中央委员会，有 165 名中央委员。主要受叙利亚和利比亚援助，活动范围集中在叙利亚、黎巴嫩、以色列和巴勒斯坦被占领土。总部设在叙利亚大马士革。核心刊物为周刊《目标》。

20 世纪 70 年代有武装力量 200 ~ 300 人，其主要成员来自小资产阶级知识分子和青年学生，1968 年后曾从事劫持飞机和暗杀等恐怖活动。

1970年加入巴解组织，属于其中的激进派。主张武装斗争解放巴勒斯坦，反对政治解决，声称要完成阿拉伯的统一，并在阿拉伯国家进行根本性的社会变革。由于在战略目标、斗争方式等方面存在分歧，1974年9月宣布退出巴解组织执行委员会，导致巴解组织分裂。1977年3月宣布放弃与法塔赫等组织在战略目标上的分歧，有条件地同意在被解放的部分领土上建立国家，作为实现最终战略目标的第一步。1981年，重新进入巴解组织执行委员会，弥合了与法塔赫的分歧。反对《奥斯陆协议》，但在1999年接受巴解组织主流派的主张，开始参与和平进程。

2000年9月阿克萨起义后，下属的军事组织参与制造了一系列针对以色列目标的自杀式爆炸袭击事件，遭到以色列“定点清除”等军事手段的打击。2001年8月，继任总书记阿里·穆斯塔法被以军炸死；10月，因其极端军事组织“穆斯塔法旅”暗杀了以色列旅游部部长泽维，被巴勒斯坦最高安全委员会取缔。2002年1月，继任领导人艾哈迈德·萨达特（Ahmed Sadat）及“穆斯塔法旅”领导人伊亚德·乌尔马被以色列逮捕。2006年1月，萨达特和另外9名成员在狱中参加巴勒斯坦立法委员会选举。

解放巴勒斯坦民主阵线（Democratic Front for the Liberation of Palestine） 简称“民阵”，1969年2月从“人阵”中分裂出来。有成员6万人，青年激进派占多数。总书记为纳耶夫·哈瓦特迈赫（Nayef Hawatmeh）。机关刊物为《自由》周刊，总部设在大马士革。在意识形态上与“人阵”相似，自称是马列主义组织，认为巴勒斯坦革命目前是民族民主革命，将来要进行社会主义革命，反对依靠阿拉伯国家的当权派。后来改变策略，同“进步的”阿拉伯国家建立友好关系。认为法塔赫是右派组织，但在多数情况下与法塔赫立场接近。得到叙利亚和利比亚的财政和军事支持，曾在苏联和古巴接受训练，并与尼加拉瓜的“桑地诺民族解放阵线”建立了联系。活动范围主要集中在叙利亚、黎巴嫩、以色列和巴勒斯坦被占领土。

1969年，因拒绝参加在叙利亚成立的“巴勒斯坦民族拯救阵线”而与“人阵”分道扬镳。埃以和解后，谴责巴解组织未对此采取“严厉措施”，开始加强与巴勒斯坦极端分子的合作。1983 年发表《的黎波里宣言》，反对美国总统里根提出的巴以和谈计划，反对阿拉法特与约旦国王侯赛因签署的关于协调巴解组织和约旦对以谈判立场的协议。1991 年分裂为“亲阿拉法特派”和“强硬派”，后者在哈瓦特迈赫领导下，与“人阵”和哈马斯等 10 个组织组成了“巴勒斯坦力量联盟”。1999 年参加中东和平进程，部分成员回到加沙。2000 年阿克萨起义后多次发动对以色列的袭击，招致严厉报复。

巴勒斯坦民主联盟（Palestinian Democratic Union） 简称“菲达”，成立于 1990 年 3 月，由亚西尔·阿卜杜·拉布脱离“民阵”组建。总书记为萨利赫·拉法特（Saleh Rafat）。主张建立多元、民主的政党制度，致力于推动巴以和平。其领导人拉布参加了马德里和会等多次巴以和谈，被任命为巴勒斯坦最终地位谈判小组组长。曾任巴解组织新闻与文化部主任、巴勒斯坦民族权力机构文化与新闻部部长、内政部部长，为“日内瓦倡议”的主要发起人之一。

巴勒斯坦解放阵线（Palestinian Liberation Front） 简称“巴解阵”，1976 年因反对叙利亚干涉黎巴嫩内战，不满“人阵（总部）”的亲叙利亚政策而分裂出来，1977 年 4 月正式成立。领导人为塔拉阿特·雅古卜（Telaat Yacoub）和穆罕默德·阿巴斯（Mohammed Abbas）。1983 年底分裂为雅古卜派和阿巴斯派，前者参加“民主联盟”，后者同法塔赫关系密切。1987 年，两派宣布联合。1988 年 11 月，雅古卜病逝。《奥斯陆协议》签署后接受了巴解组织有关中止对以恐怖活动的政策。2003 年，穆罕默德·阿巴斯在伊拉克战争中被美军俘虏，于 2004 年初死于美军战俘营。现任总书记是瓦希尔·阿布·优素福（Wasel Abu-Yousef）。

巴勒斯坦人民斗争阵线（Palestinian Front for Popular Struggle） 简称“人斗阵”，1967 年从“人阵”中分裂出来，1971 年参加巴解组织。原领导人巴赫贾特·阿布·贾尔比亚曾是叙利亚复兴党成员，为第一届巴解组织执行委员会委员。现领导人为萨米尔·古希（Samer Ghoushi），为巴解组织执行委员会委员。

巴勒斯坦人民党（Palestinian People's Party） 前身为 1982 年在被

占领土成立的巴勒斯坦共产党，1991 年改为现名。在巴勒斯坦问题上采取务实的立场，赞同法塔赫“以土地换和平”原则。现任总书记为巴萨姆·萨尔希，曾作为正式候选人参加 2005 年 1 月举行的巴勒斯坦民族权力机构主席选举。

解放巴勒斯坦阿拉伯阵线（Arab Liberation Front） 简称阿解阵，1969 年 4 月在伊拉克复兴党支持下建立，主张巴勒斯坦事业阿拉伯化，并希望与伊拉克建立密切的合作关系。领导人为马哈茂德·伊斯梅尔（Mahmoud Ismail）。机关刊物为《阿拉伯革命者》。

巴勒斯坦阿拉伯阵线（Palestinian Arab Front） 于 1993 年由不满“阿解阵”反对《奥斯陆协议》的政策的“阿解阵”成员建立。总书记为贾米勒·谢哈德（Jamil Shihadeh），中央委员会书记为萨米尔·巴尔迪尼（Samir al-Bardini）。

巴勒斯坦人民解放战争先锋队（Vanguard for the Popular Liberation War） 通称“闪电”，1968 年由叙利亚复兴党一手扶植建立，受叙利亚复兴党“巴勒斯坦统一组织地区领导”的领导，主要成员为巴勒斯坦籍复兴党成员。最高权力机构是总司令部，下设政治部、组织部、军事部等机构。机关刊物为《先锋》周刊。前领导人祖海尔·穆赫辛（Zoheir Mohsin）于 1979 年被暗杀后，由伊萨姆·卡迪（Issam al-Khadi）接任。主张巴勒斯坦革命是阿拉伯革命的组成部分，强调巴解组织同叙利亚结成密切的战略联盟。1983 年以来，一直反对法塔赫的路线、方针和政策，抵制巴解组织的活动。

二 其他派别

伊斯兰抵抗运动 简称哈马斯，1946 年成立于加沙的“穆斯林兄弟会”的支系，称为“伊斯兰联合会”，当时有成员约 2 万人。1978 年在以色列注册为合法的慈善机构。在被占领土 1987 年第一次“因提法达”中发展壮大。在伊朗、叙利亚、黎巴嫩等国设有分支。实际控制着加沙地带，是巴勒斯坦规模仅次于法塔赫的政治组织。2006 年 1 月开通电视频道“阿克萨电视台”（al-Aqsa TV）。

1989～1997 年，哈马斯创始人和精神领袖艾哈迈德·亚辛被以色列监禁，这期间阿卜杜勒·阿齐兹·兰提西成为被占领土最著名的哈马斯领导人，负责哈马斯加沙事务。2004 年，亚辛、兰提西等哈马斯领导人先后遭到以色列“定点清除”，哈立德·迈沙阿勒（Khaled Mashal）担任政治局主席。迈沙阿勒先后居住在科威特、约旦、卡塔尔、叙利亚等国，叙利亚危机后返回卡塔尔。2012 年 12 月哈马斯成立 25 周年时，迈沙阿勒首次访问加沙地带。2017 年 2 月，哈马斯推举叶海亚·辛瓦尔（Yehya al-Sinwar）为加沙地带政治局主席，接替哈尼亚领导加沙政府。辛瓦尔曾被以色列监禁 22 年，2011 年根据巴以换俘协议获释，在哈马斯中具有较大影响力。2017 年 3 月 4 日，哈马斯推举伊斯梅尔·哈尼亚接替迈沙阿勒任政治局主席。

哈马斯奉行伊斯兰教的指导原则。1988 年 8 月发表的组织纲领《哈马斯宪章》宣称，“《古兰经》是宪法”，要“重建伊斯兰国家”；提出消灭以色列国家；认为“巴勒斯坦的土地是伊斯兰的瓦克夫（永久财产）”，任何人都不能放弃或分裂之；认为“圣战”是解决巴勒斯坦问题的唯一办法，反对和谈，认为和平解决巴勒斯坦问题的“行动、建议和国际会议都是浪费时间”；明确宣布尊重巴解组织，但不赞成巴解组织的世俗主义主张。[①] 2017 年 5 月 1 日，哈马斯发表《纲领及政策文件》，首次表示将以 1967 年战争边界为基础，以耶路撒冷为首都建立巴勒斯坦国。迈沙阿勒声称，哈马斯不再谋求与犹太人的战争，而是仅与驱动占领巴勒斯坦的犹太复国主义者作战。

哈马斯内部由政治组织、情报组织和军事组织组成。政治组织主要负责社会动员、募集资金、招募成员以及管理清真寺、学校、医院等社会福利工作；情报组织称“马吉德”，主要负责收集同以色列合作的巴勒斯坦人的有关情报，并负责对“叛徒”严加惩罚，后来并入军事组织“卡赛姆旅”。各组织成员采取单线联系，结构极其严密，外界难以准确判断其实力与内部状况。

① 《哈马斯宪章》，参见耶路撒冷媒体新闻中心（JMCC）网站，http://www.jmcc.org。

哈马斯采取暴力与非暴力相结合的多种活动形式，除开展反对以色列的暴力及非暴力活动外，还积极开展教育、医疗、救济等社会福利事业，大力开展“净化巴勒斯坦社会活动”，清除不符合伊斯兰教的行为。由于这些社会活动，哈马斯获得了广泛的群众基础，势力很快发展至整个被占领土。

马德里和会开始后，哈马斯严厉谴责巴解组织政治解决巴勒斯坦问题的方案及努力，并对以色列发动袭击，为和谈设置障碍。由此与巴解组织关系急剧恶化，遭到巴勒斯坦自治政府的严厉镇压，1996 年被宣布为非法组织。

哈马斯抵制了巴勒斯坦第一次大选。2000 年巴以大规模冲突爆发后，遭受重创的哈马斯在表示不放弃武力斗争的同时，开始逐渐调整强硬立场，寻求自身政党化，以更加务实灵活的策略来参政议政。在 2004 年开始的巴勒斯坦首次地方选举中，哈马斯取得第一阶段和第四阶段的胜利。2006 年第二次立法委员会选举中，哈马斯以“变革和改革运动”（Change and Reform）登记参选，取得压倒性胜利，以哈尼亚为总理组织新政府。由于拒绝承认以色列、拒绝放弃暴力、拒绝接受巴以业已签署的协议，哈马斯政府遭到以色列和以美国为首的西方国家的抵制和经济制裁。2007 年 6 月 14 日，哈马斯武装夺取加沙地带控制权。

伊斯兰圣战组织（Islamic Jihad Movement in Palestine） 简称“杰哈德”，1981 年创立。由一些关系松散的穆斯林兄弟会小派别组成，规模较小。宗旨是通过“圣战”消灭以色列，解放巴勒斯坦，建立独立的巴勒斯坦伊斯兰共和国。该组织将支持以色列的美国视为敌人，敌视“已被西方世俗性腐蚀”的温和的阿拉伯国家。

创建者是在埃及的一批受伊朗伊斯兰革命影响的巴勒斯坦学生，他们提出通过伊斯兰运动使巴勒斯坦得到解放才是阿拉伯和伊斯兰世界的当务之急，在伊斯兰运动推动下，解放巴勒斯坦的“圣战”最终将会导致重建统一的伊斯兰世界。主要领导人为法西·什卡克（Fathi Shqaqi）、阿卜杜·阿齐兹·阿乌达和巴沙尔·穆萨。1995 年 10 月什卡克被暗杀后，拉马丹·阿卜杜拉·沙拉赫成为新领袖。

该组织主张武装斗争，认为“武装斗争是在巴勒斯坦土地上打败犹太实体的唯一道路”，自成立起就一直坚定地从事武装反对以色列的活动，其下属武装组织“圣城旅”制造过多起自杀式爆炸袭击事件。1988年，什卡克和阿乌达被驱逐至黎巴嫩，并在那里重建“伊斯兰圣战组织”，同伊朗革命卫队及真主党建立了紧密的联系，参加了叙利亚领导的“阿拉伯拒绝阵线”[①]（Arab Rejectionist Front）。

总部设在叙利亚，在贝鲁特、大马士革、德黑兰、喀土穆均设有办事处。由于与哈马斯的基本立场一致，双方能够进行协调，共同采取行动。

阿布·尼达尔组织（Abu Nidal Organization，ANO） 又称法塔赫革命委员会、阿拉伯革命委员会、阿拉伯革命旅、穆斯林社会主义者革命组织等。由阿布·尼达尔和一些反对阿拉法特的法塔赫成员于1974年组成，自称是“真正的法塔赫”。该组织认为，巴勒斯坦人民的民族自决权不可侵犯，对以色列开展武装斗争是一场“圣战”，也是解放巴勒斯坦的唯一途径，而法塔赫及其领导人违背了这一原则，必须受到惩罚。主要从事袭击欧洲国家的犹太人、暗杀驻外使节等恐怖活动，在20世纪80年代被视为最危险的巴勒斯坦恐怖组织。

1974~1980年，总部设在巴格达，得到伊拉克政府的大量援助，其间主要攻击法塔赫以及叙利亚、约旦和海湾国家的目标。80年代初，由于阿布·尼达尔与伊拉克政府在保持组织独立性以及改善与西方关系的问题上发生分歧，被驱逐出伊拉克，总部转移到叙利亚，后又于1985年转移到利比亚。从1981年起将以色列犹太人和西方人作为袭击对象。1989年，内部发生严重分裂。20世纪90年代，其恐怖活动锐减。在叙利亚、也门、伊朗、苏丹和黎巴嫩都设有办事处。经济收入多来自商业网络。

解放巴勒斯坦人民阵线（总指挥部）［Popular Front for Liberation of Palestine（General Command）］ 简称“人阵（总部）”，1968年初自“人阵”中分出，以大马士革为基地。总书记艾哈迈德·贾布里勒（Ahmed

① 最初简称“拒绝阵线”，后来改称“坚定阵线”。

Jabriel）原为叙利亚军官。机关刊物为《前进》周刊。强烈反对阿拉法特领导的巴解组织。其后勤和军援均来自叙利亚，也得到利比亚的财政支持。

此外，巴勒斯坦还有“黑九月”和阿布·穆萨领导的法塔赫反对派等组织。

三　巴勒斯坦群众组织

巴勒斯坦妇女联合会（General Union of Palestinian Women, GUPW）　1965 年成立于耶路撒冷，1967 年“六五”战争后转移至约旦，1970 年转移至黎巴嫩，1982 年转移至突尼斯，1994 年返回巴勒斯坦。隶属于巴解组织，在加沙地带有 7 个分支机构，在约旦河西岸有 10 个分支机构，在许多阿拉伯国家也有分支机构。现任主席为埃萨姆·阿卜杜·哈迪（Issam Abdel Hadi）。

巴勒斯坦红新月会　1968 年 12 月在约旦首都安曼创建。受巴勒斯坦全国委员会委托，为中东各地的巴勒斯坦人提供医疗、社会康复以及其他人道主义服务；重视发挥妇女的作用，注重为儿童成长提供良好的环境；建立了广泛的服务体系，拥有 27 家分支机构，分布于约旦河西岸和加沙地带以及黎巴嫩、叙利亚、埃及、伊拉克等阿拉伯国家。截至 2003 年 8 月，共拥有 15 家医院、79 所初级医疗中心、130 家流动诊所，还成立了急救培训中心、康复中心等医疗服务机构。[①] 在红十字国际委员会（International Committee of the Red Cross）的推动下，2005 年 11 月巴勒斯坦红新月会与以色列红大卫盾会签署谅解备忘录，促进两国红会之间的联系和交流，以便在拯救生命的人道工作中有所进展。会长为尤尼斯·哈提卜博士。

“米夫塔哈”[②]（Miftah）　1998 年成立。主席是赛义德·胡瑞，秘书长是前巴解组织谈判代表兼发言人哈南·阿什拉维女士。目标是谋求建

---

① 巴勒斯坦红新月会网站，http：//www. palestinercs. org。

② 亦称“巴勒斯坦促进全球对话与民主”（The Palestinian Initiative for the Promotion of Global Dialogue and Democracy）。

立一个独立的“巴勒斯坦国”，促进巴勒斯坦社会的公开化与民主化，提高巴勒斯坦妇女的权利与地位；[①] 途径是举办讲座和展览，发起集会和游行。在巴勒斯坦知识分子中拥有一定的支持者，对推动和平解决巴以冲突起到了一定作用。

此外，巴勒斯坦的群众团体还有工人联合会、教师联合会、学生联合会、作家新闻工作者协会、工程师联合会、律师联合会、农民联合会、画家和艺术家联合会等。这些团体都有代表参加巴解组织。近年来，随着哈马斯的崛起，教师联合会和学生联合会等组织已经逐步受到其影响或控制。

① “米夫塔哈”网站，http：//www. miftah. org。

第四章

经　济

受政治、社会、历史和资源条件限制，巴勒斯坦经济发展相对缓慢，但巴勒斯坦并不是最贫穷的地区。2016 年，巴勒斯坦实际 GDP 达到 134 亿美元，人均 GDP 约为 2782 美元。以色列的长期占领及内部冲突，使巴勒斯坦国民经济运行极不稳定，经济各部门发展极不平衡。2015 年，巴勒斯坦实际 GDP 为 127 亿美元，其中服务业产值占比最高，达到 62.8%；工业占 20.9%；农业占 3.4%。

第一节　概述

一　自治前的经济状况

以色列的长期军事占领及其采取的对己有利的经济政策，导致巴勒斯坦经济结构失衡，经济发展严重依赖以色列。与以色列经济的紧密联系和事实上的一体化，成为巴勒斯坦经济的主要特点。

1. 以色列的“经济一体化”政策

1967 年以色列占领约旦河西岸和加沙地带后，在被占领土上推行“经济一体化”政策，使之服务于本土经济的发展。

工业领域，以色列在占领初期对加沙地带和约旦河西岸的工业给予了一定支持，以稳定当地就业市场，避免被占领土的失业人数上升给本国劳动力市场造成巨大压力。1980 年以后，以色列对被占领土的工业实行全面限制政策，对在被占领土开办企业实行许可证制度，以防止当地企业与以色列同类企业构成竞争；控制被占领土的财政、金融，严格限制外来投资，导致当地生产资金严重缺乏；鼓励当地阿拉伯人开办的小型原料加工企业。

农业领域，以色列根据本国市场需求，在被占领土扶植其不能自给的农产品，同时向当地倾销本国过剩的农产品。此外，以色列还大量征用被占领土耕地，限制当地农业用水。由此约旦河西岸和加沙地带农业受到严重冲击，许多农民被迫放弃农业生产，流入城市或以色列及其他阿拉伯国家打工。

贸易领域，以色列的占领割断了约旦河西岸和加沙地带与周边阿拉伯国家的经济联系，以色列成为两地最主要的贸易伙伴。以色列政府采取贸易保护主义，在限制被占领土产品进入本国市场的同时，向当地倾销本国商品，使两地成为以色列产品的天然市场。

就业领域，以色列的“经济一体化”政策严重制约了被占领土的经济发展，导致就业市场萎缩，迫使当地大批剩余劳动力涌入以色列，成为廉价劳动力。以色列通过封锁随意控制劳动力的流入，从而限制被占领土的经济发展。

“经济一体化”政策的实施，使巴勒斯坦人围绕以色列的生产、出口和消费进行生产和贸易，被占领土经济形成对以色列经济的严重依赖。后来担任巴勒斯坦民族权力机构主席的阿巴斯曾指出，“巴勒斯坦经济同以色列经济有着紧密的联系，几乎可以说完全从属于以色列经济”。[①]

2. 被占领土的经济发展

被占领土的经济发展可以分为两个阶段。20 世纪 70 年代以后，受中东地区经济发展浪潮影响，大批巴勒斯坦人就业于以色列和阿拉伯国家，其汇款促进了被占领土经济增长，尤其是农业、建筑业和服务业得到很大发展。1968 ~ 1982 年，约旦河西岸 GNP 年平均增长率为 10.7%，加沙地带为 9.7%。外部劳动力市场在经济增长中起到了关键性作用。

---

① 〔巴勒斯坦〕马哈茂德·阿巴斯：《奥斯陆之路——巴以和谈内幕》，李成文等译，世界知识出版社，1997，第 251 页。

经济发展促使两地经济结构发生一定程度的变化，但并不明显。结构不平衡仍是经济发展的主要特点。农业是约旦河西岸最重要的经济部门，产值约占当地 GDP 的 1/3；加沙地带农业比重大幅下降，在当地 GDP 中的份额由 1968 年的 28.4% 降到 1984 年的 13.4%，仅次于建筑业，居第二位。工业仍是约旦河西岸最小的经济部门，在当地 GDP 中的份额由 1968 年的 8.3% 降到 1982 年的 6.8%；但加沙地带的工业在当地 GDP 中的份额由 1968 年的 3.1% 上升到 1984 年的 11.6%。建筑业发展最快，1968 年分别占约旦河西岸和加沙地带 GDP 的 3.5% 和 3.1%，1982 年这一比例分别增至 15% 和 23%。约旦河西岸公共服务业在当地 GDP 中的份额由 1968 年的 17.8% 下降到 1978 年的 12.2%；加沙地带则由占领前的 66% 下降到占领期间的 20% 左右。①

进入 80 年代，随着巴以关系的变化及地区经济繁荣的结束，以色列对被占领土的工业实行全面限制政策，当地经济增长也开始放慢。尤其是 1987 年巴勒斯坦大起义爆发后，巴以经济联系中断，封锁及罢工使被占领土经济出现自 1967 年以来从未有过的衰退。1987～1989 年，实际 GDP 年均缩减 0.7%。1990 年海湾危机的爆发和次年的海湾战争使当地经济受到进一步打击。大量在科威特和其他海湾国家就业的巴勒斯坦人被迫回国，从而导致汇款减少，工业、服务业增长放慢，建筑业急剧下滑。1991 年，实际 GDP 约减少 4.1%。1992 年，这三个部门有所恢复，但已大不如前。

二 自治政府的经济政策

以《临时自治安排原则宣言》为标志的巴以和解为巴勒斯坦经济发展提供了政治保证。1993 年 11 月 4 日，巴勒斯坦经济发展与重建委员会成立，负责制定经济政策、管理经济。通过《临时自治安排原则宣言》及后来签署的一系列相关协议，巴勒斯坦自治政府接管了税收、社会福利、卫生、旅游、工业、农业、贸易、劳工、保险、教育和文化等领域内

① Fawzi A. Gharaibeh, *The Economies of the West Bank and Gaza Strip*, Westview Press, 1985, pp. 18-26.

的权力，掌握了基本的经济权力。然而，由于以色列控制着约旦河西岸和加沙地带的边境，巴勒斯坦的经济政策不得不在与以色列达成的有关协议的框架下制定和实施。其中最重要的经济协议就是1994年双方签署的《巴黎经济议定书》（*Paris Economic Protocol*）。到目前为止，这个议定书仍未得到完全实施，尤其是2000年爆发的阿克萨起义使议定书的实施受到极大影响。

1.《巴黎经济议定书》

1994年4月，巴以双方在巴黎谈判签署经济议定书，为巴勒斯坦经济发展、巴以双方及巴勒斯坦与阿拉伯国家的经济关系提供了框架。1995年，巴以双方签订的《约旦河西岸和加沙地带过渡协议》又对经济议定书的内容进行了增补。议定书规定：巴以实行自由贸易；巴以建立准关税同盟，双方实行基本相同的进口及关税政策，但巴勒斯坦政府有权对进入巴勒斯坦的阿拉伯国家商品征收关税。议定书同时规定，巴勒斯坦政府征收直接税和税率为15%～16%的增值税；以色列在本国口岸对运往巴勒斯坦的物资征收关税，再转交给巴勒斯坦自治政府；以色列代替巴勒斯坦自治政府向在以色列就业的巴勒斯坦人征收所得税，并有权保留25%，但巴勒斯坦人交付的所有医疗保险费须移交巴勒斯坦自治政府。议定书提出建立巴勒斯坦金融管理局，但推迟了对建立巴勒斯坦货币的讨论。

《巴黎经济议定书》和《约旦河西岸和加沙地带过渡协议》规定了过渡时期巴以之间经济关系的程序和规则，在很大程度上决定了巴勒斯坦的外贸和经济发展。协议的规定导致巴勒斯坦经济高度依赖以色列，尤其是在以色列对巴勒斯坦进行封锁时期，当地的贸易、就业和经济发展都受到严重影响。

2. 巴勒斯坦自治政府的经济政策

早在1993年巴解组织就公布了1994～2000年巴勒斯坦发展方案。方案提出，优先发展基础设施建设，扩大出口并实现出口市场多元化，减少对以色列的依赖，创造更多的就业机会。过渡期开始后，巴勒斯坦自治政府接管经济，扭转不平衡的经济结构和保持经济的可持续发展成为其两大主要经济目标，为此，优先考虑创造就业机会、加强基础设施建设、扩大出口生产。

巴勒斯坦自治政府致力于发展私营企业，以此作为扩大就业机会、促进经济发展的一个关键。在私营企业中，工业被列为首先发展的领域。为此，自治政府制定了《巴勒斯坦鼓励投资法》《工业园和自由工业区法》，大力发展工业园区，吸引当地和外来投资，以促进工业发展。

建设现代化的基础设施是经济发展战略中一项相当重要的内容。薄弱的基础设施已经成为当地经济发展的羁绊。基础设施建设将结合经济发展整体战略，主要投资支持私营企业和其他生产部门及旅游业中迅速发展的项目。

扩大对外贸易范围，减少对以色列的依赖，是经济发展战略中的一项主要任务。为此，自治政府努力克服以色列对商品流通设置的种种障碍，扩大与阿拉伯国家和外部世界的贸易。自治政府与约旦、埃及、沙特阿拉伯等周边阿拉伯国家达成了多项经济协议。除此之外，还与美国、加拿大等国家以及欧盟签署了贸易协定，以谋求对外贸易市场的多元化。

三 经济发展面临的困难

巴以和平协议签署后，约旦河西岸和加沙地带经济游离于阿拉伯及国际市场之外的状况有所改善。但是，以色列仍然控制着约旦河西岸和加沙地带的所有边界，掌握着主要的资源、能源以及劳动力和商品的流动，加之原有基础薄弱，巴勒斯坦经济仍无法摆脱对以色列的依附。

1. 巴勒斯坦领土不完整，边境受以色列控制

《奥斯陆协议》签署以来，巴勒斯坦取得完全自治的地区只占到约旦河西岸领土的18%、加沙地带的60%，而且受到以色列的分割、包围，成为一块块“飞地”。以色列控制了巴勒斯坦的所有边界，巴勒斯坦经济并没有与世界经济建立独立的联系。在以色列的政策下，《巴黎经济议定书》规定的巴以自由贸易成为空谈。以色列严格限制物资进出约旦河西岸和加沙地带，任何可能用于军事目的的民用商品、原材料和设备都被列入“双重用途”名录，不能由巴勒斯坦企业进口。这些限制提高了巴勒斯坦的投资成本，甚至迫使巴勒斯坦企业放弃生产线。巴勒斯坦大多数工

业都受到这个名录的影响，特别是食品、饮料、医药、纺织品、信息技术、农业和金属加工等行业。而以色列进口商则不受此名录限制。

2. 以色列控制了水资源、能源供应

在巴勒斯坦人的用水总量中，农业灌溉占71%，生活用水占26%，工业用水占3%。以色列控制了约旦河西岸90%的淡水，并通过输水管道将其中30%的淡水输送到本国。这种掠夺性的占有导致约旦河西岸巴勒斯坦阿拉伯人的生活和工农业用水紧张。2002年，农村居民只有一半能够用上自来水，水资源缺口达4.43亿立方米，有150多个村庄近21.5万人的生活因此受影响。[①] 2005年，平均每人每天的供水量为93升，只有37.5%的家庭能够通过污水管道排污。2007年哈马斯与法塔赫之间爆发冲突后，许多地区的供水系统得不到必要的维护和修理，自来水供应状况更加恶化。

降水是巴勒斯坦的主要水资源。降水与地形紧密相关，约旦河西岸每年的降水量在20亿~30亿立方米，加沙地带则只有1.25亿立方米。约70%的降水蒸发，其余的补充到地下水和河流。地下水是约旦河西岸和加沙地带居民生活、生产用水的主要来源，几乎占全年用水量的100%。约旦河西岸地下水分属三个蓄水层：杰宁和纳布卢斯及其邻近地区的东北部蓄水层；图勒凯尔姆和拉姆安拉所处的西部蓄水层，也称雅尔孔－塔尼内姆蓄水层；杰里科、伯利恒和希伯伦及其邻近地区的东部蓄水层。雨季渗水是东北部蓄水层水分补充的主要来源，连续多年的干旱造成这个蓄水层干涸。西部蓄水层位于以色列和约旦河西岸地区领土交会处，每年的安全抽水量在3.4亿立方米左右。东部蓄水层是目前巴勒斯坦人用水的主要来源。加沙地带地下水资源有限，由于多年过量开采，已经出现海水渗透的情况。

根据《约旦河西岸和加沙地带过渡协议》的规定，以色列承认巴勒斯坦人享有对约旦河西岸和加沙地区水资源的权利，这一权利的性质与范

---

① *Country Report*: *Israel & Palestinian Territories*, *2002*, The Economist Intelligence Unit, London, 2002, pp. 76-77.

围将在有关最终地位的谈判中加以确定。协议还规定了过渡期内水资源的配额。然而，由于形势、政策变化等因素的影响，这些规定在落实中遇到种种困难与障碍。巴勒斯坦人按协议规定应当享有的用水配额得不到满足，而约旦河西岸和加沙地带犹太人的用水却得不到全面有效的监督，造成巴勒斯坦人和犹太人用水量间的差距不断扩大。2000 年巴勒斯坦阿克萨起义爆发后，以色列的封锁和破坏更导致部分地区水资源严重短缺。约旦河西岸每年可利用地下水估计为 6.3 亿立方米，当地巴勒斯坦人只利用了 1.1 亿立方米，而约旦河西岸的以色列定居者就利用了 3000 万立方米，剩下的则转输到以色列。

除水资源外，巴勒斯坦电力、煤气和汽油等能源也几乎完全被以色列控制，依靠以色列供应。

3. 经济基础薄弱，经济结构失衡，外贸渠道单一

巴勒斯坦经济以农业为主，农副产品主要出口以色列，部分产品在以色列精加工后返销巴勒斯坦。工业基础薄弱、规模小、发展水平低。商品和服务供应不能满足本地需求，大部分依赖进口。进出口完全受以色列控制。1967 年以来，约旦河西岸和加沙地带被迫与传统市场割离，成为以色列的商品倾销市场，并形成巨额外贸逆差。1998 年，巴以贸易额为 25 亿美元，其中巴勒斯坦进口 20 亿美元，而出口仅为 5 亿美元，贸易逆差高达 15 亿美元，约相当于当年巴勒斯坦国内生产总值的 2/5。

4. 就业严重依赖以色列

经济发展的长期严重滞后导致本地工作岗位缺乏，以色列及其定居点和工业区成为巴勒斯坦的重要就业市场。巴勒斯坦人多就业于非熟练和半熟练工作岗位，充当廉价劳动力，填补以色列就业市场缺口。尽管工资待遇低下，但其收入仍为巴勒斯坦国民收入支柱之一。一旦劳动力的流动受到以色列安全措施和封锁政策的阻碍，巴勒斯坦就要面临大规模失业。对以色列就业市场的依赖成为巴勒斯坦经济发展的制约因素。

降低巴勒斯坦经济依赖性的政策由于《临时自治安排原则宣言》的延迟实施而受阻。

四　巴以冲突对经济的影响

2000 年 9 月阿克萨起义爆发后，巴以双方的冲突不但造成大量人员伤亡，也使巴勒斯坦经济遭受重创，处于崩溃边缘。

1. 以色列的封锁政策

约旦河西岸和加沙地带实行自治后，所有边境仍由以色列控制。每当以色列境内发生针对犹太人的袭击事件，以军便随意封锁巴勒斯坦，以此作为对巴勒斯坦自治政府未能有效控制袭击活动的“惩罚”。封锁分为一般性封锁、全面封锁和内部封锁三种形式。一般性封锁指限制巴勒斯坦劳动力和商品在巴勒斯坦和以色列之间、加沙地带和约旦河西岸之间、约旦河西岸南北之间流动；全面封锁指彻底禁止巴勒斯坦人在上述地区进行任何流动；内部封锁指禁止巴勒斯坦人在约旦河西岸各居住区域之间流动。巴以大规模流血冲突爆发后，以军对巴勒斯坦实行 1967 年以来最严厉、持续时间最长的大范围封锁。

2. 巴勒斯坦经济全面衰退

（1）经济各部门遭到严重破坏，投资环境恶化

持续的暴力冲突使农业、工业、贸易、运输、旅游等经济各部门遭受严重破坏，损失惨重。早在 2001 年 3 月巴勒斯坦计划与国际合作部的估计就显示，私人和公共财产损失约 5.02 亿美元，其中工业设备损失 8200 万美元，农业土地损失 1.708 亿美元，交通损失 290 万美元，住房及公共建筑损失 1.45 亿美元，社会机构设备损失 1760 万美元，基础设施损失 6800 万美元。据巴方统计，2000～2006 年，巴勒斯坦直接和间接经济损失达 160 亿美元。[①] 投资环境恶化，大批项目由于资金匮乏中途下马，造成已签署的经济协议落空。据估计，在此期间进行和计划实施的国内外投资项目损失的投资和税款达 4.41 亿美元。实际上，2002 年总投资只有 1.5 亿美元，比 1999 年缩减 30%。

① 《世界知识年鉴 2008/2009》，世界知识出版社，2009，第 53 页。

（2）失业率上升，贫困人数增加

冲突造成大量巴勒斯坦企业停产或倒闭，一些企业即使勉强维持生产，也不得不缩减生产规模，减少工人数量。封锁也阻止了在以色列就业的巴勒斯坦人到达工作岗位。2000 年上半年，约有 12.5 万名巴勒斯坦人在以色列及其定居点和工业区工作，每日人均收入为 27.5 美元，每日总收入达到 340 万美元。随着劳动力的流动几乎完全停止（不包括约 2100 名加沙居民，他们时常能够在以色列工业区工作），每日约损失 300 万美元的家庭收入。在这些失业的巴勒斯坦人中，约 58% 是难民。失业率上升造成约旦河西岸和加沙地带巴勒斯坦人的生活水平严重下降。据世界银行统计，2001 年 12 月，加沙地带和约旦河西岸贫穷率从 2000 年 11 月的 21% 上升至 43.7%。[①]

（3）巴勒斯坦自治政府面临财政危机

如果不算外援，以色列移交的代征税款占巴勒斯坦政府预算的 60% 以上。冲突爆发后，以色列就停止移交税款，加上本地税收大量减少，巴自治政府财政收入大幅降低，财政赤字增加。财政困难使自治政府不得不压缩财政开支，甚至无法支付公务员工资，严重影响了经济发展计划。

冲突导致巴勒斯坦经济全面衰退。据世界银行统计，2001 年巴勒斯坦人均实际 GDP 下降 20%，2002 年下降 23%。2003 年中东和平“路线图”计划出台后，巴以局势一度出现缓和，巴勒斯坦经济略有增长，但其总量也只有 1999 年的 72%。即使是这种微弱的经济增长，也时刻面临以色列安全隔离墙的威胁。

3. 安全隔离墙计划

以色列于 2002 年 6 月开始实施安全隔离墙计划，沿“绿线”（1967 年“六五”战争前停火线）在约旦河西岸巴控地区与以色列交界地带修建隔离墙。隔离墙是一道无法跨越的地面障碍，由栅栏、沟渠、铁丝网、

① 联合国近东巴勒斯坦难民救济和工程处主任专员的报告（2000 年 7 月 1 日至 2001 年 6 月 30 日），大会正式记录，第五十六届会议，补编第 13 号（A/56/13），联合国，纽约，2001。

砂路、电子监控系统、巡逻道路和缓冲区构成，部分地区则是八九米高的钢筋混凝土墙体。在隔离墙的阻割下，东耶路撒冷与约旦河西岸彻底分离，成为以色列控制下的耶路撒冷地区的一部分。如果把约旦河西岸所有重要的犹太人定居点都包括进来的话，隔离墙总长将达 700 多公里。

隔离墙对巴勒斯坦产生了长期不良的影响，它改变了巴以边界，而且其整个隔离设施并非完全沿着 1967 年停火线修筑，在部分地带向巴控地区偏离，将约旦河西岸 9.4% 的领土划到以色列一边，从而使近 2.5 万巴勒斯坦人被迫生活在“绿线”和隔离墙之间的封闭区域。在隔离墙的分割下，约旦河西岸和加沙地带的领土更加破碎，很多社区不但彼此分离，而且无法与主要的经济中心进行联系。通往农田、工作地点及各种服务设施的道路受到限制，这直接削弱了经济活动。由于隔离墙的阻隔，在以色列就业的巴勒斯坦人数将很难恢复到阿克萨起义之前的水平。

4. 巴勒斯坦自治政府的自救措施

面对每况愈下的局势，巴勒斯坦自治政府采取了诸如创造就业、鼓励发展私营经济等自救措施。除此之外，巴勒斯坦民族权力机构更多地寄希望于国际社会的援助。然而相对于巴勒斯坦的惨重损失，国际援助仍是杯水车薪，一些许诺的款项无法及时顺利地汇入，即使汇入，通常也会附加苛刻的取款条件。因此，不从根本上缓和巴以关系，巴勒斯坦经济前景不容乐观。

五　自治政府的改革

在内外压力下，2002 年 6 月巴勒斯坦公布了 100 天改革计划，包括与制度、公共安全、财政和司法有关的 39 项内容。在国际捐助者的压力下，财政改革的步伐较大。财政部正在采取相关措施，促进财政开支合理化，增加财政制度的透明度和可信度。作为改革的一部分，巴勒斯坦公布了有关自治政府资产的综合报告，并建立了 2003 年预算实施公共报告制度。这些措施有助于提高国际捐助者对巴勒斯坦自治政府的信任。缺乏完善的法律体系及动荡的地区政治形势成为经济发展的障碍。作为改革的一部分，巴勒斯坦与国际组织合作，努力建立完善的司法和规章体系，以鼓励私营部门的发展。经济、工业和贸易部正在准备涵盖贸易制度的法律，包括外贸法、知识产权法、关税法、竞争法和资本市场法的起草工作。新起草的所得税法和外部审计法也在立法委员会进行讨论。国家养老金委员会也开始讨论养老金改革。

得益于改革计划的开展，加之中东和平“路线图”的公布和实施，巴勒斯坦经济有了一定程度的复苏。2003～2005年，巴勒斯坦GDP持续保持约6%的增速，GDP总量在2005年恢复到2000年阿克萨起义前的水平。进入2003年，巴勒斯坦总体失业率有所下降，约旦河西岸的失业率一度迅速下降至2.9%，但由于以色列的封锁，加沙地带的失业率仍有小幅上升。

六 内部冲突后的经济状况

哈马斯上台后，国际社会的抵制及以色列的封锁使巴勒斯坦经济再次受到沉重打击。据巴勒斯坦中央统计局统计，2006年GDP约为41亿美元，比2005年下降7.8%。由于人口增长迅速，人均GDP约为1090美元，实际下降11%。国际货币基金组织估计2006年人均实际GDP比1999年减少40%。哈马斯与法塔赫的冲突使巴勒斯坦经济进一步恶化，大量企业关门，失业率达到50%，2007年实际GDP下降约6%～8%。

2007年中期以后，巴勒斯坦经济发展开始逐步恢复。主要原因在于巴勒斯坦民族权力机构继续推动巴以和谈，双方关系缓和，以色列对约旦河西岸的封锁减轻；国际社会对巴勒斯坦的经济援助增加；海湾国家一些公司投资巴勒斯坦建筑业和服务业等私营部门。2007～2011年，巴勒斯坦GDP持续增长，2011年实际增长率达到12.2%。2011年后，由于以色列加强封锁并屡次拖欠转交税款，国际援助也大幅减少，巴勒斯坦GDP增长率开始大幅下降。2014年实际GDP增长率只有-0.2%，第二年才回升到3.4%，2016年实际GDP增长率为4.1%。特别是加沙地带，由于以色列的军事打击，埃及加强边境控制、摧毁地下走私通道，经济发展陷入困境。

约旦河西岸和加沙地带经济周期性的崩溃和复苏，与巴以关系和国际援助状况密不可分。巴以关系缓和时期，以色列放宽对物资进入加沙地带和约旦河西岸的限制，为巴勒斯坦人发放工作许可证、及时转交代征税款，促进了两地经济的恢复和发展。国际援助的增加及国际资金投入加沙重建工作，刺激了巴勒斯坦的投资和私人消费。然而，一旦巴以关系紧张，甚至发生激烈冲突，巴勒斯坦的物资流动、就业、公用事业就会受到严重损害，经济陷入崩溃。总之，相对稳定的政治环境是巴勒斯坦经济发展的保障。

第二节　农业

一　概况

农业是巴勒斯坦重要的经济部门。巴勒斯坦自治后，农业得到一定发展，小麦、大麦、大米、糖等还需要进口，而水果和蔬菜的产量已超出当地需求约25%。农产品加工业集中于乳制品和橄榄油生产。进入21世纪以来，由于战乱、城市化以及以色列的限制等多方面原因，巴勒斯坦农业发展缓慢，对巴勒斯坦GDP的贡献率逐年降低，从1993年的13%下降到2009年的4.8%。农业在吸纳正式和非正式劳动力中一直占据着重要地位。2000~2014年，从事农业的劳动力占就业总量的10%~16%，农业也提供了90%以上的非正式就业。2011年，农产品进口额为1.03亿美元；出口额为5000万美元，占巴勒斯坦出口总额的15.3%。出口农产品主要是柑橘类水果，园艺也占有重要份额，其次为番茄、黄瓜、橄榄、马铃薯和葡萄。农业生产和出口高度依赖以色列，受到以色列边境政策的限制。

在约旦河西岸大部分地区，尤其是西部山区，小规模的家庭农场占主导地位，90%的家庭农场拥有的土地不超过5公顷。西部山区农业潜力有限，主要是种植大田作物、经营林场、饲养家畜。约旦河谷是著名的农业产区，潜力巨大，农场主拥有的土地相对较多，但这些农场主一般居住在约旦。在加沙地带，大农场和规模较小的家庭农场各占一半，大农场主也不在当地居住。

1. 以色列占领对农业发展的影响

1967 年以色列占领约旦河西岸和加沙地带后，其“经济一体化”政策左右了两地的农业发展。以色列在被占领土扶植本国不能自给或供不应求的农产品，鼓励当地农民生产以色列市场需要的谷物、棉花、甘蔗、甜菜、烟草等农作物。部分农作物在对以色列出口的拉动下产量增加，但农作物的平均产量再没有恢复到 1967 年“六五”战争前的水平。同时，以色列占有优势的农产品无限制地涌入约旦河西岸与加沙地带，对当地农业形成严重冲击。

以色列大量征用耕地，修建犹太人定居点、军营、公路等设施。据统计，从 1967 年 6 月到 1994 年 5 月，以色列共征用了 67% 的约旦河西岸土地和 42.3% 的加沙地带土地用于定居点建设。在征地过程中，许多阿拉伯人的果园被毁，遭砍伐的橄榄树、柑橘树、葡萄树等多达 100 万株。这导致巴勒斯坦耕种面积大大减少，农作物产量及多样化受到影响。

以色列控制了农业生产所需的水资源，大量抽取约旦河西岸和加沙地带的地下水，并极力限制被占领土的阿拉伯农业用水，毁坏水利设施，推平灌溉渠道。限水政策使当地阿拉伯人的农业灌溉面积大幅度萎缩，仅占耕地面积的 5%，对农业生产形成巨大的冲击。

尽管有种种不利条件，农业仍有所发展。1987 ~ 1991 年，农业在约旦河西岸 GDP（按 1986 年要素价格）中的份额平均为 33%，加沙地带在 25% 左右。

2. 自治时期的农业发展

1994 年《巴黎经济议定书》的签署给巴勒斯坦农业发展带来了新的前景。经济议定书规定，除番茄、黄瓜、马铃薯、鸡蛋和肉鸡受到配额限制外，其他产于巴勒斯坦的农产品可以自由输入以色列。但以色列的封锁使巴勒斯坦无法充分利用这一潜在的机会。由于巴以尚未就土地主权、水资源分配和犹太人定居点等问题达成协议，以色列仍制约着巴勒斯坦对土地和水资源的利用，这大大减少了巴勒斯坦扩大耕作面积或实行种植多样化的可能性。

面对农业的严峻状况，巴勒斯坦自治政府一方面努力扩大对土地、水资源等农业资源的控制，另一方面力求恢复并扩大农业在 GDP 中所占比例。自治政府制订了 1999 ~ 2001 年农业发展计划，主要有以下几个目标：①扩大农业就业，提高农业产量和质量；②通过基础设施建设促进农村地区的恢复和发展，包括修建农村公路、开垦土地、修复水井、加强农业服务等措施；③为农业发展提供资金支持，制定农业发展战略，开展农业立法，促进私人投资农业；④加强农业服务工作，为农民提供技术指导、农药使用、市场信息和资金等服务。

3. 冲突对农业的破坏

2000 年爆发的巴以大规模冲突使巴勒斯坦农业损失惨重。以色列军队不时入侵，大量毁坏耕地房屋、砍伐果树，破坏灌溉水井。封锁使农产品出口受阻，水果、蔬菜和鲜花等产品只能贱价处理或烂在田里。橄榄种植业遭受巨大损失，自冲突爆发到 2003 年 9 月，以军的破坏导致橄榄种植业损失达 10 亿美元。农民被迫放弃种植高利润的出口农作物，转而种植基本农产品，以满足对食物的需求。2002 年，农业产值比 2000 年下降 25%。据巴勒斯坦农业部统计，截至 2002 年底，农业遭受的损失总值达 8 亿美元。

以色列安全隔离墙的修建对农业也是一个沉重打击。联合国人道主义事务协调办公室（OCHA）估计，为修建约旦河西岸北部的安全隔离墙，以色列没收了 1140 公顷的私人土地，破坏了 102320 株果树，直接影响了 1.62 万公顷的高产土地。被没收的土地大部分是橄榄树林、牧场、谷田、柑橘园，其上也有温室和灌溉水井。这些土地都是约旦河西岸最肥沃的土地，吸纳了当地 1/4 的就业。

4. 促进农业发展的措施

巴勒斯坦通过立法等方式从国家制度层面推进农业发展。2003 年，巴勒斯坦颁布第一部农业法规，设立了农民补偿基金，以抵抗自然灾害并扶持畜牧业生产。2008 年，农业部制定了农业发展战略，设立了农业综合发展项目，建设农业工业园区，促进高附加值作物的种植，促进农业出口。由于预算和财政支持有限，促进农业发展的措施受到一定影响。2008 年，农业部门预算约占巴勒斯坦政府预算的 0.7%。2009 年，巴勒斯坦改革与发展计划将农业预算占总预算的比例提高至1.21%。巴勒斯坦自治政府支持农业企业的发展，这在2011~2013年国家发展计划中得到再次强调。2016年，农业占巴勒斯坦GDP总量的2.9%。

为了增强在全球市场上的竞争力，巴勒斯坦农业生产正在转向种植花卉、草莓和樱桃番茄等高附加值作物，主要粮食大量依赖进口。只有60%的主要食品在当地生产，其中只有不到5%的谷类和豆类在当地生产，25%以上的食品从以色列进口。特别是在加沙地带，许多农业部门都以出口为导向，当地食物消费主要依赖进口。2015年，农产品占出口总量的17.4%，占进口总量的20.8%。

二 种植业

巴勒斯坦气候条件多样，植物种类众多，共发现植物2250种，分属于世界大植物地理区中的四个带：地中海植物带、伊朗-图兰植物带、亚热带沙漠植物带、苏丹植物带。[①] 地中海类型植物是巴勒斯坦最重要的植物类群，分布在沿海平原和山地。典型植物群丛有耶路撒冷松林、落叶塔博尔橡树林、常绿橡树林和玛基群落、海滨角豆树-乳香黄连木群丛、典型刺地榆群丛等。但这些原始森林几乎全部被毁灭，平原地区成为农业区，坡度较缓的斜坡被开辟为橄榄园、葡萄园等果园。伊朗-图兰植物带处于过渡地带，分布在内格夫北部、山地的东坡和约旦河谷中部。属于草原-森林地区。典型植物群丛有落叶大西洋黄连木草原林、落叶枣灌丛、食用枣群丛、荒漠蒿属草原等。亚热带沙漠植物带分布在裸露的山坡和石漠上，其中涸河河道上植被最密集，沿海沙丘上分布着一些从属类型。大部分植被由草和多刺的灌木组成，典型植物群丛有蒺藜灌木群丛、荒漠假木贼石漠等。苏丹植物带主要分布在约旦河谷中的小片地区，特别是靠近河流的地带，属于典型的热带高草原地区，有高草和零星树木，典型植物群丛有扭金合欢稀树草原、枣-巴蓝奈群丛、扭金合欢-假木贼群丛等。

巴勒斯坦受人类活动影响大，垦殖历史悠久，大片土地为栽培区。当

① 〔以色列〕耶胡达·卡尔蒙等：《以色列地理》，第32~35页。

地出产60多种农作物，包括小麦、大麦、玉米、高粱等粮食作物和橄榄、柑橘、葡萄、苹果、樱桃、椰枣、无花果等经济作物。巴勒斯坦是橄榄、葡萄、橡树的原产地之一，甜菜、棉花和柑橘等作物则由外地引入。

巴勒斯坦约1/4的土地是可耕地，约旦河西岸有可耕地15万公顷，其中可灌溉地9000公顷；加沙地带有可耕地1.6万公顷，其中可灌溉地1.1万公顷。边缘耕地、牧场或休耕地占耕地面积的1/3。[①] 根据农业生态特点，约旦河西岸和加沙地带耕地可以分为中央丘陵地带、东部斜坡、半沿海地区、加沙地带和平原5种类型。中央丘陵地带北起杰宁，南到希伯伦，是著名的大田作物和水果产区；东部斜坡从杰宁延伸至死海，属于半干旱地区，适于放牧及种植部分大田作物；半沿海地区位于约旦河西岸西北部地区，降水丰富，普遍种植蔬菜和大田作物；加沙地带属于沿海地区，普遍种植柑橘类水果和蔬菜；平原土地肥沃，适于种植冬季蔬菜和亚热带水果。据巴勒斯坦中央统计局估计，2010～2011年，63.8%的耕地种植了果树，23.7%种植了大田作物，12.5%种植了蔬菜。

由于依赖降水灌溉，种植业采用传统的低风险、低投入的办法，产出水平低于以色列，但与阿拉伯邻国相比则较为可观。为在水资源有限的条件下发展种植业，自治政府鼓励种植橄榄等灌溉较少的作物。橄榄种植业是约旦河西岸农业的传统支柱，橄榄种植面积约占约旦河西岸果树种植面积的75%、总耕种面积的50%。橄榄和橄榄油出口约旦和以色列。橄榄生产存在大小年，1997年、1999年、2001年产量低，1998年、2000年产量高。2002年橄榄收成极好，橄榄收入占巴勒斯坦农业总收入的25%，虽然遭到以色列的破坏，但橄榄丰收还是使农业总产值增长了20%。2006年，橄榄再次获得丰收，甚至超过2002年的水平。

三　畜牧业

由于面积狭小、人类活动密集，巴勒斯坦动物种类比较贫乏，缺乏一

① *Country Profile*：*Palestinian Territories 2004*，London：The Economist Intelligence Unit，2004，p. 39.

般的高等动物和特有种类，一些物种濒临灭绝。野生动物有鸟类、哺乳动物、水生动物、爬行动物和两栖动物。鸟类尤其繁多，有206个属，最常见的属是莺、鸦、即鸟、燕鸥、隼；有超过45个科，最常见的科是莺科、鹈科、鸭科、鹰科；有470个种，约21个目，种中数量最多的目为雀形目、鸻形目和雁形目。当地动物区系十分混杂，属于过渡性区系。

巴勒斯坦畜牧业历史悠久。受地理环境影响，南部地区重视饲养骆驼、马、骡子、驴，北部地区重视饲养牛、绵羊、山羊。农民普遍饲养鸡、鸽、鸭、鹅和火鸡等家禽，一向重视养蜜蜂采集蜂蜜。

以色列的占领和封锁限制了巴勒斯坦正常的经济活动和劳务输出，许多当地人重新开始经营农业，为畜牧业发展打下基础。《临时自治安排原则宣言》签署后，对养殖场许可证的限制逐渐放松，加上当地对畜牧产品的需求，畜牧业得到发展。畜牧业在农业产值中所占的比例逐渐升高，约占农业总产值的1/3以上，占约旦河西岸农业产值的50%，占加沙地带农业产值的近30%。2005~2006年，畜牧业产值占到农业总产值的43.6%，占约旦河西岸农业产值的59.2%，占加沙地带农业产值的近40.8%。

畜牧业主要包括饲养牛、羊等家畜、家禽以及养蜂等。2015年，约旦河西岸和加沙地带共屠宰牛33129头、绵羊42354只、山羊4004只。希伯伦是养羊最多的地区。孵化雏鸡76303100只，其中约旦河西岸占68.5%，加沙地带占31.5%。杰宁是养鸡最多的地区。2013年，约旦河西岸和加沙地带共有蜜蜂约46226箱，杰里科是主要的养蜂地区。

四 渔业

巴勒斯坦的渔业资源包括淡水鱼类和海水鱼类。鲤鱼和鲻鱼是当地著名的淡水鱼，地中海沿岸出产金枪鱼、沙丁鱼、比目鱼、鳗鱼、鳕鱼等海水鱼。

鱼类加工以前是加沙地带利润最大的产业，但受到以色列严格限制。《奥斯陆协议》允许加沙地带渔民在距离海岸线20海里的海域内捕鱼，2000年冲突爆发后捕鱼被限制在距离海岸线10海里的海域内，到2005年进一步缩减至距离海岸线6海里的海域内，而在与以色列接壤地区捕鱼海域只有1海里。加沙海域鱼类不多，产品只能满足本地市场需求量的

10%。2009 年，巴勒斯坦投入作业的渔船首次突破 1000 艘，达到 1282 艘，共捕鱼 1524.90 吨，吸纳 3551 人就业。2015 年，共有 1261 艘渔船投入作业，共捕鱼 3226.42 吨，吸纳就业人数达到 3617 人。

第三节 工业

巴勒斯坦矿藏和石油贫乏，工业基础薄弱。杰里科附近有铜矿，高原区有磷酸盐，希伯伦附近出产制造水泥的石灰岩。死海是巴勒斯坦最重要的矿藏地，氯化钠、氯化钾、氯化钙、氯化镁等氯化物含量高；硫化物和溴化物等含量丰富；蕴藏有用于核工业的重水。

2000 年，在加沙海域发现天然气田。初步探测显示，天然气储藏量达到 600 亿立方米，能够满足国内消费，并可出口。根据巴以 1994 年 5 月达成的《加沙 - 杰里科协议》，巴勒斯坦拥有 32 公里海域的主权，包括其中蕴藏的资源。英国天然气集团（BG Group）获得加沙天然气的开采权，于 2000 年 9 月末开始钻探第一个天然气矿井，但其开采活动因受阿克萨起义影响而中止。由于巴以就加沙海域的主权发生争议，以色列撤销了英国天然气集团的开采许可证。2007 年，在以色列的支持下，英国天然气集团与巴勒斯坦重开谈判，但哈马斯控制加沙地带使谈判受到影响。

巴勒斯坦工业主要是加工业，如塑料业、橡胶业、化工业、食品业、石材业、制药业、造纸业、印刷业、建筑业、纺织业、制衣业、家具业等。工业规模较小，缺乏大型骨干企业，大多数工厂只是简易的私人手工作坊，雇工不到 10 人，设备简陋。工业发展落后于国民经济其他部门，占 GDP 的比重从未超过 21%。

一 概况

巴勒斯坦工业发展长期受到以色列限制。20 世纪 90 年代，约旦河西岸与加沙地带的工业结构与 60 年代末基本相同，都集中于石材、金属加工、食品加工、纺织、服装和皮革等行业。以色列占领期间，由以色列承包商提供原材料、巴勒斯坦进行加工的转包加工业得到一定发展，转包合同一般也都集中在纺织、地毯、服装、家具、制鞋等行业。橄榄压榨是约旦河西岸主要的经济活动之一，但其产量和就业人数受到橄榄收成的影响。加沙地带的工业仅限于手工艺品、柑橘包装、食品加工等行业。

资金不足直接影响了工业生产的规模与效益。以色列在占领时期控制了当地的财政和金融，严格限制阿拉伯国家、国际社会以及私人的投资，导致当地生产资金严重匮乏。被占领土政治命运的不确定性及冲突所引起的经济风险也制约着私人投资工业。根据以色列中央统计局统计，1991年被占领土共有企业3688家，其中雇工人数在4人以下的占60%，超过10人的仅占7.5%。

巴勒斯坦民族权力机构成立后，积极采取措施促进工业发展，但并未对工业结构及其规模产生显著影响。约旦河西岸和加沙地带占主导地位的仍是金属加工、石材、纺织、服装等加工工业。1997年，雇工在10人以下的小企业占约旦河西岸和加沙地带企业总数的97%。复杂的许可证制度及贸易程序、缺乏融资渠道等都阻碍了私人投资的发展。落后的基础设施也妨碍了工业发展。1993～1996年，公共投资每年占GDP的2%，甚至不足以维持已有的基础设施。随着工业投资增加，工业规模及其在GDP中所占的比例均略有增加。1999年，工业占GDP的14.6%，吸纳了38.4%的劳动力。

2000年9月冲突爆发后，以色列的封锁、进出口成本增高、需求锐减以及以色列转包项目减少导致工业处境艰难，2005年以色列撤出加沙地带后形势更加严峻。封锁和宵禁导致的生产、运输和销售成本增加使巴勒斯坦企业在当地及以色列市场的竞争力下降，市场份额逐渐丧失，许多公司更加依赖互不相连的地方市场。据世界银行统计，1999～2002年，制造业实际上缩减35%，就业人数下降45%。2002年，只有12.1%的约旦河西岸工厂和3.4%的加沙地带工厂能正常生产。2006年后，虽然巴勒斯坦经济总量持续增长，但工业发展依然缓慢。

2007年，巴勒斯坦工业产值大幅增长，工业附加值恢复到1999年水平。2008年，工业产值超过20亿美元。2009年，工业附加值超过10亿美元。2014年和2015年，工业产值均超过40亿美元，分别占GDP总量的

15.5%和14.5%。在工业领域，2015年巴勒斯坦共有18056家公司，提供了90486个就业岗位和4.5亿美元的工资，工业附加值达到14.59亿美元。

二 工业园区建设

过渡时期开始后，巴勒斯坦自治政府积极采取措施改变工业落后局面，以减轻对以色列的依赖。发展工业园区就是一项重要举措。1998年，巴勒斯坦自治政府出台《巴勒斯坦鼓励投资法》及《工业园和自由工业园区法》，吸引投资，大力发展工业园区。在世界银行的支持下，已启动和正在规划的工业园区有9个，其中加沙地带3个，分别是加沙工业园区、迪尔巴勒赫工业园区和拉法工业园区；约旦河西岸6个，分别是图勒凯尔姆工业园区、杰里科工业园区、杰宁工业园区、盖勒吉利耶工业园区、图勒吉米亚工业园区和纳布卢斯工业园区。这些工业园区的建成并投入使用，将创造大量的就业机会，推动工业的发展，促进出口增长。

加沙工业园区是巴勒斯坦自治政府创建的第一个工业园区。工业园区位于加沙东北部靠近以色列边境地区，耗资8540万美元，于1999年投入运营。私人所有的巴勒斯坦工业管理公司（Palestinian Industrial and Management Company）负责经营管理加沙工业园区，巴勒斯坦工业园和自由工业园区管理局（Palestinian Industrial Estate and Free Zone Authority）负责制度监管和基础设施建设。加沙工业园区计划分为三个建设阶段，将为巴勒斯坦人提供两万个就业机会。在2000年9月前，已有47家企业落户加沙工业园区，其中30家已经开业，雇用的劳动力超过1500人。在加沙工业园区注册的企业既有巴以合资企业也有以色列的独资企业，大部分从事纺织和服装业。不稳定的政治形势严重影响了工业园区的发展。

2000年爆发的巴以大规模冲突阻碍了工业园区第二阶段的建设，开工企业和就业劳动力减少，几家巴以合资企业也停止了合作关系。为进一步吸引投资，巴勒斯坦工业园和自由工业园区管理局出台了一系列优惠政策。但工业园区的恢复在很大程度上取决于安全环境的改善。2005年，以色列撤出及2007年哈马斯控制加沙地带导致当地安全环境恶化，已有的巴以合资企业解体，很多工厂迁到约旦、埃及或其他地方。

三 纺织和服装加工业

纺织和服装加工业是巴勒斯坦最重要的经济部门之一。1976～1987年，纺织和服装加工企业占约旦河西岸企业总数的20%～22%，占加沙地带企业总数的33%～37%，就业人数占工业就业总人数的25%～43%。1994年，约旦河西岸和加沙地带共有纺织和服装加工业企业1842家，占工业企业总数的18%，仅次于金属加工业；有就业人数13600名，占工业就业总人数的28%，是吸纳劳动力最多的工业部门。但约旦纺织品进入巴勒斯坦和以色列市场，对约旦河西岸和加沙地带的纺织业形成挑战。2015年，约旦河西岸有285家纺织企业，就业人数1053人，产值4019.36万美元；有服装企业1235家，就业人数8734人，产值9645.98万美元。加沙地带有163家纺织企业，就业人数1053人，产值1495.37万美元；有服装企业356家，就业人数1306人，产值1231.72万美元。

服装企业主要集中在加沙地带及约旦河西岸北部城市，如纳布卢斯、图勒凯尔姆、杰宁等。约旦河西岸80%的纺织品和加沙地带90%的纺织品是为私人订单加工，15%的纺织品用于满足本地市场，部分产品出口以色列、约旦、美国以及欧洲等国家和地区。

四 石材开采和加工业

约旦河西岸大理石储量丰富，石材开采和加工业在巴勒斯坦出口、就业以及经济增长中都占有重要地位。石材开采业主要集中于希伯伦、纳布卢斯、杰宁、拉姆安拉和伯利恒。1996年，采石场达到218家，占工业企业总数的2%，产值达到5476.5万美元。石材开采企业平均雇工8人，但53%的石材开采企业雇工不到5人。2013年，巴勒斯坦共有265座采石场、615套石材切割设备、51套石料破碎设备、283个石材加工车间。整体来看，石材业创造了2万多个就业岗位。

使用电动切割机和自动化设备的石材加工企业在1973年后发展起来。石材加工企业中有37%集中在希伯伦，有18%集中在伯利恒。1996年，约旦河西岸和加沙地带共有石材加工企业581家，占加工业企业总数的6%，产值估计超过1.23亿美元。石材加工企业共雇用工人3942人，占加工业工人总数的9%，是仅次于服装行业的第二大就业领域。

巴勒斯坦石材除当地使用外，大量供应国际市场。2002年，巴勒斯坦石材供应量在全球排第12位。以色列是建筑石材的主要市场，80%的石材供应以色列及犹太人定居点。约旦和科威特是主要的阿拉伯市场，石材出口占巴勒斯坦对约旦工业出口的20%。巴勒斯坦石材也开始出口到美国、英国和加拿大，出口额在1997年达到1000万美元。此外，石材加工业还带动了采石业、机械、交通等行业的发展。

五　建筑业

由于缺乏其他可供选择的投资方式，约旦河西岸和加沙地带的建筑活动一直比较繁荣，建筑业成为经济中的一个重要部门。1968～1991年，建筑业占私人部门投资的81%。建筑活动主要为建造私人住宅。在1968～1979年建筑高峰期，约旦河西岸住宅面积从6.7万平方米增至79.8万平方米，加沙地带从2.1万平方米增至41.2万平方米。1990年伊拉克入侵科威特后，大量巴勒斯坦人从科威特返回重建家园。1991年，马德里和会的召开和中东和平进程的启动刺激了建筑业的发展。

1993年《临时自治安排原则宣言》签署后，建筑业继续原来迅速发展的势头。1994年产值达6亿新谢克尔（约合1.77亿美元），占GDP的17%。但1995年以色列的封锁开始后，建筑业出现下滑，1998年建筑业产值只占GDP的10.6%。

2000年巴以冲突爆发后，建筑业受到严重影响。原材料短缺及动荡的政治形势使捐助资金援助兴建的基础设施项目或停建或遭到破坏，承建者和工人也无法到达工作地点。私人储蓄都被用来满足基本的日常需求，导致投资建设活动的资金匮乏，即使有资金也不愿意投入新的建筑项目。这一时期，建筑业主要集中于修复被以色列军事行动破坏的住房和基础设施。

安全局势好转后，加沙地带和约旦河西岸的重建工作刺激了建筑业的发展。2004 年，建筑业开始复苏，与 2003 年相比，建造总量增长 68.68%；就业人数增加 53.29%；总产值增加 82.77%，达到 2.9 亿美元。在建筑业最繁荣的 2012 年，从业人员有 11 万多人，总产值达到 6.7 亿美元。2015 年，建造数量达到 564 个，吸纳就业 8018 人，产值达到 4.6 亿美元，附加值 2.2 亿美元，占 GDP 总量的 8.3%。

六　电力供应

1. 概况

约旦河西岸和加沙地带的电力主要由以色列电力公司（IEC）供应，供电量占巴勒斯坦总用电量的 88%。加沙地带的发电站发电量仅占当地用电量的 23.5%、巴勒斯坦总用电量的 7.3%。约旦和埃及输入的电量约占巴勒斯坦总用电量的 4%。巴勒斯坦私人电厂耶路撒冷电力公司（JEC）也向东耶路撒冷和约旦河西岸供电。巴勒斯坦使用以色列国家电缆网线，除犹太人定居点外，当地配电系统由巴勒斯坦市政管理。

据巴勒斯坦中央统计局统计，自治初期，近 13% 的约旦河西岸和加沙地带居民点没有电网，约旦河西岸 140 多个村庄仍使用小型柴油发电机发电。约旦河西岸和加沙地带电网老化、电压低，因此经常断电、漏电。1994～1999 年，捐助国为巴勒斯坦能源部门提供了 1.34 亿美元的援助，一半用于改善加沙地带电网，一半用于扩大约旦河西岸农村电网。经过上述努力，1995～1998 年，巴勒斯坦的用电量增长了 34%。

随着生活水平的提高，巴勒斯坦用电量迅速增加。根据世界银行的数据，1999～2005 年，约旦河西岸的用电量年均增长 6.4%，加沙地带年均增长 10%。2005 年，巴勒斯坦每户每年平均用电 3500 千瓦时，其中城市居民的用电量最大，农村较低，难民营最少。由于以色列的封锁，偏远村庄的电力供应困难重重。2012 年，巴勒斯坦总供电量约为 5.37 亿千瓦时，平均每人每年用电量为 950 千瓦时。2015 年，巴勒斯坦 99.9% 的家庭都接入了公共电网，但人均用电量低于以色列和其他周边国家。

2. 巴勒斯坦电力公司

1999 年底，巴勒斯坦电力公司（Palestine Electric Company，PEC）在

加沙成立。公司拥有1.5亿美元资本，其中9000万美元为阿拉伯银行的贷款。公司合伙人包括总部在希腊的国际建筑公司——联合承包公司（CCC），巴勒斯坦开发和投资公司（PADICO），阿拉伯银行，阿拉伯巴勒斯坦投资公司（APIC），以及赛义德、莫尔甘提开发和巴勒斯坦投资公司（Al Said Limited, Morganti Development and the Palestinian Investment Company, PIF），安然国际（Enron International）能源公司在破产前也是合伙人。2004年5月，电力公司克服资金和冲突带来的不利影响，经过近四年的准备，终于在巴勒斯坦股票交易所上市。机构投资者拥有公司67%的股份，其他股份由社会股民掌握。电力公司有150名工人，如果约旦河西岸的发电厂建成运行，工人人数将达到700名。

巴勒斯坦电力公司计划逐步摆脱对以色列控制的电网的依赖，在电力不足时主要使用埃及的电力资源。2003年3月，巴勒斯坦电力公司建造的第一家独立的发电站在加沙开始运行，设计年发电量为140兆瓦（MW）。新电站满足了加沙地带45%的电力需求，结束了35年以来以色列对加沙地带供电的垄断。

哈马斯控制加沙地带后，与以色列的紧张关系破坏了加沙电站的正常运转。2006年，加沙电站的变压器在以色列空袭中损坏，2007年8月在欧盟的资助下得以修复并重新运转。以色列经常关闭加沙地带通往外界的货物口岸，导致电站燃料供应短缺，时常停止运转。由此加沙地带不得不缩短供电时间，甚至大面积停电。

3. 巴以电力合作

切断对巴勒斯坦的电力供应也影响到犹太人定居点的供电。虽然2000年巴以爆发大规模冲突，但双方电力部门一直在进行合作。2003年3月，在欧盟的斡旋下，以巴同意建立联合能源公司，对私营修建联合电站的可行性进行研究。当年10月，以巴双方就向巴勒斯坦供电问题达成协议，以色列电力公司原则上同意向巴勒斯坦的电力分配公司供电。这个协议是以色列国家基础设施部同巴勒斯坦能源部签订的合作项目的一部分。该项目由欧盟提供资金支持，修建从以色列内蒂沃特（Netivot）到加沙的高压线，在约旦河西岸安装变压器和一个变电站。此外，该项目还包括修建一个以巴合资的私营电站。

4. 电力债务问题

由于财政困难，巴勒斯坦长期拖欠以色列电费，遭到以色列电力公司的起诉和停电警告。巴勒斯坦当局与以色列经过长期谈判，在 2016 年 9 月 13 日签署协议，解决了存在 10 年之久的巴勒斯坦电力债务问题。巴勒斯坦累计亏欠以色列电力公司 20 亿新谢克尔（约合 5.30 亿美元）的供电费用。根据协议，巴勒斯坦当局将分 48 期偿还以色列电力公司 5.7 亿新谢克尔（约合 1.51 亿美元）。之前由以色列控制的巴勒斯坦电力市场的运营和商业管理将转交巴勒斯坦当局，由巴勒斯坦民族权力机构新设立一个专门机构负责。

第四节 商业

一 商业环境

巴勒斯坦主要是一个消费市场。近几年来，随着商品的丰富，巴勒斯坦消费者对商品质量的要求不断提高。广告对消费者的引导作用日益增强，加上当地商业广告价格相对便宜，厂商几乎利用一切传播媒介做广告。

由于冲突导致贫困率上升，整个巴勒斯坦的市场对物价非常敏感。约旦河西岸和加沙地带地理上的分割使两地商品无法正常流通，商品和服务产品供应都依赖当地市场。

巴勒斯坦尚未制定出与国际接轨的商业法规，现有的司法体系无法适应当今市场经济的需要。在建立完善的商业法律体系、为市场经济提供坚实的法律基础方面，还有大量的工作要做。

二 商业发展

1. 自治前的商业

约旦统治期间，约旦河西岸的批发零售业比较发达，约占 GDP 的 23%。1959~1966 年，约旦河西岸有 6118 家批发商店，吸纳劳动力 1.2 万人。除

1961 年外，批发零售业各年收入均高于农业。加沙地带商业在这一时期发展迅速，成为经济中比较重要的部门之一。加沙城发展为重要的商业中心。

1967 年后，约旦河西岸、加沙地带批发业销售额增长很快，但在解决就业方面没有大的进展。1969 年，约旦河西岸就业于商业、饭店和旅馆的人数有 1.3 万人，加沙地带有 1 万人，1982 年分别增加至 1.7 万人和 1.1 万人。1987 年 12 月“因提法达”爆发后，巴勒斯坦人抵制以色列商品，商人通过降低商品价格、坚持罢工时间、接纳更多工人（即使他们不需要）等方式集体参加了“因提法达”。政局动荡及以色列封锁造成被占领土经济困难，收入大幅减少，不仅奢侈品消费量降低，一般商品的销售也急剧下降。1991 年海湾战争爆发后，这种状况进一步加剧。

2. 封锁妨碍了商业发展

1994 年过渡期开始后，巴勒斯坦采取措施恢复商品供应，把确保以公平的价格对基本商品进行战略储备、避免出现囤积居奇作为经济政策之一。但商业发展受到以色列封锁政策的严重影响。封锁造成约旦河西岸市场和加沙地带市场的分离，1995 ~ 1996 年两地之间贸易额下降为原来的 20%；从 1996 年 3 月到 1997 年 6 月，200 多万巴勒斯坦人中仅有 500 人能够来往于两地之间。

流通不畅使约旦河西岸、加沙地带市场上易腐烂商品的价格波动极大。1995 年夏，约旦河西岸番茄供应量很少，价格由每公斤 2 ~ 3 新谢克尔猛涨到每公斤 10 新谢克尔，但加沙地带过多的番茄却无法进入约旦河西岸，被迫以低于成本的价格销售。1996 年春，封锁造成约旦河西岸和加沙地带商业销售额大幅下降，下降幅度在 9% ~ 90%，平均下降 57%。

3. 冲突导致商业环境恶化

2000 年巴以冲突爆发后，动荡的局势导致约旦河西岸和加沙地带商业环境恶化。以色列严格限制巴勒斯坦的交通和人员、商品流动，使约旦河西岸和加沙地带的经济和商业活动严重受阻，企业的经营、销售成本增加，资金周转不畅。运输障碍在造成大量商品积压的同时也使一些商品供应不足。冲突导致巴勒斯坦经济内需严重不足。由于家庭收入大幅减少，巴勒斯坦人对相对昂贵商品的消费下降，肉、蛋消费量分别下降 30.2% 和 21.9%。

中东和平“路线图”计划的启动给巴勒斯坦商业发展带来了希望。2003 年 7 月 1 日，阿拉伯巴勒斯坦购物中心公司（APSC）的第一家大规模超市在约旦河西岸开张。超市占地 9000 平方米，雇用约 200 名工作人员。动荡的政治形势抑制了对如此大规模购物中心的需求，为吸引更多商户租用超市摊位，阿拉伯巴勒斯坦购物中心公司将超市摊位租用费用降低 30%。

三 商业服务组织

巴勒斯坦有许多组织从事商业服务工作，如商业协会、工业和贸易协会、顾问公司等，主要从事收集市场信息、车间管理、工人培训、为投资者寻找机会等业务。主要的商业服务组织有以下几个。

巴勒斯坦贸易中心（Palestinian Trade Center） 隶属于政府的非营利性组织，也是巴勒斯坦最有影响力的贸易组织，主要关注私营部门的发展。在约旦河西岸和加沙地带都设有分支机构，拥有强大的市场网络，在政策分析、发展贸易、收集相关市场信息方面发挥着重要作用。后来与巴勒斯坦贸易促进组织（Palestinian Trade Promotion Organization）合并，致力于促进贸易和出口。2007 年 12 月，与欧盟、巴勒斯坦托运人协会签订了价值 64 万美元的协议，以促进巴勒斯坦与邻国的贸易。

拉姆安拉商业工业协会 致力于组织、保护、促进商业和工业发展，与地方和国外商业协会建立了密切的联系，尤其强调加强协会成员企业之间的业务联系。

商业仲裁中心 2002 年根据仲裁法成立，是巴勒斯坦第一家为商业企业提供仲裁和调解服务的机构。在拉姆安拉和加沙设有两个分支机构。

第五节 旅游业

一 旅游资源和设施

1. 丰富的旅游资源

巴勒斯坦旅游资源众多，悠久的历史、灿烂的文化以及优美的自然风光构成了内容丰富、特色鲜明的人文景观和自然景观。当地旅游资源分为三类：宗教圣迹、文化遗产和自然景观。巴勒斯坦是犹太教、基督教和伊斯兰教三大宗教的圣地，宗教遗迹众多，包括阿克萨清真寺、岩石清真寺、伯利恒圣诞教堂、希伯伦易卜拉欣大清真寺等，吸引了大批朝圣者。巴勒斯坦是人类文明发源地之一，历史悠久，文物古迹众多，音乐舞蹈、文学艺术、宗教传说、民俗民风等独具特色。巴勒斯坦气候宜人，地形多样，山脉、沙漠、绿洲、大海等自然景观完备，其中死海和约旦河谷是重要的自然景观。

2. 旅游基础设施

巴勒斯坦民族权力机构成立后，旅游基础设施得到一定发展。约旦河西岸和加沙地带建立了众多具有传统文化特色的文化中心和俱乐部，以及许多反映巴勒斯坦历史、人类文明、文化遗产等内容的博物馆。以色列占领约旦河西岸和加沙地带期间，不允许被占领土增建新旅馆及扩建原有旅馆。自治后，旅馆数量增多。1999 年，巴勒斯坦（包括东耶路撒冷）的旅馆达到 91 家，拥有客房 3781 间、床位 8053 个。到 2005 年 12 月，巴勒斯坦（包括东耶路撒冷）共有旅馆 125 家，但受动荡的政治形势影响，只有 77 家旅馆营业，其中约旦河西岸 64 家，加沙地带 13 家，共拥有客房 3691 间、床位 7923 个。根据巴勒斯坦中央统计局的调查，截至 2016 年底，约旦河西岸共有 125 家旅馆，拥有客房 6878 间、床位 15145 个。

二　旅游业发展概况

1. 政府重视发展旅游业

巴勒斯坦民族权力机构成立后，希望依托旅游业推动经济发展，成立旅游和考古部，积极采取措施发展旅游业。

（1）完善旅游立法。为促进旅游业持续发展，巴勒斯坦自治政府完善旅游立法和相关规定。1998 年通过的 1 号旅游法令规定，在约旦河西岸地区通用的 1965 年 45 号临时旅游法及相关规定继续有效，承认依据该法律建立的旅游机构，同时废除在加沙地带通用的 1962 年 12 号旅游法。

（2）加强旅游基础设施建设。巴勒斯坦自治政府成立后，优先考虑旅游基础设施建设。为在伯利恒举行千禧年大型庆祝活动，特地投资1.6亿美元加强基础设施建设。

（3）发展文化旅游。到巴勒斯坦的游客主要是宗教朝圣者。为使游客体验到丰富独特的巴勒斯坦社会文化，促进以宗教朝圣者为主的旅游向文化旅游发展，巴勒斯坦自治政府利用丰富的历史文化遗产大力发展文化旅游，具体措施包括开发整理文化旅游内容，开设博物馆、举办展览、培训导游，引导游客参观宗教圣地和历史古迹，参加各种文化活动，体验巴勒斯坦独特的社会文化风情。

（4）开展国际合作。1998年，巴勒斯坦政府与埃及签署旅游合作协议，以促进双边旅游业发展，内容包括：合作开展旅游从业人员培训，在考古、文物保护等领域开展技术合作与交流，等等。为支持巴勒斯坦旅游业发展，2004年阿拉伯国家旅游部长会议决定将每年的11月15日定为“巴勒斯坦旅游日”，由巴勒斯坦、约旦、叙利亚、沙特阿拉伯、阿尔及利亚等国组成专门委员会，具体落实有关事宜；由埃及向学习旅游专业的巴勒斯坦留学生提供奖学金，为巴勒斯坦举办旅游培训班。2006年1月，巴勒斯坦与约旦签署旅游合作协议，在修缮文物、保护古迹和历史遗址、文物保护专家相互交流以及共同开发研究等方面展开全方位合作。

在政府的推动下，巴勒斯坦旅游业获得相当发展。1996～2001年，游客数量增加52%，其中58%来自欧洲，14%来自以色列，7.7%来自北美。旅游业的发展创造了7460个工作岗位，吸纳的劳动力也成倍增长。1999年，伯利恒的圣诞节活动吸引了大量游客。2000年，开业的旅馆数量增长16.5%，游客人数增长5.9%。旅游业创造的就业岗位增加了46.6%。

2. *动荡的政治形势阻碍了旅游业的发展*

2000年9月巴以冲突爆发后，旅游业受到沉重打击。旅游基础设施遭到严重破坏，公路、水电网等损毁严重；一些旅馆或被以军坦克炮击，或成为以色列的军事据点，而处于隔离地区的旅馆也无法营业；汽车出租公司、饭店等大量关闭。游客大量减少，旅游业收入急剧下降。2000年10月以前，杰里科的“绿洲俱乐部”每天有3000人光顾，年收入1.1亿美元。受冲突影响，俱乐部在当年11月关闭。著名宗教圣地伯利恒的游客人数骤降，千禧年圣诞庆祝活动被迫取消。冲突爆发前，伯利恒每月接待游客9.1万多人，而2004年每月还不到7500人，游客出于安全考虑也大多选择以色列旅馆。虽然如此，2004年前往巴勒斯坦的游客人数有明显恢复，2006年达到15.18万人。

随着政治形势好转，前往巴勒斯坦的游客日益增多。2010年，共有460万人次到巴勒斯坦旅游，其中国外游客220万人次，国内游客270万人次。2012年第四季度，有15万名游客入住约旦河西岸旅馆，其中40%为欧洲人，9%来自美国和加拿大。2016年，约旦河西岸旅馆入住率为21%，比2015年低8个百分点；共有448247名旅客入住当地旅馆，其中28%来自欧盟国家，11%是巴勒斯坦人，9%来自美国和加拿大。

巴勒斯坦民族权力机构和以色列旅游部成立了联合委员会，在旅游业领域进行合作，但合作并不顺利。由于以色列控制着巴勒斯坦边境，巴勒斯坦旅游部吸引国际游客的措施受到以色列的阻碍。加沙地带被哈马斯控制后，遭到以色列的严密封锁，普通游客无法进入，当地旅游业遭到毁灭性打击。

除受政治形势影响外，历史文化遗迹的维修和保护以及旅游基础设施建设等也是旅游业发展面临的重要问题。

第六节　交通与通信

根据《约旦河西岸和加沙地带过渡协议》的规定，巴勒斯坦自治政府负责犹太人定居点和军事设施之外（不包括东耶路撒冷）的基础设施建设。1995～1998年，近60%的公共投资项目是基础设施建设，总额约为7.67亿美元。但是，持续的巴以冲突破坏了很多由援助资金修建的基础设施，致使捐赠者不愿意在巴以达成协议之前提供资金修复遭到破坏的基础设施。

一　公路

约旦河西岸和加沙地带没有铁路，一切运输全靠公路、汽车完成。1967年前修建的公路网由2条南北通道和4条东西通道组成，路况糟糕。

连接犹太人定居点和以色列城市的现代公路往往绕过巴勒斯坦村镇。1994～1999年，外界共援助交通部门1.28亿美元，修筑了264公里的新公路，维修了939公里的受损公路。1998～2000年，巴勒斯坦民族权力机构在约旦河西岸投资1.176亿美元，兴建了163个公路项目；在加沙地带投资0.176亿美元，兴建了20个公路项目。

2000年巴以冲突爆发后，交通建设陷入停滞。据巴勒斯坦中央统计局统计，除以色列修建的连接犹太人定居点的公路外，2006年约旦河西岸和加沙地带公路共计5146.9公里。2009年后，道路等基础设施建设有所恢复并得到一定发展。截至2016年底，约旦河西岸公路总长达3297.4公里。

截至2016年底，约旦河西岸拥有牌照的机动车共616270辆，其中私家车占77.9%，卡车和商用车占14.4%，出租车占4.5%，农用拖拉机占0.4%，其他车辆占2.8%。[①] 公共汽车和出租车是公路客运的主要力量。公共汽车公司属于私营企业，汽车陈旧。出租汽车公司是股份制企业。2016年，巴勒斯坦共有11956辆汽车投入运营，其中约旦河西岸8737辆，加沙地带3219辆。这些车辆中，公共汽车占88.0%，私家车占9.1%，货运车辆占2.9%。交通运输业吸纳就业人员12656人，其中约旦河西岸9376人，加沙地带3280人。[②]

公路交通受到以色列检查站的制约。即使在道路开放时期，经过阿伦比桥和达米亚桥（Damiya）到约旦的客货运汽车都要经过以色列的安全检查站。阿克萨起义爆发后，封锁把约旦河西岸分成64个小区，加沙地带在2005年以色列撤出之前被分成三部分，人员无法往来于各地区之间，也无法到达工作地点。货物运输不得不选择绕远的低等级公路或小道，运输成本也成倍增长。自2004年初开始，封锁有所放松，部分检查站被撤销。但一旦以色列认为遭到巴勒斯坦人攻击的危险增加，就又会强化封

① Palestinian Central Bureau of Statistic, "Transportation and Communications Statistics inPalestine: Annual Report, 2016," July, 2017.

② Palestinian Central Bureau of Statistic, "Transport Survey-Outside Establishments Sector 2016: Main Results," 2017.

锁，加强道路控制。联合国人道主义事务协调办公室2007年3月底发布的数据表明，包括检查点、路障在内，约旦河西岸共有各种交通障碍549个。2007年以后，以色列再次加强道路封锁，新增600多个检查站或关卡，并限制巴勒斯坦人可使用公路的数量。

二　铁路

英国委任统治时期，巴勒斯坦建有地区铁路及通往埃及的铁路，但分别在1948年巴勒斯坦战争中和1967年以色列占领后遭到破坏。计划投资1200万美元修建一条总长8公里的铁路，以连接加沙与埃及和以色列的阿什杜德（Ashdod）港，运输货物和运送巴勒斯坦工人往返以色列。但动荡的局势使这个计划充满了不确定性。

三　航空

巴勒斯坦民航机构组建于1996年，下属巴勒斯坦航空公司现有飞机3架，可以飞往7个国家，其中大部分是邻近国家。加沙国际机场是巴勒斯坦自治区唯一的机场，耗资6000万美元修建，可起降波音747大型飞机，年进出港旅客70万人次。1997年4月，加沙国际机场正式开放，但以色列以安全为由禁止使用。1998年10月达成的《怀伊协议》允许加沙机场开放，并计划在当年11月安排飞往埃及和约旦的航班。2000年5月，巴勒斯坦政府和欧盟达成协议，由欧盟提供2380万美元，修建加沙国际机场航空货运设施。但巴以冲突的爆发使这项建设被迫停止。2000年10月后，以色列关闭加沙机场，并在2001年破坏了加沙机场的跑道和一些建筑物。重修机场估计需要2000万美元。2003年，巴勒斯坦自治政府交通部长公布了巴勒斯坦航空公司私有化计划。然而，当年8月再次发生的冲突及机场大范围受损使这项计划的实施变得遥遥无期。

四　加沙港

《约旦河西岸和加沙地带过渡协议》提出在加沙城修建一个港口。2000年4月，巴勒斯坦自治政府和欧洲加沙开发集团（European Gaza

Development Group）签订价值6200万美元的港口修建合同。港口计划占地2万平方米，设计年吞吐货物量100万吨。由于冲突的爆发，这个计划被迫停止。

五 邮政

巴勒斯坦自治政府在约旦河西岸和加沙地带开设邮政服务。受政治形势影响，邮政发展缓慢，服务网点稀少且分布不均，邮递业务仅限于信件和小包裹，禁止邮寄大包裹。大包裹只能在耶路撒冷通过以色列邮政系统邮寄。巴勒斯坦内部的邮递业务耗时较长，挂号邮件从耶路撒冷到加沙一般需要三周时间。约旦河西岸和加沙地带不直接通邮，所有邮件必须经以色列才能寄出。寄往阿拉伯国家的邮件，约旦河西岸通过约旦直接邮寄，加沙地带则通过埃及邮寄。发往其他国家的大部分邮件也须经过以色列邮寄，信件和小包裹一周即可邮寄至欧洲，到美国和加拿大则需要10天。

2016年，约旦河西岸共收到680031份国际邮件，平均每月56669件，其中平信占59.5%，印刷品占7.9%，挂号信占17.6%，其余15.0%为快件、包裹、电报等。

1994年8月15日，巴勒斯坦自治政府邮电部发行第一套邮票《巴勒斯坦旗帜》，全套5种，票图都是巴勒斯坦国旗，邮票铭记为英文、阿拉伯文的“巴勒斯坦民族权力机构”。1999年2月，巴勒斯坦自治政府发行《中东和平协议》（小型张），票图是1998年10月23日阿拉法特和美国总统克林顿签署《怀伊协议》。截至1999年底，巴勒斯坦已经发行38套144种邮票和小型张。①

六 电信

1. 概况

巴勒斯坦自治区电信基础设施薄弱，当地电信公司几乎完全依赖以色列的基础设施，面临以色列电信公司竞争。约旦河西岸和加沙地带通信需

① 徐金德：《话说巴勒斯坦邮票》，《上海集邮》2001年第2期。

求缺口极大，1997 年电话用户只有 11 万多，制约了当地经济发展，急需投资。1999 年 3 月，国际电信联盟（International Telecommunication Union，ITU）为巴勒斯坦自治区设立的国际电话区号“970”正式生效。

巴勒斯坦的互联网业务稳步发展。2004 年，只有 9.2% 的家庭使用互联网，到 2006 年则上升至 15.9%，实际互联网用户可能更多。截至 2016 年底，使用电话线上网（ADSL）的用户总数达到 320500 万户，其中约旦河西岸 226855 户，加沙地带有 93645 户。

巴勒斯坦网民数量庞大，是阿拉伯世界中网民比例最高的国家之一。当地无线网络发达，无论是在政府办公大楼、电信公司营业厅还是在宾馆、餐厅、咖啡馆，都有免费无线网络覆盖。

2. 巴勒斯坦电信公司与固定电话业务

私营企业巴勒斯坦电信公司“帕尔特”（Paltel）1995 年 5 月从巴勒斯坦政府获得 10 年的固定电话经营执照和 20 年的移动通信经营合同，垄断了 2007 年之前的固定电话业务和 2006 年底之前的移动电话业务。然而，由于巴以冲突导致的贫困增长及维修损毁电信基础设施带来的沉重负担，破除电信部门的垄断尚需时日。1998 年，“帕尔特”与瑞典爱立信公司签署价值 4000 万美元的合同，安装全球定位移动通信网（GSM）。2001 年底，固定电话用户为 29.2 万多户。2006 年底，固定电话用户比 2005 年底的 337025 户有所下降，但也有 321999 户，占居民人数的 8.7%，约 50.8% 的家庭拥有固定电话。[①] 2016 年底，巴勒斯坦主要电话线路总数达 43.2 万条。

3. 巴勒斯坦移动通信公司与移动电话业务

巴勒斯坦移动通信公司“贾瓦尔”（Al Jawwal）成立于 1999 年，是巴勒斯坦第一家移动电话运营商。“帕尔特”拥有“贾瓦尔”65% 的股份，其余归巴勒斯坦自治政府所有。2004 年 2 月，巴勒斯坦自治政府把 35% 的“贾瓦尔”股份以 4300 万美元价格卖给“帕尔特”，使其成为巴勒斯坦固定电话、移动电话和互联网的唯一运营商。“贾瓦尔”的移动通信网覆盖约旦河西岸和加沙地带。2000 年 1 月 31 日，“帕尔特”与以色列奥瑞志电信公司正式联网，

① *Country Profile*: *Palestinian Territories 2007*, London: The Economist Intelligence, 2007, p. 28.

可相互使用信号发射网，由此其移动电话服务突破了巴勒斯坦的狭小范围。

2006 年以前，“贾瓦尔”是巴勒斯坦唯一拥有移动电话经营执照的公司。科威特国家移动通信（卡塔尔电信所有）以 35 亿美元的价格获购巴勒斯坦第二个移动电话经营执照。但根据《巴黎经济议定书》的规定，巴勒斯坦的手机频率由以色列控制，科威特国家移动通信在当地运营需要得到以色列的授权。除这两家公司外，以色列电信运营商自 20 世纪 90 年代中期就开始在巴勒斯坦开展业务。根据巴勒斯坦中央统计局的数字，2006 年底，巴勒斯坦 81% 的家庭拥有手机，其中“贾瓦尔”拥有 82.18 万用户。这意味着每 100 人中有 20.7 人拥有手机。截至 2016 年底，巴勒斯坦有 370 万手机用户。

七 信息产业

信息技术产业（IT 产业）是巴勒斯坦增长最快的经济部门，2002 年增长 25%。紧邻以色列高科技区域以及巴勒斯坦 IT 教育的发展，是巴勒斯坦 IT 业繁荣的两大因素。巴勒斯坦高等院校极为重视 IT 教育，很多大学成立了信息技术教育与研究机构，培养了大量的 IT 人才。2000 年爆发的巴以冲突对 IT 业发展并未造成严重影响。对自由流动的限制使面对面交流日益困难，这一度刺激了对信息技术产品的需求。2013 年，包括在以色列公司工作的巴勒斯坦人在内，巴勒斯坦 IT 产业从业人员达到 4500 人，主要集中在软件外包、通信技术以及装备制造领域。2010 年，IT 产业占 GDP 的比重由 2008 年的 0.8% 上升至 5%，在对外贸易中所占比重 2009 年上升 64%。

拉姆安拉和加沙是巴勒斯坦 IT 企业集中的地区。此外，耶路撒冷、纳布卢斯和伯利恒的 IT 企业也有所发展。巴勒斯坦引进了国际上流行的软件生产过程标准和软件企业成熟度等级认证标准——软件能力成熟度模型（CMM）及 ISO 国际质量体系等，这为 IT 产业的发展提供质量保障。2002 年，在中东地区最大、最成功的计算机及信息专业展示会（也是全球第三大计算机展示会）——迪拜信息技术展示会上，巴勒斯坦的信息技术产品被广泛接受。良好的 IT 业发展环境吸引了甲骨文（Oracle）、华为三康公司等国际著名企业在巴勒斯坦设立办事处或研发中心。

IT 业的发展促使巴勒斯坦信息技术协会（Palestinian Information Technology Association）于 1999 年在拉姆安拉成立，协会拥有 56 家会员公司，分别从事硬件销售、软件开发和采购、网络运营、电信、IT 教育等相关行业。协会在迪拜电脑城设立了分支机构，为该地区的会员公司提供服务。

由信息技术与通信技术相融合而形成的新技术领域——信息与通信技术（ICT）产业在巴勒斯坦也蓬勃发展起来，年均增长率达到 8%，个别年份甚至达到 50%。2008 年，信息与通信技术产业产值达到 2.5 亿美元，占巴勒斯坦 GDP 的 5%。约旦河西岸和加沙地带一些从事软件开发、工厂自动化以及信息与通信技术的企业已经与思科、微软、甲骨文、惠普、阿尔卡特－朗讯、富士通－西门子等世界著名企业建立了合作关系。部分企业还在国外设立了办事处，为海湾地区、美国、加拿大、法国、德国和韩国的客户提供服务。

位于拉姆安拉的巴勒斯坦信息与通信技术孵化器（PICTI）总投资 320 万美元，是巴勒斯坦建成的第一个技术孵化器。它是在巴勒斯坦信息技术协会的倡议和支持下建立的独立组织，得到巴勒斯坦贸易中心、巴勒斯坦电信公司（Palestinian Telecommunications Corporation）、巴勒斯坦银行公司（Palestinian Banking Corporation）和美国国际开发署（United States Agency for International Development）的联合支持。孵化器将为技术创新与开发提供更好的制度和资金支持，以促进巴勒斯坦信息与通信技术产业的振兴和可持续发展。2006 年 11 月，巴勒斯坦信息技术孵化器宣布成立孵化器基金，基金规模达到 500 万美元。这进一步促进了巴勒斯坦信息产业的发展。

第七节　财政与金融

一　财政

1. 财政收入

税收是巴勒斯坦自治政府的主要财政收入。根据 1994 年《巴黎经济议定书》的规定，巴勒斯坦征收直接税和税率在15%～16%的增值税；以色列在本国口岸对运往巴勒斯坦的物资征收关税，再移交给巴勒斯坦政府；以色列代替巴勒斯坦政府向在以就业的巴勒斯坦人征收所得税，并有权保留25%，但巴勒斯坦人缴纳的医疗保险费全部交给巴勒斯坦政府。以色列和巴勒斯坦财政部代表每月会晤，就向巴勒斯坦政府移交的税款数额达成协议。巴勒斯坦对进口依赖严重，这些进口大部分通过以色列进行。因此，以色列转交的代征税款就成为巴勒斯坦政府的主要财政收入，如果不算国际援助，其占总财政收入的60%以上。1999年，以色列移交的代征税款就占巴勒斯坦财政收入的63%。

地方政府财政收入一般来自中央政府拨款、地方税收以及水电使用费等。地方政府财政相对独立，可以独立制定预算。2000年，约旦河西岸和加沙地带140个城市的年度经常性预算总计1.3亿美元，约占中央政府预算的11%。

以色列代征税款的转交受巴以关系影响。2000年9月巴以大规模冲突爆发后，以色列借口巴勒斯坦政府用移交税款资助恐怖袭击，自当年12月起拒绝移交此款项。到2001年12月底，扣留税款达5.07亿美元，并继续以平均每月将近2900万美元的速度增加。2002年初，以色列政府开始用此扣款支付其所声称的巴勒斯坦政府欠以色列电力公司的债务。经济形势的恶化使巴勒斯坦国内税收大量减少。2000年9月冲突爆发初期，巴勒斯坦自治政府月平均财政收入减为4500万美元，只有2000年前三季度月平均数的一半。[①] 2001年，巴勒斯坦自治政府的财政收入减少76%，陷入困境。

由于2003年政治形势好转以及以色列移交的代征税款增加，巴勒斯坦政府财政收入增加。2002年底，为缓解巴勒斯坦的人道主义危机，以色列在美国的压力下恢复向巴勒斯坦自治政府移交代征税款，同时继续移交2000年底至2002年底所扣留的税款。截至2003年底，大部分扣款移交完毕。另外，燃油税的提高也极大地增加了财政收入。2003年，自治

① *Country Report*: *Israel & Palestinian Territories*, *2002*, London: The Economist Intelligence Unit, 2002, p. 85.

政府接管巴勒斯坦石油委员会（Palestinian Petroleum Association），改革石油管理政策，提高石油产品价格，使7~10月的税收大幅增加。2004年，由于财政部实施改革，扩大了课税基础，财政收入达到9.63亿美元，比2003年增长25%左右；巴勒斯坦投资基金的收入也达到6000万美元，比2003年增加了近一半。在此基础上，2005年经济形势进一步好转，财政收入达到14.22亿美元。2006年哈马斯上台后，以色列从3月起完全停止向巴勒斯坦自治政府移交代征税款，巴勒斯坦自治政府财政状况迅速恶化。2007年7月，随着哈马斯政府解散及紧急政府建立，以色列恢复移交代征税款。

2008~2014年，以色列转交的税款和巴勒斯坦自治区内的税收都保持增长。但2007年以后，巴以关系持续紧张，以色列经常利用税款移交问题向巴勒斯坦当局施压。在法塔赫与哈马斯寻求内部和解过程中，一旦双方达成协议，以色列就拒绝转交税款。在巴勒斯坦申请加入联合国时，以色列也以扣留税款作为报复。2012年，巴勒斯坦获得联合国观察员国身份，以色列以扣留应转交给巴勒斯坦自治政府的税款作为回应。2014年12月，由于巴勒斯坦申请加入国际刑事法庭，以色列再次延迟转交税款。

2015年，约旦河西岸居民在以色列就业的机会增加，巴勒斯坦国内经济也增长强劲，财政总收入比2014年增长10.2%，达到114.952亿新谢克尔，但由于外部援助减少，实际财政收入为145.999亿新谢克尔。

2. 财政援助

国际社会提供的预算支持是巴勒斯坦财政收入的重要来源。当以色列拒绝转交税款时，国际援助在一定程度上缓解了巴勒斯坦自治政府的财政困境，帮助巴勒斯坦维持了最低限度的公共服务，解决了拖欠公务员工资问题，避免了当地经济完全崩溃。

根据巴勒斯坦计划部公布的数据，从1980年1月至2005年5月，国际社会共向巴勒斯坦提供60.5亿美元援助，实际支付44亿美元。在巴以冲突最激烈的2001年，国际社会为巴勒斯坦自治政府提供了5.32亿美元的财政援助。2002年，财政援助有所减少，只有4.47亿美元。2003年，巴勒斯坦政府财政状况好转，国际社会提供的财政援助只有2.19亿美元。2004年，财政援助略有增加，达到3.61亿美元，但仍然不到预算数量的一半。虽然有国际社会的资金支持，但只要以色列停止移交代征税款，巴勒斯坦自治政府的财政就会陷入困境。2006年3月以色列停止转交税款后，巴勒斯坦自治政府依靠阿拉伯国家的捐款甚至个人的捐款才得以支付2006年和2007年上半年政府雇员工资。

哈马斯上台后拒绝承认以色列，拒绝放弃暴力，拒绝接受巴以业已签署的协议，受到国际社会的经济制裁。对巴勒斯坦自治政府的任何正式资金支付都要受到美国、欧盟、联合国及俄罗斯中东问题有关四方的限制，这也影响到通过国际银行系统进行的资金支付计划。为此，2006年6月中东问题有关四方建立国际临时援巴机制，以便于不通过巴勒斯坦自治政府就能够对公共部门进行援助。第一阶段通过国际临时援巴机制转交了1.44亿美元，其中1200万美元直接交付社会服务部门中由世界银行和欧盟管理的专门基金。2006年下半年，欧盟通过国际临时援巴机制每月向巴勒斯坦支付77万美元。2007年，国际临时援巴机制向巴勒斯坦提供援助5亿多欧元，欧盟援助巴勒斯坦10亿欧元。

自2008年以来，巴勒斯坦民族权力机构一直在实施“2008～2010年巴勒斯坦改革与发展计划”中的一系列政策，努力通过改革改善收税机制，增加收入，限制支出，巩固公共财政，从而减少对捐助者的结构性依赖。但在减少对外部援助的依赖方面进展甚微，外援在预算中仍占有重要地位。

2008年后，国际援助总量持续下降。2012年，巴勒斯坦当局收到35.866亿新谢克尔的国际援助，其中29.856亿新谢克尔为财政援助；2015年为31.047亿新谢克尔，比2014年下降29.5%，其中27.572亿新谢克尔为预算支持，其余为发展援助。

3. 财政支出

政府雇员工资是巴勒斯坦自治政府的主要财政支出之一，1999年占财政支出的58%。2000年9月阿克萨起义爆发后，财政困难使政府难以及时支付工资，机构的不断膨胀也导致工资支出超出预算。从2002年12

月至2003年9月，公务员增加2108人，安全部门人员增加3057人，政府雇员达到13万人。2003年6月，安全部门人员的工资增加了8%，其他部门公务员的工资也有所增加。2005~2006年，工资支出占财政支出的61%。2006年，工资支出比2005年增长20%，这一方面是由于工资上涨，另一方面也是因为公共部门人员增加。

哈马斯上台后，公务员数量大幅增加。2006年底，公共部门雇员达到15.78万人，比1999年增长60%。单是工资一项就超出了政府的财政收入，即使算上以色列的代征税款也不够。2007年6月法耶兹领导的紧急政府成立后，为减少财政开支，解雇了2万名2005年以后主要由哈马斯雇用的职员。

以色列转交税款的不确定及国际援助数量的波动，增加了巴勒斯坦民族权力机构财政管理的难度。财政支出偏重于安全及其他非生产性领域，也会限制政府支持经济发展的能力。为此，巴勒斯坦民族权力机构一直努力削减公共部门的工资支出。2008年以后，工资占财政支出的比例一直稳定在50%左右。2015年，工资支出占财政支出的48.9%，其中安全部门人员工资约占工资总额的44.6%，教育部门人员工资约占27.6%，卫生部门人员工资约占9.6%。

巴勒斯坦自治政府也大幅削减非工资支出。2003年，平均每月非工资支出低于预算水平900万美元。中央和地方的公共事业开支也大幅削减。自2000年9月起，大部分地方政府开支削减20%，主要是减少市政服务、减少基础建设投资。由此加沙的垃圾由过去的每日收集一次改为两周甚至几周收集一次。2004年，由于失业救济等社会项目的开展，非工资现金支出增长约20%。

除预算支出外，政府不得不替地方政府垫付公共开支、偿还欠以色列公司的债务。2003年上半年，平均每月借出款项为4300万美元，8月将近5200万美元。财政部尽力减少对私营部门的欠款。巴勒斯坦自治政府利用以方移交的扣留税款偿还了1.3亿美元的欠款。但新的欠款又累积起来，主要是养老金及公共服务资金。

2015年，巴勒斯坦政府实际总支出139.932亿新谢克尔，比2014年增长

8.8%，其中工资支出68.37亿新谢克尔，非工资支出51.733亿新谢克尔。

4. 财政赤字

巴勒斯坦自治政府财政赤字居高不下。冲突爆发前，国际货币基金组织估计，巴勒斯坦自治政府2000年财政赤字为3600万美元，约占GDP的0.7%强。冲突使当年的财政赤字比预计高出55%。据世界银行统计，2001年财政赤字达到8.20亿美元，占GDP的20%强。2002年上半年，月均财政赤字达1500万美元，拖欠款项总计5.27亿美元。[①] 2004年，财政赤字达到5.48亿美元。

高额财政赤字使巴勒斯坦自治政府不得不依靠借贷、拖欠供应商资金、推迟发放养老金和工资来维持。自治政府从国内银行贷款维持每月的部分开支，包括支付雇员工资。截至2003年10月底，自治政府在国内银行贷款的总额高达1.47亿美元。2007年8月，巴勒斯坦自治政府公布的2006年和2007年临时预算显示，2006年政府财政陷入困境。由于以色列停止转交代征税款，2006年政府预算赤字估计为8.64亿美元。地方政府财政赤字也在增加。世界银行估计，冲突爆发后，地方政府每月的财政赤字占其缩减后预算的10%～15%。据国际货币基金组织统计，2007年巴勒斯坦自治政府的预算赤字占GDP的28%。

巴勒斯坦财政赤字与国际援助数量密切相关。2005～2008年，虽然巴勒斯坦当局的预算赤字持续增加，但由于国际援助大幅增加，最终财政赤字逐渐缩小。2006年、2007年和2008年，巴勒斯坦财政出现盈余，其中2008年财政盈余占GDP的4.4%。2009年，由于国际援助大幅减少，预算赤字增加。为此，巴勒斯坦自治政府采取了一系列措施来增加国内税收。2010年后，巴勒斯坦自治政府实际财政赤字（不计入国际援助）不断减少。2013年、2014年和2015年，在计入国际援助后，巴勒斯坦财政再次出现盈余。

2015年，巴勒斯坦财政赤字为27.625亿新谢克尔，比2014年减少

① *Country Report*: *Israel & Palestinian Territories*, *2003*, London: The Economist Intelligence Unit, 2003, p. 52.

5.1%。计入国际援助后出现盈余，达到3.422亿新谢克尔，约占GDP的0.7%。

5. 政府债务

巴勒斯坦自治政府2003年的预算显示，2002年政府公共债务达到12亿美元，而2000年底则只有7.624亿美元。增加的公共债务大部分属于紧急需要和财政援助贷款。这些贷款虽然享有优惠的利率、较长的宽限期和还款期，但并不直接创造可持续收入和就业机会。因此，迅速增加的外债仍给巴勒斯坦自治政府带来一定压力。在巴勒斯坦政府的外债中，欠阿盟成员国的超过30%，欠世界银行的占27.5%，欠欧盟机构“欧洲投资银行”的占12%，欠西班牙的占10%。

2008~2012年，公共债务总量基本略高于国内税收总量（不计国际援助），占政府总收入（计入国际援助收入）的比例不断提高。2008年，公共债务占总收入的40%左右，2012年则达到80%，这说明这一时期巴勒斯坦财政极度依赖国际援助。

地方政府债务占政府公共债务的一半左右。2015年底，由于地方政府债务增加，自治政府的公共债务比2014年增长14.5%，达到25.372亿美元，相当于GDP的20%。其中，外债减少，为10.707亿美元，约占政府公共债务的42.2%。

6. 财政改革

阿克萨起义爆发前，就有捐助国指责巴勒斯坦财政缺乏透明度、存在腐败、管理不善。国际货币基金组织和捐助国自20世纪90年代中期就呼吁巴勒斯坦自治政府让财政部直接管理收支。美国和以色列也指责巴勒斯坦自治政府利用财政支持针对以色列的袭击活动，向其施压，要求提高财政透明度。在内外压力下，2002年巴勒斯坦自治政府公布改革计划，开始进行一系列改革。

2003年初，财政部部长法耶兹在向议会提交当年财政预算时保证加强财政管理、根除腐败、提高透明度。当年发布了巴政府资产报告，并从2003年起建立预算执行情况公开报告制度。财政改革的关键内容就是在2004年将分配给总统办公室的预算减半，大部分资金改为直接交付有关社会部门。2005 年，法耶兹建立了单独财政账户，以加强对所有财政收入的控制。这样，每月都可以公布经过国际审计公司审计的财政报告，财政管理因此得到很大改善，减少了腐败的机会，降低了开支。为减少腐败，自治政府还采取了其他几项措施，包括利用法律规范所有政府部门的采购；通过银行直接发放所有安全人员的工资，改变了之前直接发放现金的做法；政府所有的商业和投资活动都通过巴政府建立的投资机构巴勒斯坦投资基金进行。这些财政改革措施在一定程度上提高了国际捐助者对巴勒斯坦自治政府的信任。为此，2004 年 4 月，世界银行建立公共资金管理改革信托基金，以寻求更多的捐助资源支持巴勒斯坦自治政府。

改革及捐助国的监督极大地提高了巴勒斯坦财政的透明度，减少了腐败。2006 年初，世界银行经过评估认为巴勒斯坦财政领域的营私舞弊现象已经消失，透明度水平与以色列相当，达到了世界标准。[①] 然而，这些改革没能在 2006 年继续实施下去。哈马斯上台后，由于国际社会的经济制裁，行政几乎陷于瘫痪。国际社会尤其是阿拉伯世界增加的捐助部分抵消了以色列停止转交代征税款所导致的财政困难，但这些捐助大部分直接交与巴勒斯坦民族权力机构主席办公室，削弱了 2003 年以来建立的财政制度。

2007 年 6 月法耶兹领导的紧急政府成立后，积极处理经济问题，其中一个重要的优先事项就是恢复良好的财政管理。哈马斯政府解散后，国际社会也解除了经济制裁，国际捐助者开始继续支付援助资金。约旦河西岸规划的一些长期项目，如改善基础设施、提高小企业活力，也得到恢复。财政部也有充足的资金支付公共部门人员的工资。国际资助的恢复使巴政府能够再次开始制定经济政策，并逐渐重新开始改革，通过恢复单独财政账户重建财政管理制度。

2007 年 12 月巴黎捐助国大会召开之前，巴勒斯坦财政部和计划部向特别联络委员会（Ad Hoc Liaison Committee）递交了三年改革计划，即“2008 ~ 2010 年巴勒斯坦改革与发展计划”。三年改革计划指出了巴勒斯

① *Country Profile*: *Palestinian Territories 2007*, London: The Economist Intelligence Unit, 2007, p. 34.

坦自治政府在政策制定、计划和预算方面的弱点，列出了解决经济发展问题的全面的国家政策日程。稳定财政是主要目标之一，集中于控制政府开支。为此，巴勒斯坦自治政府采取措施控制现金支出，冻结工资增长，限制公共部门就业人数的增加，在关键的社会服务部门每年只允许新增3000个职位。计划评估了巴勒斯坦自治政府财政自给能力，包括未来三年对外部支持的需求。从计划中可以看出，在可预见的将来，巴勒斯坦政府还将依赖外部财政的支持。此外，计划还包括促进经济增长的详细措施、复兴私营部门、创造就业等内容。“2008～2010年巴勒斯坦改革与发展计划”获得了巴黎捐助国大会的支持，参加大会的90多个国家和国际组织同意捐助74亿美元。

为满足巴勒斯坦改革与发展计划的需要，欧盟在2008年2月建立了巴勒斯坦援助管理机制（PEGASE），取代国际临时援助巴勒斯坦机制，作为援助巴勒斯坦的渠道。欧盟委员会2008年承诺捐助的4.4亿欧元将通过这一机制支付。这些资金为巴勒斯坦自治政府的经常性开支提供了预算支持，也为发展项目提供了资金。2008年2月和3月，巴勒斯坦援助管理机制支付了巴勒斯坦自治政府7.4万名公务员的工资，共4800万欧元。此外，世界银行建立了巴勒斯坦改革与发展信托基金，与巴勒斯坦援助管理机制进行合作，为那些不能直接向巴勒斯坦单独财政账户提供资金的捐助者提供渠道，资助巴勒斯坦改革与发展计划。巴勒斯坦改革与发展信托基金每个季度都对巴勒斯坦改革与发展计划实施情况进行评估，合格后才支付相关资金。

二　金融

1. 货币

巴勒斯坦至今没有自己的货币，使用以色列货币新谢克尔（NIS）、约旦货币第纳尔（JOD）和美元。近年来，巴勒斯坦试图减少对以色列货币的依赖。由于外贸和税收大部分依靠以色列，巴勒斯坦争取货币独立性的努力不太可能取得重大进展。

2017年8月，1美元兑换0.708约旦第纳尔、3.56以色列新谢克尔

（见表 4－1）；1 以色列新谢克尔兑换 0. 1991 约旦第纳尔。以色列新谢克尔对全球大多数货币保持强势，这将削弱巴勒斯坦出口商品的竞争力。

表 4－1 约旦货币第纳尔和以色列货币新谢克尔与美元汇率变化情况

	1999 年	2003 年	2006 年	2012 年	2017 年 8 月
约旦第纳尔/美元	0. 709	0. 709	0. 709	0. 710	0. 708
以色列新谢克/美元	4. 14	4. 55	4. 41	3. 86	3. 56

资料来源：IMF，*International Financial Statistics*；Israeli Central Bureau of Statistics，*Monthly Bulletin of Statistics*。

2. 银行

根据《巴黎经济议定书》的规定，巴勒斯坦金融管理局（Palestine Monetary Authority，PMA）于 1994 年底成立，作为中央银行，在确定金融政策、进行外汇储备、管理外汇交易、调控和监督各银行活动方面起着主导作用。1997 年，巴勒斯坦立法委员会颁布《巴勒斯坦金融管理局法》，规定了巴勒斯坦金融管理局的职能、目标以及董事会组成、董事长职权等，明确了它与巴勒斯坦民族权力机构及约旦河西岸和加沙地带银行的关系。由于没有发行货币，巴勒斯坦金融管理局作为巴勒斯坦的银行监管机构，几乎无法控制利率。当地利率受以色列利率影响。

1967～1980 年，巴勒斯坦没有银行系统。1993 年《奥斯陆协议》签订后，一些约旦人、巴勒斯坦人及外资银行在约旦河西岸和加沙地带开设银行或恢复原有分支机构。2005 年，巴勒斯坦自治区共有银行 22 家，其中本土银行 10 家，共有 63 家分支机构；外资银行 12 家，共有 74 家分支机构。成立于 1960 年的巴勒斯坦银行（Bank of Palestine P. L. C）是最大的本土银行。巴勒斯坦银行在 1967 年被以色列占领军关闭，1981 年恢复营业，但只在加沙有一家支行。2003 年，巴勒斯坦银行的支行扩展为 19 家，成为当地最大的支行网络。约旦河西岸和加沙地带有 10 家约旦银行，这些银行共有 61 家支行，在巴勒斯坦银行系统中具有重要地位。3 家约旦银行——阿拉伯银行（Arab Bank）、开罗－阿曼银行（Cairo Amman Bank）、约旦银行（Bank of Jordan）主导着巴勒斯坦的金融活动。其中，阿拉伯银行吸纳的存款占当地储蓄总额的45.4%，其次为开罗－阿曼银行，吸纳了储蓄总额的16.7%，约旦银行吸纳了储蓄总额的9.1%。3家银行发放的贷款超过当地贷款总量的一半。

到2017年3月底，巴勒斯坦的银行数量减少到15家。其中，本土商业银行4家，分别是巴勒斯坦银行、巴勒斯坦投资银行（Palestine Investment Bank）、圣城银行（Al Quds Bank）、国家银行（The National Bank）；本土伊斯兰银行3家，分别是阿拉伯伊斯兰银行（Arab Islamic Bank）、巴勒斯坦伊斯兰银行（Palestine Islamic Bank）、萨法银行（Safa Bank）；外资商业银行8家，分别是阿拉伯银行、开罗－阿曼银行、约旦银行、约旦科威特银行（Jordan Kuwait Bank）、约旦阿里银行（Jordan Ahli Bank）、埃及阿拉伯土地银行（Egyptian Arab Land Bank）、贸易金融住房银行（The Housing Bank for Trade & Finance）、约旦商业银行（Jordan Commercial Bank）。这些银行共有313个分支机构、雇员6547人。此外，巴勒斯坦还有6家专业贷款机构，开设有82个分支机构。

银行业务主要限于建立活期账户接收存款，尤其是不带息账户。1996～1999年，银行系统得到快速发展。由于贷款风险较高，即使在冲突爆发前巴勒斯坦银行系统中的贷款与存款比例也是中东地区最低的。1998年，巴勒斯坦金融机构要求银行提高贷款与存款比例，到年末至少达到40%。1999年，平均贷款与存款比例从1997年中期的29.1%增加到30.7%。但2000年爆发的巴以大规模冲突导致银行贷款与存款比例降低，2002年12月尚不足26%，而中东和北非地区的贷款与存款比例平均约为80%。

2000年爆发的冲突使巴勒斯坦银行业遭到沉重打击。许多家庭由于收入减少，不得不变卖资产、延期支付账单或借款，近40%的家庭取走了银行存款。巴勒斯坦金融管理局的统计数据显示，2002年9月，银行存款从2000年同期的37.2亿美元下降到34亿美元，降低8%。但2002年3月以后到处传言以色列士兵搜查民房时偷窃现金，银行因此成为安全的现金保管处，存款下降的趋势得到扭转，年末银行存款恢复到冲突前水平。相比之下，同期银行的贷款额则由15亿美元降至9.54亿美元。随着巴勒斯坦经济的发展，银行存款和贷款都大幅增加。2017年3月，银行

存款总额达到123亿美元，信贷总额为71亿美元

巴以冲突以来，许多公司无法偿还银行贷款，由此产生的不良贷款使商业银行损失惨重。巴勒斯坦银行公司贷款的偿还率从1999年的95%降至2002年9月的60%。为防止坏账进一步增加，部分银行甚至停止在巴勒斯坦营业。继续营业的银行加强了信贷管理，缩减对除公共事业以外的经济部门的贷款。

2003年，受经济形势好转影响，银行业务增多，巴勒斯坦银行的金融资产报告称当年赢利477万美元，扣除税收后净利润为248万美元，是2002年139万美元的一倍多。约旦银行巴勒斯坦支行的资产从2002年的21.57亿约旦第纳尔（30亿美元）增加至23.11亿约旦第纳尔，增幅超过7%。2017年3月，巴勒斯坦银行总资产达到145亿美元。

3. 证券业

证券业由包括巴勒斯坦证券交易所和存管中心、公共股份公司、巴勒斯坦证券交易所成员证券公司、金融专业人员和投资基金在内的多个部门组成。巴勒斯坦资本市场管理局根据2004年13号《资本市场管理法》对证券业进行监管。

巴勒斯坦证券交易所（Palestine Securities Exchange）是私营股份公司，成立于1995年初，总部设在纳布卢斯，在拉姆安拉设有分部。巴勒斯坦证券交易所是阿拉伯世界第一家完全实现网络交易的证券交易所，1997年2月进行首次交易。设立交易所的目的是吸引资金，尤其是散居在外的巴勒斯坦人的资金，用于支持商业发展和基础设施建设，发展国民经济。巴勒斯坦开发和投资公司及巴勒斯坦烈属工厂协会（Palestine Martyrs Works Society，Samed）是主要投资者，在200万美元启动资金中占65%。在世界银行的帮助下，巴勒斯坦证券交易所拟定了交易规则、公司注册程序以及对付欺诈行为的法则。巴勒斯坦证券交易所对证券公司有严格的规定。在巴勒斯坦证券交易所充当经销人或经纪人的证券公司必须拥有至少300万美元的资本，且不能参加与其主要业务无关的商业行为。为避免利益冲突，银行不能充当经纪人，但可以持有证券公司股份。

取得在巴勒斯坦证券交易所挂牌上市资格的公司必须拥有9500万美

元的基本资金和10万股以上的普通股，至少拥有250个股东，每个股东最少持股400美元，同时要求至少30%的普通股通过公众股向社会发行。2005年，巴勒斯坦证券交易所上市公司达到28家，涉及制药、公用事业、电信和金融等领域。但投资者的兴趣主要集中于巴勒斯坦电信公司“帕尔特”及巴勒斯坦开发和投资公司，两家公司募集了75%的市场资本。截至2012年12月，巴勒斯坦证券证券交易所共有48家上市公司，涉及金融服务业、保险业、投资业、工业和服务业五大领域。上市公司的股票大部分以约旦第纳尔进行交易，部分以美元进行交易。

1999年5月，英国汇丰银行（HSBC）与巴勒斯坦证券交易所签订协议，为外国投资者提供全面的托管和结算服务。1999年，巴勒斯坦证券交易所的股票价格指数上升了近53%，但随后就受到2000年巴以大规模冲突的沉重打击。动荡的形势造成投资者信心不足，加上缺乏其他收入，很多人卖掉股票购买日常用品。2000年10月，巴勒斯坦证券交易所关闭两周。重新开放之后，每周的交易次数由5次变为3次，每日交易额由50万美元降至10万美元。2002年底，市场资本从2001年底的7.226亿美元降至5.766亿美元，交易额急剧减少，股票指数从2001年底的195点跌至151.16点。上市公司股票价格大幅下跌。巴勒斯坦电信公司股票几乎下跌27%，巴勒斯坦投资和开发公司股票下跌近28%。阿拉伯伊斯兰银行的股票虽然是最活跃的交易股票之一，但也下跌了27%。[①]

2003年，和平进程恢复的希望及巴勒斯坦自治政府提出的经济财政改革使证券市场得到一定恢复，一些重要上市公司的股票价格出现大幅增长。巴勒斯坦电信公司的股票上涨24%，巴勒斯坦开发和投资公司的股票上涨15%，国家保险公司的股票上涨61%。2004年，巴勒斯坦开发和投资公司的3家子公司——巴勒斯坦工业投资公司、巴勒斯坦塑料工业公司和巴勒斯坦家禽公司在证券交易所上市，并于1月初开始交易。

自2005年以来，巴勒斯坦资本市场管理局作为机构主管部门，对证

---

① *Country Report*: *Israel & Palestinian Territories*, *2003*, London: The Economist Intelligence Unit, 2003, pp. 57 - 58.

券行业进行监督和管理。当年，证券交易所交易额达到20.96亿美元，是1997～2004年全部交易额的两倍多。圣城指数（Al-Quds Index）在2005年首次被沙特阿拉伯主要金融咨询机构“巴希特金融顾问”（Bakheet Financial Advisers）列入阿拉伯股票市场。

哈马斯的上台使股票市场受挫，市场资本从2005年的51亿美元缩减至2006年的20亿美元。2007年第一季度，证券市场有所恢复，但五六月法塔赫与哈马斯之间的武装冲突使圣城指数大跌，12月17日，圣城指数收于512.3点，比2006年底水平下降15.3%。2007年12月中期，全部35家上市公司总市值17亿美元。2015年底，圣城指数收于532.7点，比2014年增长4.1%，上市公司总市值约为33亿美元。

4. 保险业

截至2015年底，巴勒斯坦资本市场管理局许可的保险公司有9家。这9家公司共有116个分支机构和代表处、206个代理商、10个保险/再保险中介，形成了覆盖巴勒斯坦全境的保险网络，有从业人员1156人。

保险行业的总资产/负债为3.524亿美元，收取的保费总额约为1.648亿美元。其中汽车险保费占保费总额的57.4%。汽车险是巴勒斯坦唯一的强制性保险，《交通法》禁止没有保险的汽车上路。健康险占保费总额的17.8%，工人赔偿保险占8.4%，火险占6.5%。2015年，保险公司的赔偿额为9790万美元，其中汽车险赔偿额占支付总额的52.3%，健康险赔偿额占32.7%，工人保险赔偿额占6.7%，火险赔偿额占3.9%。

5. 抵押贷款

巴勒斯坦有两家抵押贷款公司：巴勒斯坦抵押贷款和住房公司（Palestinian Mortgage and Housing Corporation），专门从事抵押贷款再融资；巴勒斯坦住房金融公司（Palestine Housing Finance Corporation），为由于借款人违约而产生的抵押贷款风险提供保险。有44名具有资质的评估师。

巴勒斯坦抵押贷款和住房公司成立于1997年，2000年6月开始运营，资本2000万美元，是股份制公司，股东包括巴勒斯坦自治政府、国际金融公司（International Finance Corporation）、德国投资和开发公司（German Investment and Development Company）及在巴勒斯坦营业的其他大金融机构，如阿拉伯银行、巴勒斯坦开发和投资公司以及约旦国家银行。通过这些机构，巴勒斯坦人可以获得为期20年的住房贷款。

据巴勒斯坦抵押贷款和住房公司统计，2000年下半年至少发放300个住房贷款，贷款数量在2001年成倍增长。但在2002年，公司只发放了100个住房贷款。公司方面解释说，主要原因是有关银行的贷款政策保守及巴勒斯坦的注册资产数量有限。巴勒斯坦自治区内约有75%的土地没有正式注册，业主无法使用房产进行贷款抵押。另外，持续的巴以冲突对财产的破坏也使人们不愿投资房地产。

2003年，巴勒斯坦抵押贷款和住房公司发放了2000个住房贷款。其中85%贷给了拉姆安拉和比拉地区的信托受益人，这两个地方的大部分资产都依法在政府进行了注册。2003年，巴勒斯坦抵押贷款和住房公司进行的住房贷款增至800万美元，而2000~2002年贷款总额只有2003年的一半。2006年哈马斯上台后，国际社会削减了给予巴勒斯坦抵押贷款和住房公司的援助，其建造新住房的业务也被迫暂停。

截至2013年底，抵押贷款行业的全部资产总计4240万美元，比2012年增长13%。

第八节　对外经济关系

一　对外贸易

外贸是巴勒斯坦的主要经济部门之一。约旦河西岸和加沙地带对外贸易完全受以色列控制，存在巨大贸易逆差。21世纪初期，约旦河西岸主要出口产品为橄榄、水果、蔬菜和石灰石，加沙地带主要出口产品是水果和鲜花，此外还有一些工业制成品。两地主要进口食品、消费品和建筑材料。随着当地产业结构升级，巴勒斯坦进出口产品也发生了变化。2015年的统计显示，在出口产品中，木材、纸张、金属制品、纺织品等基本制成品占32.9%，家具、衣服、鞋类等杂货制品占22.4%，食品和牲畜占15.4%，不含燃料的原材料占12.1%，化学品占5.2%，饮料和烟草占

5.0%；在进口商品中，矿产燃料（能源）占 32.9%，食品和牲畜占 19.8%，基本制成品占 15.8%，机械和运输设备占 12.5%，化学品占 8.7%。

1. 以色列是巴勒斯坦最重要的贸易伙伴

以色列占领约旦河西岸和加沙地带后，通过海关与关税法控制了两地的对外贸易，割断了被占领土与周边阿拉伯国家的经济联系，对被占领土从约旦等阿拉伯国家进口的工业原料课以重税，而把大批商品倾销到被占领土，使之成为本国产品的天然市场。同时，以色列政府采取贸易保护主义，只允许那些与本国企业订有合同、对本国初级产品再加工的商品进入本国市场。通过这些措施，以色列逐步取代其他国家和地区，成为被占领土最主要的贸易伙伴。

1987 年，约旦河西岸和加沙地带从以色列进口近 10 亿美元，成为仅次于美国的以色列第二大出口市场。以色列也成为被占领土商品和服务的最大市场。1982 年，对以色列出口分别占约旦河西岸和加沙地带出口总量的 53.8% 和 81.5%。1991 年，约旦河西岸和加沙地带 85% 的进出口贸易都是与以色列进行的，这个规模多年来基本没有发生变化。对以色列出口中，农产品占约旦河西岸出口的 16%，占加沙地带出口的 11%，除此之外，更多的是制成品，大部分是以色列公司转包再加工的产品，如纺织品、服装、木制品、皮革制品、地板砖等。

约旦是被占领土的第二大市场，分别吸纳了约旦河西岸 45.8%、加沙地带 15.7% 的出口。约旦河西岸对以色列、约旦之外其他国家的出口极少，只占 0.4%。由于加沙地带的主要出口产品柑橘大部分改为通过以色列出口到外部市场，对其他国家的出口所占比重也从 1971 年的 53% 骤降至 1982 年的 2.8%。

巴勒斯坦民族权力机构成立后，以色列仍控制着约旦河西岸和加沙地带的对外贸易，并在双边贸易中占据优势，巴勒斯坦贸易多元化的局面没有打开。除两地产品互相交流外，约旦河西岸产品主要出口以色列、约旦，加沙地带产品主要出口以色列和埃及。1996 年和 1998 年，巴以贸易分别占巴勒斯坦出口的 88.3% 和 96%、进口的 89.9% 和 77.2%。

2000 年以后，在以色列封锁的严重影响下，巴勒斯坦外贸对以色列的依赖加剧。2002 年，巴勒斯坦从以色列进口总额达到 11.3 亿美元。2005 年，巴勒斯坦出口 3.354 亿美元，其中对以色列出口 2.906 亿美元；进口 27 亿美元，其中从以色列进口 19 亿美元。而对阿拉伯国家的出口在巴勒斯坦出口总额中所占比重则从 1980 年的 31% 降至 7.7%。2006 年，与以色列的贸易分别占巴勒斯坦出口总量的 90%、进口总量的 74%；与美国和欧盟的贸易则分别下降了 35% 和 15%。

随着产业结构调整，巴勒斯坦出口严重依赖以色列的局面有所改善。2011～2015 年，对以色列出口占巴勒斯坦出口总量的比例均低于 90%。2015 年，与以色列的贸易分别占巴勒斯坦出口总量的 86.1%、进口总量的 70.6%。2012 年以后，对阿拉伯国家的出口占巴勒斯坦出口总量的比例基本超过 10%。2015 年，在巴勒斯坦进口中，欧盟占 9.8%，亚洲国家占 12.9%，阿拉伯国家仅有 4.5%。

2. 巨大的贸易逆差

长期处于被占领状态、薄弱的工农业基础，以及以色列对其利用自然资源的限制，导致巴勒斯坦存在巨大的贸易逆差。1987 年“因提法达”起义爆发前，约旦河西岸对以色列出口额为 1.605 亿美元，进口额为 5.807 亿美元，贸易逆差达到 4.202 亿美元。1992 年，加沙地带的贸易逆差达到 2.869 亿美元，其中同以色列的贸易逆差为 2.647 亿美元。

巴勒斯坦民族权力机构成立后，巨大的贸易逆差没有改变。1998 年，约旦河西岸和加沙地带的贸易逆差分别达到 18.39 亿美元和 7.48 亿美元。2006 年，巴勒斯坦贸易逆差达到 24.61 亿美元，比 2005 年增长 7%，出口产品价值 3.39 亿美元，是阿克萨起义爆发以来出口最多的一年；进口产品总值 28 亿美元，比 2005 年增长 6%，主要是石油和电力进口增长了 35%。

2008 年，巴勒斯坦出口比 2007 年增长 3%，总值达到 5.29 亿美元；进口增长了 20%，总值达到 38 亿美元，贸易逆差进一步扩大。2012 年，巴勒斯坦贸易逆差已经超过 40 亿美元；2015 年接近 50 亿美元，占 GDP 总量的 39.3%。随着 GDP 不断增加，贸易赤字在 GDP 中所占比例持续降低，2011 ~ 2015 年基本维持在 40% 以下。

3. 谋求外贸市场多元化

《临时自治安排原则宣言》签订后，为扩大对外贸易，减少贸易逆差，减轻对以色列的严重依赖，巴勒斯坦自治政府做出了一系列努力。1994 年 4 月，巴以双方在巴黎签署经济议定书，双方实行自由贸易，以色列和巴勒斯坦建立准关税同盟；1994 年与埃及达成贸易合作协定，解除边界限制和产地证明，创建自由转口贸易区；1995 年与约旦达成贸易协定，次年制订“促进双边贸易的关税与税收框架”；1996 年和沙特阿拉伯签署协定，获得巴勒斯坦农产品免税进入沙特阿拉伯市场的优惠。另外，巴勒斯坦自治政府还与美国、加拿大、摩洛哥、突尼斯等国及欧盟签署了贸易协定，以谋求外贸市场的多元化。2001 年 11 月，巴勒斯坦加入阿拉伯共同市场（Arab Common Market）。一旦阿拉伯共同市场建成，巴勒斯坦和其他 7 个成员埃及、叙利亚、约旦、伊拉克、也门、利比亚和毛里塔尼亚之间的资本、商品和人员将能够更容易流通，尤其是与其最大的阿拉伯贸易伙伴约旦、埃及之间。

由于以色列频繁而严厉的边境封锁政策，所有这些协议都无法很好落实。1993 ~ 1996 年，约旦河西岸和加沙地带每年有近 1/3 时间处于封锁状态。封锁使外贸形势进一步恶化，进出口都受到影响，农产品则丧失了外贸市场。

4. 冲突对外贸的影响

2000 年 9 月爆发的冲突对对外贸易产生破坏性影响。时不时的封锁及其导致的运输费用提高、生产效率降低等都削弱了巴勒斯坦产品在国际市场的竞争力。以色列军队对货物、人员流动的限制，以及流动资金的缺乏是出口面临的主要障碍。2002 年 9 月，从事出口业务的公司从冲突前的 232 家下降到 46 家。进口比出口下降得更严重。严重的经济衰退、大量的失业、上升的贫困率都抑制了进口需求。对生产者进口资金的限制也降低了进口额。以色列的封锁更加大了进口货物的难度。世界银行估计，2000 年巴勒斯坦出口总额比 1999 年下降 7%，进口总额下降 11%。与 1999 年相比，2002 年巴以贸易中，进口下降 41%，出口下降 34%。

二 无形贸易收入

巴勒斯坦的无形贸易收入主要是汇款。在以色列及其他国家就业的巴勒斯坦人的汇款填补了大部分贸易赤字。尤其是20世纪60年代后期至80年代初期，在海湾国家和以色列就业的巴勒斯坦人的汇款成为国民收入支柱之一。之后，随着以色列实际工资的降低及海湾地区就业机会的减少，汇款逐渐减少。1991年海湾战争后汇款又逐渐增多，1992年达到9.3亿美元，1992～1995年增加近2倍。1996年，由于安全形势恶化，汇款降至2.18亿美元，1998～1999年恢复至平均每年3.4亿美元。2000年巴以冲突爆发前，由于以色列经济的良好发展，汇款达到5.2亿美元。

冲突爆发后，封锁使巴勒斯坦人无法到达位于以色列及其定居点的工作地点。自2000年第四季度起，汇款急剧减少。2002年，来自以色列的汇款只有2.39亿美元，是冲突爆发以来最少的。直到2003年中期安全形势好转，来自以色列的汇款才有所恢复。除封锁及隔离墙的限制外，以色列经济不景气也影响到对外国劳工的吸纳，尤其是巴勒斯坦人大量就业的建筑部门。2004年以后，以色列经济的复苏使巴勒斯坦人的汇款增加。2007年，汇款超过3亿美元，2008年和2009年均达到4.5亿美元。2009年以后快速增加，2014年超过14亿美元，其中绝大部分来自以色列的巴勒斯坦人。

三 外国资本

巴勒斯坦脆弱的经济、不稳定的政治环境令众多投资者望而却步。封锁对经济发展造成的恶劣影响使投资者对经济发展没有信心，缺乏投资动力。2000年爆发的冲突破坏了大量利用外资修建的基础设施，正在进行的投资项目陷于停顿。2002年1月，欧盟公布了被以色列军队破坏的欧盟及其成员国的17个投资项目，损失总额达1730万欧元（折合1510万美元）。这些项目包括加沙国际机场、巴勒斯坦广播公司和加沙港等高利润工程。面对冲突的破坏，许多巴勒斯坦和阿拉伯投资者也不愿意对当地投资。2000年冲突爆发以来，外国资本对巴勒斯坦的投资都十分有限。

由于2008年底巴以冲突加剧，在巴勒斯坦投资的风险激增，外国投资规模再度下滑。

英国天然气公司与当地的联合投资公司（CCC）合作开发加沙海岸的天然气。2001年11月，英国天然气公司宣布，如果允许每年销售15亿立方米天然气，它将投资4亿美元开发加沙海岸归巴勒斯坦所有的两个天然气田。这些资金将用于修建气田基础设施及天然气销售。截至2003年7月，两家公司已经对距离加沙海岸35公里的1号天然气海井投资3500万美元，但进一步开发取决于以色列的天然气购买计划。冲突阻止了以色列的购买，也使1号井的开发陷入停滞。

阿拉伯巴勒斯坦购物中心公司（APSC）由阿拉伯巴勒斯坦投资公司（APIC）于1999年4月在拉姆安拉创建，计划在包括纳布卢斯、伯利恒、希伯伦和加沙城在内的巴勒斯坦主要城市建造并经营一系列现代化的超市及连锁店。2003年初，阿拉伯巴勒斯坦投资公司与美国国际开发署资助的巴勒斯坦企业复兴工程签订合作协议。2003年7月，该公司的第一家大规模超市在约旦河西岸城市比拉开张。超市建设总费用为102万美元，部分资金来源于海湾巴勒斯坦家族下属的阿拉伯巴勒斯坦投资公司，其余资金来自私人股东及地方银行贷款。超市于1999年4月开始建设，原计划2001年7月完工。但冲突期间以色列的封锁和入侵延误了工程建设，项目花费也成倍增长。

国家饮料公司（NBC）建立于1998年，与美国可口可乐公司签订了为期5年的特许经销权协议。公司在拉姆安拉建立了一家生产瓶子的工厂，在拉姆安拉、希伯伦和纳布卢斯修建了仓库，在加沙设立了销售和配送中心。2003年8月中旬，可口可乐公司宣布延长现有的特许经销协议。

四 外国援助

巴勒斯坦脆弱的经济生态决定了国际援助的必要性。国际社会也充分认识到援助和捐赠是中东和平进程的重要组成部分。国际援助有力地巩固了巴勒斯坦政权，极大地促进了约旦河西岸和加沙地带基础设施的重建工作，对经济发展和人们生活水平提高起到了很大的推进作用。然而，改善人力资源、加强基础设施建设、增强经济的竞争力需要大量资金。国际援助与巴勒斯坦社会和经济建设的整体需求相比，还远远不够。

1. 概况

《临时自治安排原则宣言》签署后，美国于 1993 年 10 月 1 日在华盛顿主持召开近 50 个国家和机构参加的巴勒斯坦捐助国会议。捐助者计划 5 年内筹集 24 亿美元，通过向约旦河西岸和加沙地带的巴勒斯坦人提供发展资金来支持《临时自治安排原则宣言》的实施。由于汇率变化等因素的影响，后又追加了新的款项，援助总额达到 36.5 亿美元，其中已兑现 31 亿美元，约占承诺总数的 85%。之后，陆续又有新的援款。在已支付的援助资金中，贷款所占的比例稳步增长。1996 年支付的援助资金中，贷款占 6%，到 1999 年，贷款所占比例上升到 25%。这些贷款近一半是优惠贷款，贷款期超过 40 年，利率只有 0.75%，并有 10 年的宽限期（grace period），不会给巴勒斯坦自治政府造成过重的外债压力。

自 1999 年起，国际社会停止资助巴勒斯坦自治政府的经常性开支，仅资助基本建设。2000 年冲突爆发后，为缓解巴勒斯坦自治政府的财政压力，财政援助重新开始。据世界银行统计，2000 年实际支付的外援从 1999 年的 4.82 亿美元增至 5.49 亿美元，到 2001 年增至 9.29 亿美元，绝大部分增加的资金用于援助巴勒斯坦自治政府的财政。2001 年，已支付外援的 70% 用于紧急财政资助或作为预算资金，大部分新增援助资金来自阿盟，而不是传统的主要资助者欧盟和美国。据巴勒斯坦计划部统计，从 2000 年冲突爆发到 2005 年 9 月，阿拉伯国家政府和私人组织对巴勒斯坦自治政府和巴勒斯坦非政府组织的资金援助达到 11.5 亿美元，其中沙特阿拉伯援助了一半以上的资金，科威特援助了 1/4 以上的资金。2005 年以色列撤出加沙地带后，阿联酋承诺建立基金支持加沙地带城市的发展，但 2006 年哈马斯的上台使这个计划停止。西方国家政府也在哈马斯上台后停止了援助。虽然阿盟继续为巴勒斯坦提供援助，但其成员国停止了对预算资金的援助。

为尽快缓解冲突造成的失业和贫困，援助资金被迫从长期发展项目转向就业项目。2002 年，捐助拨款额超过 15 亿美元，支付额超过 10 亿美元，但发展援助和紧急援助需求之比由2000年有利于发展援助的7∶1变为有利于紧急援助的5∶1，发展援助从2000年的8.52亿美元降为2.61亿美元，几乎降低70%，而紧急援助则从1.21亿美元增加至12.3亿美元。持续的冲突使部分援助国对基础设施重建项目态度谨慎。2003年政治形势的好转为执行发展计划创造了相对稳定的环境，发展援助总体有所增加，从2002年的1.97亿美元增加至3.55亿美元。但不稳定的政治形势时刻威胁着这种增加。

哈马斯上台后，拒绝接受中东和平有关四方提出的条件，导致大多数双边捐助者停止了对巴勒斯坦民族权力机构的直接援助。虽然阿盟继续为巴勒斯坦提供援助，但成员国停止了对巴勒斯坦预算资金的援助。由于人道主义危机，欧盟提出了一项绕过哈马斯政府，直接为巴勒斯坦平民提供援助的计划，得到中东和平有关四方的批准。2007年12月，在安纳波利斯会议之后的巴黎援助会议上，国际社会承诺在2008～2010年提供77亿美元支持巴勒斯坦改革与发展计划，后续实际支付77亿美元，其中财政援助支付15亿美元，人道主义援助支付11亿美元，援助项目支付21亿美元。

2. *主要援助者*

欧盟、美国、日本、挪威、沙特阿拉伯及世界银行是巴勒斯坦的主要援助者。1994～1998年，在巴勒斯坦收到的全部外援中，欧洲支付了62.5%，占其承诺资助额的79.2%；北美支付了14.7%，占其承诺资助额的96.3%；亚洲支付了13.0%，占其承诺资助额的98.8%；阿拉伯世界支付了8.7%，占其承诺资助额的48.5%；其他资助者支付了1.1%，占其承诺资助额的60.1%。[①] 欧盟委员会、美国和沙特阿拉伯是巴勒斯坦3个最大的援助者。2003年，三方共支付援助款5.26亿美元，分别占全部国际援助支付总额的25.4%、23%和8.3%。欧盟委员会、美国和世界银行提供的主要是发展援助。

2008～2010年的援助资金中，11%来自美国和加拿大，53%来自欧

① *Country Report: Israel & Palestinian Territories, 2002*, p. 100.

洲，20%来自阿拉伯国家。2013年，近东救济工程处共获得10亿多美元的援助，其中2.94亿美元来自美国，2.164亿美元来自欧盟，1.516亿美元来自沙特，9370万美元来自瑞典，5440万美元来自德国，5300万美元来自挪威。

（1）欧盟

欧盟在2009年以前（2006年除外）一直是巴勒斯坦最大的援助者，也是第一个直接向巴勒斯坦政府提供财政援助的援助者。1994～1999年，欧盟及其成员国共向巴勒斯坦提供16亿欧元的无偿援助和贷款，占所有国际援助的60%以上。此外，欧盟及其成员国每年向近东救济工程处划拨1亿多欧元，用于为难民提供帮助。2004～2012年，欧盟对巴勒斯坦援助总额达到38.76亿美元，平均每年援助额约为4.3亿美元。

（2）美国

美国在2009年超越欧盟成为巴勒斯坦第一大援助者，当年援助巴勒斯坦资金12亿多美元。1994～1999年每年援助7500万美元，2000年增加到1亿美元。美国援款通过非政府组织、美国代办机构及私人投资者直接投入具体项目，如水资源、社区服务、援助私营企业、开展妇幼保健、鼓励新闻独立等项目。1994～1998年，美国援助的水资源项目费用每年都超过3700万美元，1998年更是达到5800万美元。①

2003年7月，美国直接援助巴勒斯坦政府2000万美元，作为对其接受中东和平路线图及经济、政治改革成效的肯定。这是美国第一次直接援助巴政府，数额虽然不大，但标志着美国立场的重大变化。美国一直认为巴勒斯坦自治政府腐败、资金管理混乱，并赞同以色列认为巴勒斯坦政府用援助资金资助反以活动的观点。为进行此项援助，美国需要修改一项已经施行10年的相关法律。2003～2012年，美国对巴勒斯坦的援助总额达到48.75亿美元。

（3）阿拉伯国家

2000年10月，阿盟开罗特别首脑会议决定，建立金额约为2亿美元

① Israeli Foreign Ministry, *The Middle East Peace Process*, pp. 121－122.

的“耶路撒冷起义基金”和金额为8亿美元的“阿克萨基金”，用以向巴勒斯坦人民提供必要的经济援助，并委托伊斯兰发展银行负责管理。然而，阿盟只向巴勒斯坦移交了2.90亿美元的援助，由于有关方面在提高援款移交过程的透明度及承担责任等问题上发生争执，截至2001年3月底，只有800万美元真正交到巴勒斯坦民族权力机构手中。

2001年3月上旬，在开罗举行的阿拉伯国家外长会议决定，未来6个月内，每月拨款4000万美元，用于支付巴勒斯坦民族权力机构拖欠的政府官员薪水。当月下旬，伊斯兰发展银行向巴勒斯坦财政部拨款1500万美元。这笔钱是总额6000万美元分期贷款中的第一期，平均每期1500万美元的另外三期贷款也将在当年发放，它们均来自“阿克萨基金”。

2001年3月阿盟约旦首脑会议后，阿拉伯国家对巴勒斯坦的经济援助呈上升趋势。2001年，阿盟通过伊斯兰发展银行承诺援助5.77亿美元（不包括双边支持），占国际援助承诺总额的47%。

1993~2008年，阿拉伯国家对巴勒斯坦援助总额达到18.61亿美元，其中沙特阿拉伯提供的援助占43.2%。据估算，2009~2012年，阿拉伯国家对巴勒斯坦援助总额超过35.52亿美元，平均每年为8.85亿美元。

3. 国际援助管理

世界银行负责全面协调、控制对巴勒斯坦的援助。1993年10月，中东和平多边会谈程序小组成立特别联络委员会（Ad Hoc Liaison Committee，AHLC）作为国际协调机构，把美国、欧盟、日本和沙特阿拉伯等主要捐助者、巴勒斯坦自治政府及以色列政府代表召集在一起，协调政策，以求促进约旦河西岸和加沙地带的开发。特别联络委员会约每6个月召集一次会议。成员包括加拿大、欧盟、美国、日本、俄罗斯、挪威、沙特阿拉伯此外，联合国、以色列、巴解组织、埃及、约旦、突尼斯是准成员。挪威当选委员会主席，世界银行负责秘书处工作。同时，世界银行成立了巴勒斯坦顾问小组会议（Consultative Group for Palestine，CG）（见图4-1），作为所有捐助者都参加的论坛。顾问小组会议每年召开数次，由捐助者承诺捐助资金及讨论具体的项目或纲要。

1994年11月，特别联络委员会建立联合联络委员会（Joint Liaison

Committee，JLC）和地方援助协调委员会（Local Aid Co-ordination Committee，LACC）。地方援助协调委员会作为地方论坛，用于促进主要援助机构之间及其与巴勒斯坦自治政府之间的协调；由挪威、联合国特别协调办公室、世界银行共同担任主席，世界银行和联合国特别协调办公室共同承担秘书处工作，每月召开会议；成员包括巴勒斯坦自治政府和在当地设有代表的捐助机构，国际货币基金组织定期与会。联合联络委员会是讨论经济政策及有关捐助者实际事务的论坛，主要负责处理援助资金到位过程中遇到的重大障碍，查验巴勒斯坦自治政府的预算、创收以及技术援助的重点，其功能等同于特别联络委员会的一般功能；成员包括巴勒斯坦自治政府和在当地设有代表的捐助者，国际货币基金组织、日本和以色列参加会议，世界银行、联合国、美国、欧盟共同承担联合秘书处工作。地方援助协调委员会建立了12个部门工作小组（SWGs），以促进技术层面的信息共享和协调。除了这些多边机制以外，捐助者及有关机构也同巴勒斯坦自治政府进行双边协商。

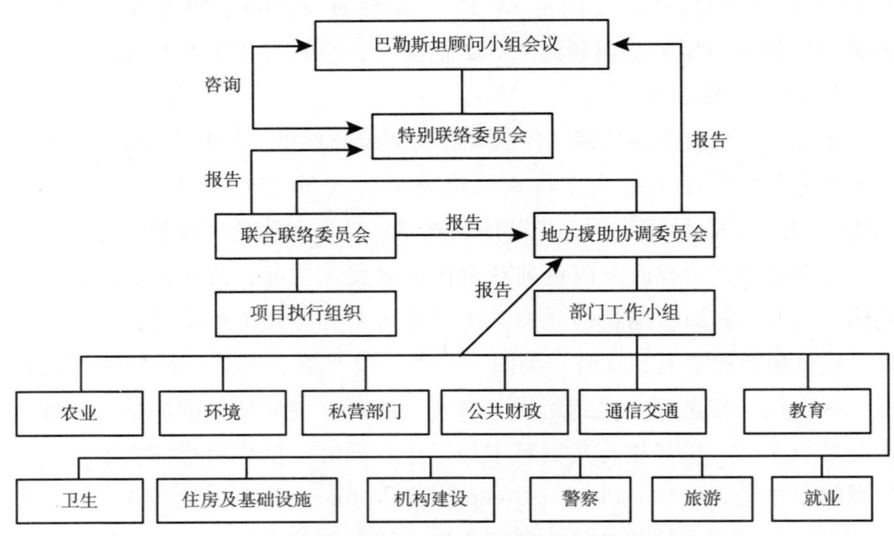

图4－1　对巴勒斯坦国际援助的管理机构

资料来源：Palestinian Academic Society for the Study of International Affairs，Jerusalem，http：//www. passia. org。

世界银行除在以上机构中起着重要作用外，还负责管理技术援助信托基金（Technical Assistance Trust Fund，TATF）和约翰·尤尔根·霍尔斯特和平基金（John Jurgen Holst Peace Fund）。技术援助信托基金用于技术援助，特别是巴勒斯坦的技术和基础设施建设；霍尔斯特基金用于支持巴勒斯坦自治政府的启动和经常开支。2004 年 4 月底，世界银行宣布建立公共金融管理改革信托基金（Public Financial Management Reform Trust Fund），以减轻国际社会对巴勒斯坦援助资金管理不善及被挪用的担忧，帮助巴勒斯坦重获援助资金来源，从而使面临严重财政危机的巴勒斯坦自治政府能够维持公共服务。

联合国的其他许多机构在对巴勒斯坦的援助中也发挥着重要作用。联合国开发计划署（UNDP）起着疏导和贯彻援助项目的作用。近东救济工程处负责难民工作，影响极为广泛。国际货币基金组织帮助监控和加强巴勒斯坦自治政府的财政管理。联合国儿童基金会（UNICEF）、世界卫生组织（WHO）、国际劳工组织（ILO）、联合国教科文组织（UNESCO）等也在这一地区积极活动。联合国特别协调办公室（UNSCO）负责协调这些机构，促进联合国、巴勒斯坦自治政府、以色列和捐助者之间的合作。

第五章

军　　事

第一节　概述

一　建军简史

巴勒斯坦第一个游击队组织是“巴勒斯坦民族解放运动”，于 1959 年建立，主张通过武装斗争解放全部巴勒斯坦领土。1964 年，法塔赫建立军事组织“暴风突击队”。1964 年 12 月 31 日晚，“暴风突击队”在以色列占领区打响武装反抗以色列侵略的第一枪。从此，法塔赫不断对以色列发动武装袭击，并在斗争中逐渐发展壮大。

1964 年 5 月巴解组织正式成立后，于当年 8 月成立正规武装力量——巴勒斯坦解放军。在同年 9 月举行的第二次阿拉伯国家首脑会议上，巴解组织和巴勒斯坦解放军得到阿拉伯国家的支持，有几个阿拉伯国家通过阿盟为其提供财政援助。阿拉伯国家的支援帮助巴勒斯坦武装力量发展壮大，并使其在阿拉伯前线国家内有了出击以色列的基地。

巴勒斯坦解放军由驻扎在埃及的恩杰鲁特旅、驻扎在伊拉克的卡迪西亚旅（1967 年 7 月迁到约旦和叙利亚）和驻扎在叙利亚的哈坦旅组成，其中哈坦旅的规模最大。巴勒斯坦解放军有 6000 ~ 10000 人，主要是步兵。附属于巴勒斯坦解放军的游击队被称为“人民解放力量”，成立于 1968 年，但只存在了很短一段时间。巴勒斯坦解放军总指挥部力图发挥更大的政治作用，一度同巴解组织政治领导人关系紧张。但是，由于巴勒斯坦解放军分散在各个阿拉伯国家，没有一个单一的活动区域，又没有大规模的运输力量，所以未能在巴解组织中占据支配地位。①

1967 年的“六五”战争使以色列占领了整个巴勒斯坦，巴勒斯坦解放军几乎濒于瓦解。但巴勒斯坦人民的武装斗争发展起来，一些新的游击队组织相继出现。在“六五”战争后的几个月时间里，法塔赫的“暴风突击队”在约旦河西岸地区向以色列发动 79 次军事进攻，武装斗争规模日益壮大，并得到埃及等阿拉伯国家的支持。埃及从此开始训练和装备法塔赫成员。

1968 年 3 月，法塔赫游击队在自愿参战的约旦军队帮助下，成功击退以色列对卡拉迈难民营的围攻，取得“卡拉迈大捷”，成为阿拉伯世界的英雄。卡拉迈大捷后，法塔赫成为巴勒斯坦众多抵抗组织中影响和力量最大的一个。1969 年 2 月，法塔赫接管巴解组织，成功地争取到沙特阿拉伯的财政支持和立即调拨的大批武器装备。1969 年 4 月，法塔赫、“闪电”、“民阵”和巴勒斯坦解放军组成“巴勒斯坦武装斗争指挥部”，迈出了军事统一的第一步。当年 7 ~ 8 月，“阿解阵”、“人阵（总部）”以及后来的“人斗阵”等 10 个抵抗组织也相继参加了“巴勒斯坦武装斗争指挥部”。巴解组织也在当年建立了空军，代号为“第 14 部队”，其成员分散在几个阿拉伯国家的空军中服役。

在 1970 年 9 月的“黑九月”事件中，驻扎在约旦的巴勒斯坦武装力量损失惨重，最后 1 万多名巴勒斯坦战士撤出约旦，迁往黎巴嫩和叙利亚。1982 年 6 月，以色列入侵黎巴嫩，1.25 万多名巴勒斯坦游击战士分 15 批撤离贝鲁特，分散到 8 个阿拉伯国家。

1988 年 12 月巴勒斯坦宣布建国后，巴解组织成立“巴勒斯坦民族人民军”，宣布其主要任务是保卫巴勒斯坦国土和维护治安。

中东和平进程开始后，巴以双方在“以土地换和平”原则下达成有限和解。根据 1993 年 9 月巴以达成的《临时自治安排原则宣言》，巴勒斯坦可以拥有一支巴勒斯坦民族权力机构控制下的能够确保公共秩序和内

① 巴勒斯坦解放组织驻京办事处编著《巴勒斯坦问题和巴解组织》，第 19 ~ 20 页。

部安全的警察部队。巴勒斯坦警察部队是巴勒斯坦唯一的安全部队。1994年5月巴以双方达成的《加沙－杰里科协议》规定了巴勒斯坦安全部队的责任、职能、结构、部署、组成以及装备和活动，明确了指导巴勒斯坦警察活动的行为准则。根据这个协议，巴勒斯坦民族权力机构正式成立巴勒斯坦警察部队。当月，以色列国防军从加沙和杰里科撤出后，巴勒斯坦警察部队进驻加沙、杰里科。巴勒斯坦警察部队绝大多数是由巴勒斯坦解放军和其他巴解组织武装力量改编而成。

二　安全体制

根据《临时自治安排原则宣言》规定，巴勒斯坦警察部队是巴勒斯坦自治区唯一的最高国家安全机构，所有其他安全部门都应在它的统一指挥下采取行动。巴勒斯坦警察部队的直接领导人为纳赛尔·优素福，巴勒斯坦民族权力机构主席掌握着最高指挥权。2017年9月，在北京召开的国际刑警组织第86届全体大会吸收巴勒斯坦为新成员。

巴勒斯坦警察部队有两个总部，分别位于约旦河西岸和加沙地带，各自独立运作，下设9个行政部门，分别负责培训、后勤、通信、财政及政治行动等。巴勒斯坦警察部队下辖国家安全部队、民事警察部队、预警部队、情报总局、军事情报部队、军事警察、海岸警卫队、航空警察部队、民防部队和地方警卫队10个分支部门。各警察部队一般分为两个部分，分别驻扎在加沙地带和约旦河西岸。此外，巴勒斯坦还设有特别安全部队和总统安全部队，直接受巴勒斯坦民族权力机构主席指挥。巴勒斯坦警察部队、特别安全部队和总统安全部队共同构成巴勒斯坦安全机构。

根据《约旦河西岸和加沙地带过渡协议》规定，巴勒斯坦安全机构只能在巴勒斯坦人拥有完全自治权的“A区”活动。在巴勒斯坦人拥有非军事权力的“B区”，公共秩序由巴勒斯坦民事警察部队负责维持，而保护以色列公民及遏制恐怖活动的责任全部由以色列承担。“C区”则由以色列方面承担维护安全与公共秩序的全部责任。

巴勒斯坦警察部队与以色列军警建立了安全合作机制，由“联合安全委员会”协调双方的行动。双方组建了10个地区协调办公室，作为当地指挥官之间相互沟通的重要机构，其中 8 个位于约旦河西岸，2 个位于加沙地带。地区协调办公室由巴勒斯坦军官和以色列军官共同组成，以色列军官大部分是以色列国防军中的德鲁兹派穆斯林。

2003 年，巴勒斯坦民族权力机构成立“国家安全委员会”，统管安全事务。国家安全委员会由巴勒斯坦民族权力机构主席、巴勒斯坦自治政府总理、内政部部长、外交事务部部长、一名巴解组织执行委员会委员及相关安全部门负责人组成。

三　安全机构改革

巴勒斯坦安全机构设置庞杂且各部门权责不明。2002 年以来，国际社会尤其是美国一直向阿拉法特施压，要求对安全机构进行改革。与此同时，巴勒斯坦内部的改革派也强烈呼吁改组安全部门。在国内外的压力下，巴勒斯坦启动了安全机构改革进程。

2002 年 6 月，巴勒斯坦出台了 100 天改革计划，其中的安全改革计划将所有安全机构划为 3 个主要部分，即设立内政部，掌管预警部队、警察部队和民防部队，内政部部长向总理负责，而情报总局和安全部队继续由阿拉法特直接掌管。政府部门要求立即实施改革计划，使划归内政部掌管的预警部队、警察部队和民防部队处于总理的管理之下。这由此导致阿巴斯和库赖两届总理同阿拉法特之间的矛盾。2003 年 9 月，由 14 人组成的“国家安全委员会”成立，由阿拉法特领导，统管安全事务。2004 年，阿拉法特任命其亲信掌握安全机构权力，引起了法塔赫内部“少壮派”的不满，进而导致加沙地带陷入混乱状态，总理库赖提交辞呈。最后，阿拉法特同意将部分安全力量的控制权移交总理，但主要的安全力量仍由阿拉法特领导的国家安全委员会掌管。

2004 年 10 月阿拉法特去世后，继任巴勒斯坦民族权力机构主席的阿巴斯采取措施推进安全机构改革。2005 年 4 月，巴勒斯坦安全机构被整合为安全部队、内政部和情报总局 3 个部门。内政部主管警察和预警部队，安全部队收编其他所有部队，情报总局保持原状。此外，总统安全部队编制予以保留，由巴勒斯坦民族权力机构主席指挥。随后，阿巴斯开始进行安全机构高层人事调整。2005 年 4 月 23 日深夜，阿巴斯正式任命 3 位新安全部门高级官员，由苏莱曼·海莱斯接替穆萨·阿拉法特出任安全部队司令，塔里克·阿布·拉杰卜接替阿明·欣迪担任情报总局局长，阿拉·胡斯尼被任命为警察局长。当月 26 日，阿巴斯又任命拉希德·阿布·谢巴克为预警部队司令。

哈马斯赢得 2006 年 1 月举行的立法委员会大选后，独自组阁并组建了一支由内政部领导的 3000 人组成的准军事力量。这支准军事力量经常与法塔赫领导的安全部队发生冲突，因此法塔赫一直要求将其解散或并入安全部队，遭到哈马斯拒绝。随着两派武装冲突不断升级，巴勒斯坦安全局势恶化。2007 年 6 月 14 日，哈马斯武装人员攻占了巴勒斯坦预警部队加沙城总部。当月 17 日，阿巴斯宣布哈马斯下属武装派别为非法武装。哈马斯控制加沙地带后，法塔赫领导的武装力量撤出。

第二节 主要武装力量

巴勒斯坦没有正规军，只有安全部队和警察。根据《加沙－杰里科协议》的规定，巴勒斯坦安全部队总人数应为 3.5 万人，允许装备小型武器和 45 辆装甲运输车。自 2000 年 9 月巴以大规模冲突爆发以来，巴勒斯坦武装力量经过几年的努力有了一定的发展。有资料估计，2000 年巴勒斯坦安全部队总人数约为 4.5 万人。根据国际货币基金组织报告《冲突环境下的经济和改革》（2003 年 9 月）的统计数字，2000 年，从巴勒斯坦自治政府领取工资的武装力量人员约为 49300 人，到 2003 年年中则为 56128 人。根据《军事力量对比（2010 年）》，据统计，巴勒斯坦武装力量人员约为 56000 人。

一 安全部队

2005 年安全机构改革后，巴勒斯坦安全部队由三部分组成。

国家安全部队 巴勒斯坦规模最大的安全机构，约有 1.5 万名官兵，装备 AK－47 突击步枪。主要职责是维持约旦河西岸和加沙地带巴勒斯坦控制区的安全，包括与以色列军队进行联合巡逻、守卫边界检查站以及参与执行其他一般性安全任务等。国家安全部队大多数官兵来自巴勒斯坦解放军。首任司令为纳赛尔·优素福。根据 1994 年签署《加沙－杰里科协议》，国家安全部队率先正式归属巴勒斯坦警察部队。

海岸警卫队　主要职责是保卫巴勒斯坦领海水域的航道安全，打击来自邻国的毒品和武器走私。主要部署在加沙地带，约有 1000 名官兵，拥有 5 艘装备机关枪的摩托艇。大多数成员来自流散在外的法塔赫成员，曾在一些国家海军服役。2000 年阿克萨起义爆发后，仅有的几艘摩托艇被以军炸毁。海岸警卫队是《加沙－杰里科协议》中规定的最早的安全部队之一。

航空警察部队　一支以“14 部队”为基础、尚未发展起来的空军部队，负责操作和维护巴勒斯坦民族权力机构的 2 架俄制米－8 和 3 架米－17 直升机，运送巴勒斯坦政要往返约旦河西岸和加沙地带。其中 2 架直升机已经被以军炸毁。

二　内政部

2005 年安全机构改革后，内政部下辖 4 个分支机构。

民事警察部队　身着蓝色制服，是巴勒斯坦民族权力机构中主要的法律强制工具。行使普通警察的一般性职能，负责维持法律和秩序，如抓捕罪犯、指挥交通以及维护公共秩序等。在约旦河西岸和加沙地带有 1 万多名官兵。

根据《约旦河西岸和加沙地带过渡协议》的规定，民事警察部队除了部署在由巴方负责内部安全的 A 区外，还在约旦河西岸 B 区的指定村镇建立了 25 个警察局，与以色列警察共同执行任务。B 区巴勒斯坦警察的调动应与以色列协调并得到批准。

民事警察部队下设一支 700 多人的快速反应部队，专门负责应付复杂的危机事件。其成员曾经在苏联接受过特殊训练，其中一些最优秀的成员是特种部队的教官。

民事警察部队是《加沙－杰里科协议》中提到的巴勒斯坦警察部队最早的分支机构之一。

民防部队 即《加沙－杰里科协议》所称的"紧急救援部队"，包括消防部门和应急救援机构，负责在危机状态下与其他民事机构协调配合行动。平时则负责对民众进行急救和救援方面的培训。

地方警卫队 负责地方官员及其办公地点的安全保卫工作。此外，还帮助解决地方发生的纠纷。

预警部队 一支便衣警察部队，也是巴勒斯坦民族权力机构最大的情报组织。主要负责防范恐怖分子和内部反对派组织的行动，同时也负责在以色列境内搜集情报。2006 年，这个部队估计约有 5000 人，在加沙地带的部队由穆罕默德·达赫兰指挥；在约旦河西岸的部队由贾布里勒·拉朱布指挥。2005 年 4 月，拉希德·阿布·谢巴克被任命为巴勒斯坦预警部队司令。谢巴克作风强硬，是法塔赫的高级军官，曾担任加沙预警部队司令两年，被以色列关押 17 年。在 1996 年达赫兰领导的打击极端武装分子行动中，担任达赫兰的副手。

2007 年 11 月，阿巴斯发布总统令，规定预警部队由内政部领导，并重新界定了预警部队的职责，包括保护巴勒斯坦内部安全、防范和打击威胁国家内部安全的罪行等。

根据《约旦河西岸和加沙地带过渡协议》，预警部队是第一个被正式列入警察部队的机构。

三 情报总局

2005 年安全机构改革后，情报总局下辖 3 个分支机构。

情报总局 巴勒斯坦民族权力机构的官方情报机构，负责在被占领土内外从事情报搜集、反间谍以及与外国的情报机构建立联系等工作。拥有成员约 3000 名，局长为阿明·辛迪。2005 年 4 月，塔里克·阿布·拉杰卜接替辛迪担任情报总局局长。2009 年，阿巴斯任命马吉德·法拉（Majid Faraj）为情报总局局长。

情报总局是《加沙－杰里科协议》规定的巴勒斯坦民族权力机构的

官方情报机构，也是警察部队最早的分支机构之一。

军事情报部队 小规模的情报部门，是一个预防性机构，主要负责抓捕和审讯对巴勒斯坦政权构成威胁的反对派分子，同时也负责对巴勒斯坦民族权力机构中情报与安全部门的非法活动进行监督和调查。

军事警察部队 隶属于军事情报部队，主要负责控制暴乱，逮捕罪犯，保护重要人物和重要设施，维护监狱安全，维持各安全机构之间的纪律和秩序，等等。

四 总统卫队

总统卫队主要负责总统及其他重要政治人物和重要设施的安全保卫工作，是巴勒斯坦武装力量中最为精锐的一支部队，约有 3500 人。根据《约旦河西岸和加沙地带过渡协议》的规定，总统卫队隶属于巴勒斯坦警察部队。

2005 年安全机构改革中，总统安全部队得以保留，由巴勒斯坦民族权力机构主席指挥。2006 年，总统安全部队更名为“总统卫队”，完全由忠于阿巴斯的法塔赫成员组成。

阿拉法特统治时期，总统安全部队大部分成员是他在巴解组织时期的特别护卫人员，是最忠诚于阿拉法特的核心安全力量，曾多次挫败针对阿拉法特的暗杀图谋。此外，总统安全部队还负责逮捕反对派及有通敌嫌疑的分子；下设对内情报部队，主要任务是搜集有关反对派的活动情况以及其他有关内部威胁的情报。

总统安全部队大部分成员来自 20 世纪 70 年代建立的“17 部队”。1994 年阿拉法特进入巴勒斯坦后改称总统安全部队，但人们习惯上还是称其为“17 部队”。“17 部队”由阿里·哈桑·萨拉马（Ali Hassan Salameh）在黎巴嫩建立，基地最初设在贝鲁特加哈尼大街 17 号。1979 年阿里被以色列暗杀，达马拉继任领导人。部队配备有轻武器和装甲车辆。成员着军装，必须绝对忠诚于阿拉法特，在进入部队前首先要经过为期几个月的封闭式体能和军事训练。20 世纪 80 年代早期，“17 部队”的行动范围有所扩大，开始袭击以色列目标，同时自身也成为以色列重点打击的对象。阿克萨起义爆发后，以色列指责“17 部队”部分官兵涉嫌卷入攻击以色列的行动，宣布将打击“17 部队”。2001 年 12 月 4 日，被以色列列入“恐怖组织”名单，其部队高级军官马苏德·伊亚德在加沙遭以色列直升机袭击丧生。

五 准军事部队

“坦齐姆”（Tanzim） 法塔赫下属的一个军事组织，由阿拉法特直接领导。1983 年创立，作为法塔赫的一个组织在被占领土从事半军事的反以活动。通过法塔赫下属的学生组织“沙比巴”（Shabiba）在大学校园进行活动，并对青少年进行基本军事训练。

以色列国防军把“坦齐姆”视为巴勒斯坦武装部队中最危险的一支。“坦齐姆”的重要基地大都设在拉姆安拉，但几乎在巴勒斯坦每个阿拉伯城镇、村庄、教育中心及难民营都建立了分支机构，具有高度的机动性。“坦齐姆”在约旦河西岸的部分由马尔万·巴尔古提领导，在加沙地带的部分由马希尔·埃利指挥，二人都效忠于阿拉法特。

以色列指责“坦齐姆”滥用暴力，认为它是阿拉法特在不引起国际谴责的情况下尽量使用武力的一个工具。2001 年 12 月 4 日，以色列将“坦齐姆”列入“恐怖组织”名单，要求巴方解除其武装，作为结束暴力冲突问题的一个重要条件。

“阿克萨烈士旅”（Al-Aqsa Brigades） 法塔赫下属军事派别。2000 年 9 月阿克萨起义爆发后，由年轻、激进的“坦齐姆”成员在约旦河西岸城市纳布卢斯的巴拉塔难民营成立。其名取于穆斯林第三大圣地——耶路撒冷旧城内的“阿克萨清真寺”，表明了其成员愿为巴勒斯坦解放事业献身、甘当“烈士”的决心。2004 年 11 月阿拉法特逝世后，“阿克萨烈士旅”改名为“阿拉法特烈士旅”，誓言要继承阿拉法特遗志继续战斗，后又恢复原名。

“阿克萨烈士旅”是一个松散而灵活的准军事组织，没有统一的指挥首脑，各地区的组织相对独立，直接负责袭击行动。设有军事部和安全部两个平行部门，由军事部直接负责袭击活动。现有成员数千人（一说数百人)，大本营设在纳布卢斯和拉姆安拉，在约旦河西岸和加沙地带的难民营里设有分支机构。

“阿克萨烈士旅”宗旨是用武力将以色列赶出加沙地带和约旦河西岸地区，建立一个独立的巴勒斯坦国，坚持以武装斗争的形式取得最后胜利。成立初期把以色列士兵和犹太人定居点的定居者作为主要袭击目标。从2002年初开始逐步走上制造自杀式爆炸袭击的道路，并首先招募巴勒斯坦妇女“人弹”制造自杀式爆炸袭击。2002年被美国列入“恐怖组织”名单。

“阿克萨烈士旅”不反对在本地区实现两个国家两个民族的方案，表示如果以色列能接受巴勒斯坦提出的条件，愿意与其实现和平。这些条件包括：撤离1967年“六五”战争中占领的所有被巴勒斯坦领土；拆除犹太人定居点；释放所有被关押的巴勒斯坦人；给予逃离在外的巴勒斯坦难民“回归权”。

阿拉法特在世时曾宣布“阿克萨烈士旅”为非法组织。2005年10月23日，巴勒斯坦总理库赖宣布，经国家安全委员会批准，解散“阿克萨烈士旅”，其成员经培训后编入各级安全部队。

“卡桑旅” 亦译作“卡赛姆旅”（Al-Qassam Brigades），1991年成立于加沙地带，是哈马斯下属的武装力量。目前有武装人员1.5万~2万人，有6个旅级指挥部，下辖1个突击队、27个营和100个作战连队。① 此外，还有由工程师组成的技术支持部队及后勤部队。

第三节　装备和训练

一　武器装备②

巴勒斯坦安全部队装备的武器包括装甲车、火炮、导弹等。巴勒斯坦

① *The Military Balance 2016*, International Institute for Strategic Studies, London, 2016, p. 349.

② Shlomo Brom and Yiftah Shapir, eds., *The Middle East Military Balance 2001 - 2002*, Tel-Aviv University, The MIT Press, 2002, pp. 273 - 274.

安全部队最多可以装备7000支步枪，120挺中型、重型机枪和45辆装甲车。

装甲输送车 俄制BRDM－2两栖装甲侦察车45辆，其中约40辆正在服役，其余遭到破坏。BRDM－2的车体采用全焊接钢装甲结构，可防轻武器射击和炮弹碎片，战斗室两侧各有一个射击孔，射击孔上装有一套突出于车体的观察装置。驾驶员和车长位置前面都配备装有防弹玻璃的观察窗口，防弹玻璃外侧上部加设装甲铰链盖。

火炮 160毫米以下的迫击炮，包括120毫米、81毫米、60毫米、52毫米等几种型号，以及107毫米的远程多管火箭炮（MRLs）。

反坦克导弹俄制 RPG－7轻型反坦克火箭筒、LAW火箭发射器。

地对空导弹 SA－7“杯盘”（Grail）肩射导弹，FIM－92“毒刺”（Stinger）近程地空导弹。

其他防空武器 23毫米高射机枪等。

除装甲输送车为1995年装备外，其他武器主要是2000年装备的。

巴勒斯坦可以自行制造120毫米、82毫米和60毫米迫击炮及其弹药，以及各种爆炸装置。

哈马斯下属的“卡桑旅”拥有多管火箭发射炮、“卡桑”系列火箭炮、迫击炮、便携式火箭筒、突击步枪等装备，可以自制反坦克手榴弹、反坦克地雷等。此外，走私也是巴勒斯坦武器的一个重要来源。

二 人员招募和训练

巴勒斯坦各个安全机构单独负责招募和培训本机构人员。巴安全机构招募的所有人员都需要得到以色列的授权。加沙地带和约旦河西岸建有训练基地，能够及时为安全机构人员提供培训。在杰里科建有警察培训学校。培训课程一般历时10～30天，总统安全部队等精锐部队的培训时间长达3个月。

埃及、阿尔及利亚、美国、英国、澳大利亚、中国、荷兰以及一些北欧国家都帮助巴勒斯坦培训安全机构人员。2005年，美国国务院设立以色列和巴勒斯坦美国安全协调员（USSC）办事处，也帮助巴勒斯坦培训

安全机构人员。2005 年，根据共同安全与防务政策（CSDP），欧盟向巴勒斯坦派驻使团，帮助巴勒斯坦培训民事警察。2014 年 3 月，意大利国防部和巴勒斯坦内政部签署双边协议，意大利国家宪兵队（Carabinieri）为巴勒斯坦安全部队提供技术和专业培训。与以色列军队的接触也促进了巴勒斯坦安全部队训练方式的改进和技能的提高。

第六章

社　会

第一节　国民生活

一　就业

1. 概述

巴勒斯坦人口结构呈年轻化格局，一半以上人口年龄在 18 岁以下，因为上学等原因没有进入劳动力市场，巴勒斯坦劳动参与率低。2015 年，巴勒斯坦约 470 万人口中，工人有 96.3 万人，其中约旦河西岸占 71.1%，加沙地带占 28.9%。2015 年，巴勒斯坦劳动参与率仅有 45.8%，而且劳动力参与程度因性别、地区、年龄和受教育程度而有所不同。其中，男性劳动参与率为 71.9%，女性劳动参与率仅为 19.1%，远低于男性。

私营部门是巴勒斯坦吸纳劳动力最多的领域。2000 年巴以冲突爆发后，在以色列就业人数减少，这些人转而在巴勒斯坦找工作。私营部门在 2001 年吸纳的劳动力比 2000 年增加 2.7%，占就业总量的 64.6%。2002 ~ 2007 年，私营部门吸纳的劳动力一直超过就业总量的 67%。2008 ~ 2014 年，私营部门吸纳的劳动力略有下降，占就业总量的 65% 强。2015 年，私营部门雇员人数约占就业总人数的 66.3%。

公共部门是巴勒斯坦人就业的第二大领域。2000 年，在公共部门就业的人数占就业总量的 19.3%。2001 ~ 2015 年，在公共部门就业的劳动力比例增加，除 2003 年外，一直占就业总量的 22% 以上。

服务业是招聘人员最多的行业，自 2000 年以来，其吸纳的就业人数占就业总人数的比例都在 30% 以上。2006 ~ 2015 年，服务业就业人数占就业总人数的比例均在 35% 以上，2009 年甚至达到 39.6%。

商业、宾馆饭店业从 2001 年起成为巴勒斯坦人就业第二多的行业，每年吸纳就业人数占就业总人数的 19% 以上，2014 年和 2015 年甚至超过 20%。

巴勒斯坦劳动力市场不稳定，具有明显的周期性，农业和建筑业领域尤其明显。随着巴勒斯坦产业结构调整，农业吸纳的就业人数逐年减少，2015 年其从业人员只占就业总量的 8.7%。2002 ~ 2009 年，受巴以局势影响，建筑业吸纳的从业人数占就业总人数的比例在 11% 左右，从 2010 年起，建筑业吸纳就业人数逐年增多，到 2015 年这一比例达到 15.5%。

2. 就业严重依赖以色列

经济对以色列的依附性及国内就业岗位的缺乏使巴勒斯坦人就业严重依赖以色列。20 世纪 90 年代中期，每天有多达 15 万的巴勒斯坦人进入以色列工作。2000 年，在以色列及犹太人定居点工作的巴勒斯坦人占巴勒斯坦就业总量的 18.8%。巴勒斯坦人大多分布在以色列的非熟练及半熟练岗位，尤其是建筑业、农业等领域的蓝领工作岗位。

2000 年 9 月爆发的巴以冲突严重影响了巴勒斯坦人在以色列的就业。2002 ~ 2007 年，在以色列及其定居点就业的巴勒斯坦人均不足巴勒斯坦就业总量的 10%，2004 年，以色列及其定居点只吸纳了 8% 的巴勒斯坦人就业。除封锁及隔离墙的限制外，以色列经济不景气也影响到对外国劳工的吸纳，尤其是巴勒斯坦人大量就业的建筑部门。冲突也增加了巴勒斯坦人与以色列人之间的不信任，以色列开始引进其他国家的劳工填补劳动力市场缺口，因此在以色列就业的巴勒斯坦人数量增长是有限的。

2008 年以后，在以色列及犹太人定居点就业的巴勒斯坦人占巴勒斯坦就业总量的比重开始超过 10%，并一直维持在这个水平，直到 2013 年才达到 11.2%。2014 年和 2015 年，在以色列及犹太人定居点就业的巴勒斯坦人占巴勒斯坦就业总人数的 11.7%，约为 11.3 万人，都来自约旦河西岸。2006年以来，加沙地带的巴勒斯坦工人禁止进入以色列劳动力市场。

3. 失业率居高不下

巴勒斯坦经济基础薄弱，发展水平不高，无法大量吸纳劳动力，失业率居高不下。1998年，约旦河西岸11.5%和加沙地带20.9%的劳动力处于失业状态，相应的未充分就业率分别是8.4%和2.3%。人口增长也给劳动力市场造成巨大压力。巴勒斯坦是世界人口增长率最高的国家之一，即使在政治相对稳定时期，就业岗位的增加也赶不上人口的迅速增长。

2000年9月巴以大规模冲突爆发后，经济形势恶化，劳动力市场萎缩，封锁和宵禁更增加了就业难度。2002年，巴勒斯坦失业率达到31.2%。在严厉封锁期间，巴勒斯坦人越来越依赖于偶然性收入、能够直接谋生的劳动和季节性劳动。曾吸纳大批劳动力的建筑业就业率大幅下降，农业和服务业就业率有所上升。持续的冲突和封锁使许多巴勒斯坦人对就业前景感到悲观，不得不失望地退出劳动力市场，导致劳动参与率下降。2003年，由于公共部门就业增加及商业的恢复，就业率有所回升，但并不稳定，2004年失业率又有所增加。加沙地带失业率高于约旦河西岸。

2005~2015年，巴勒斯坦的失业率在25%左右波动。约旦河西岸的失业率相对较低，维持在17%~20%。加沙地带由于受到以色列封锁和军事打击的影响，失业率普遍较高，常年维持在30%~35%。2008年加沙战争导致加沙地带失业率陡增至40.6%，2014年加沙战争导致失业率上升至43.9%，而巴勒斯坦整体失业率为26.2%，约旦河西岸为17.7%。2015年，加沙地带失业率回落到41.1%。私人资本对建筑业以外的经济产业投资较少以及企业规模较小也是巴勒斯坦失业率较高的原因。巴勒斯坦女性失业率尤其高，2015年达到39.2%。

整体而言，约旦河西岸的伯利恒和杰里科失业率最低。杰里科失业率低是由于它远离其他城市，市内冲突较少，没有遭到以色列的封锁和入侵；伯利恒失业率低则是由于巴勒斯坦自治政府提供了工作岗位。约旦河西岸的希伯伦和图勒凯尔姆失业率最高，2014~2015年，加沙地带的代尔拜莱赫失业率最高。

4. 劳动法规

2000年巴勒斯坦通过劳动法，规定每周最长工作时间为45小时，每周休息一天，加班须支付150%的工资。工作前5年每年最少享有14天假期，以后假期增至21天。14天之内的病假享受100%工资，15~28天内的病假享受50%的工资。哺乳期妇女有10周假期，其间享受100%工资，其中6周为产假。雇主必须为所有雇工购买工伤保险。解雇工人需要按工作年份支付安置费用，每年支付一个月工资。

二 工资

1999年，约旦河西岸劳动力日平均工资为63.9新谢克尔（折合15.21美元），加沙地带劳动力日平均工资为49.9新谢克尔（折合11.88美元）。巴以冲突以来，受经济形势影响，巴勒斯坦人工资收入急剧下降。2000年第三季度至2002年第三季度，约旦河西岸人均净工资收入的新谢克尔值下降45%，加沙地带下降65%。考虑到以色列货币自2000年以来严重贬值，净工资收入的美元值下降的比率更高。

在以色列就业的巴勒斯坦人的工资待遇要高于约旦河西岸和加沙地带，但低于以色列本国人，仅相当于西方犹太人的45%和东方犹太人的60%。尽管如此，他们的收入仍为巴勒斯坦国民收入的支柱之一。1998年，在以色列就业的巴勒斯坦人的总收入占巴勒斯坦全年GDP的40%~50%。

2000年巴以冲突爆发至今，约旦河西岸地区工资缓慢增长，2015年日平均工资接近100新谢克尔。在以色列就业的巴勒斯坦人工资增长较快，到2015年日平均工资已经接近200新谢克尔，比2000年增长80%。加沙地带工资增长几乎停滞，2015年日平均工资为60.6新谢克尔，与2000年相比，仅增长17.4%。

私营部门工资要比公共部门低得多，2013年私营部门的实际日平均工资为53新谢克尔。虽然公共部门的工资较高，但经常出现拖欠情况，尤其在以色列拖欠转交税款和国际援助减少时。工资拖欠成为巴勒斯坦经济发展的一大障碍。

巴勒斯坦人工资的实际购买力受结算货币种类影响。2015 年，美元升值约 8.6%，以美元和约旦第纳尔结算工资的巴勒斯坦人实际购买力增加，而以色列新谢克尔结算工资的巴勒斯坦人实际购买力下降。约旦河西岸和加沙地带由于通货膨胀率不同，购买力变化也各不相同。约旦河西岸以色列新谢克尔的购买力下降了 1.3%，而加沙地带则下降 1.8%。美元和约旦第纳尔的购买力在约旦河西岸增长了 7.3%，在加沙地带增长了 6.8%。

三 物价

巴勒斯坦绝大多数商品都需经过以色列进口，物价大大高于地区平均水平。虽然人均收入高于中东地区部分国家，但高物价导致低购买力。

1. 物价受外部因素影响

以色列新谢克尔是约旦河西岸和加沙地带通用的货币，也是东耶路撒冷唯一流通的货币。由此导致当地物价与以色列通货膨胀率紧密相连，并在一定程度上反映了以色列的物价。2001 年以前，以色列物价保持了几年的基本平稳，巴勒斯坦物价上涨的压力较小。2001 年 9 月底以色列发生的通货膨胀，导致巴勒斯坦物价上涨，首先是进口商品价格上扬。2000 年巴以冲突的爆发也是约旦河西岸和加沙地带物价持续上涨的重要因素。2002 年，衡量物价水平的消费价格指数平均上升 5.7%。自 2003 年中期开始，受以色列物价下跌影响，巴勒斯坦的消费价格指数下跌。2005 ~ 2006 年，巴勒斯坦通货膨胀率再次上升，食品、医疗、教育和运输费用大幅上涨。

由于近几年全球商品特别是食品和石油价格下跌，巴勒斯坦进口成本降低，当地通货膨胀率呈下降态势。2015 年，巴勒斯坦的通货膨胀率从 2014 年的 1.7% 下降至 1.4%。食品和饮料是巴勒斯坦消费品的大宗，占消费总量的 35% 以上。2015 年，食品和饮料价格的通货膨胀率为 0.64%，而 2014 年则为 0.13%。与全球和区域通货膨胀率相比，巴勒斯坦通货膨胀率相对较低。2015 年，全球石油价格暴跌，巴勒斯坦住房服务和交通运输价格指数下跌，但教育、纺织品和服装、家具和家居用品、食品饮料的价格指数均上涨。

2. 约旦河西岸和加沙地带物价上涨的原因、趋势各不相同

约旦河西岸一直与以色列市场联系密切，但封锁不仅隔离了两地，也使约旦河西岸内部地区互不相连。为避开检查站和路障，司机被迫绕道行驶，导致运输费大幅上涨，成为物价上涨的主要原因。2000 年 9 月到 2002 年 12 月，约旦河西岸运输费上涨 41%，消费价格上涨 11%。房价上涨也是导致物价上涨的重要因素。以色列军队驻扎于城镇郊区，当地居民不得不到距离市中心更近的地方重新定居，引起房价上涨。建筑活动尤其是居民住宅建设大量减少，减少了房屋供应，客观上促进了房价上涨。

加沙地带与以色列和约旦河西岸隔离，地区内部的封锁少于西岸，人员和物资流通较为通畅。2000 年 9 月到 2002 年 12 月，加沙地带运输费只上涨了 11%，物价上涨了 2%。从 2006 年开始，以色列对加沙地带的封锁加强，物价涨幅也超过了约旦河西岸。2007 年前 11 个月，加沙地带的消费价格指数上涨 7.5%，食品价格上涨 8.3%，而约旦河西岸只上涨了 4.2%。

2015 年，加沙地带的通货膨胀率从 2014 年的 2.9% 下降到 1.8%，但在同一时期，约旦河西岸的通货膨胀率从 1.2% 上升到 1.3%。2012 ~ 2015 年，受加税影响，酒精饮料和烟草在全部 12 种消费类别中价格涨幅最高，2015 年价格指数涨幅达到 10.9%，特别是加沙地带，涨幅为 16.2%，而约旦河西岸只有 1.6%。2015 年，约旦河西岸的交通运输价格指数下跌 1.0%，但加沙地带受制于燃料封锁，价格指数反而上涨约 15.2%。

四 税收

巴勒斯坦自治政府正在着手建立现代税收制度。目前约旦河西岸和加沙地带的税收仍各自独立进行，且缺乏必要的协调合作。税收立法滞后，关税法受约旦法律、以色列法律及以色列军事法令的影响。大部分海关程序和关税措施执行以色列标准，在很大程度上受以色列控制。此外，1994 年的《巴黎经济议定书》也对巴以之间的经贸关系做出了规定。巴勒斯坦政府可以自主决定部分商品的税率，其他商品的税率虽然也由其控制，

但受数量及以色列标准的限制。

巴勒斯坦政府建立了有关增值税、所得税、零售税、财产税和国内货物税制度。财政部下设3个税收管理机构——关税和增值税处、所得税处和财产税处，这些机构受财政部“关税和国内货物税总署”管理。增值税于1976年引入约旦河西岸和加沙地带，根据以色列占领机构颁布的军事法令实施。1999年3月，巴勒斯坦政府通过新税法，调整公司和个人所得税税率，降低个人税收负担。新税法规定，年收入在2.75万谢克尔以下，个人所得税税率为5%；年收入在2.75万~6.6万谢克尔，个人所得税税率为10%；年收入在6.6万~11万谢克尔，个人所得税税率为15%；年收入11万谢克尔以上，个人所得税税率为20%。公司税税率从38.5%降为20%。

2001年，巴勒斯坦再次起草和通过了新的所得税法，规定工资在发放之前先扣除税金，由雇主每月报告和上缴税金。如果个人年收入低于最低税收标准，则免交个人所得税。失业人员及其配偶、儿童、无生活来源者、大学生免交个人所得税。

2007年12月31日，巴勒斯坦内阁批准了税法修正案，削减个人所得税和公司税税率，以刺激商业发展，促进私人投资。修正案将个人所得税征收起点从年收入3000美元提高到7200美元，高收入税征收起点从年收入1.6万美元提高到2万美元，基本税税率从8%降到5%（年收入1万美元以下），中等税税率从12%降到10%（年收入1万~2万美元），高税税率从16%降到15%（年收入2万美元以上），为个人运费和偿还贷款提供免税津贴（个人收入的10%之内）。修正案将商业税税率从16%降至15%；增加免税范围，包括培训（毛收入的1%或10万美元）、研究和发展（毛收入的1%或10万美元）、促进质量标准的投资（毛收入的1%或10万美元）以及医疗（纯收入的3%或5万美元）。

五 社会福利

1. 保险和养老金

巴勒斯坦颁布了一系列决议和法律，对养老和保险问题做出规定。巴勒斯坦成立了养老和保险基金，负责行政部门及伊斯兰宗教基金退休人员的养老问题。由司法部部长、财政部部长、地方政府部部长、养老和保险基金主任、职工委员会主任和退休人员协会代表共同组成董事会，负责管理基金。

2. 保障残疾人权利

巴勒斯坦民族权力机构重视保障残疾人的权利。1999 年第 4 号法令颁布了残疾人权利法。法律规定，残疾人享有其人格尊严受到尊重的基本权利；对残疾人给予特别扶助，减轻或者消除残疾影响和外界障碍，保障残疾人权利的实现；对因反抗以色列侵略而致残的人员实行特别保障，给予优待和抚恤。

六　生活条件

1. 贫困率高于阿拉伯地区平均水平

巴勒斯坦大部分中低收入者的生活来源主要是在以色列打工所得，但收入受到以色列频繁封锁及其对巴勒斯坦劳动力限制的严重影响。劳动参与率低下，尤其是青年和妇女劳动参与率的降低使形势更加恶化。而庞大的家庭规模、财富分配不均、土地高度集中、高于地区平均水平的物价等也都直接影响巴勒斯坦的贫困率，使其高于阿拉伯地区平均水平。

2. 贫困人口不断增加

巴以冲突爆发所导致的经济困难、就业机会减少使贫困人口不断增加。世界银行估计，2001 年几乎半数的巴勒斯坦人为每天生活费用不到 2 美元的贫困人口，2002 年底贫困人口比例增加到 60%，2003 年底达到 72%。1998 年以前，巴勒斯坦穷人的日平均花费为 1.47 美元，而 2002 年底则只有 1.32 美元。

2003 年 7 月，联合国温饱权利特别报告员约翰·齐格勒（John Ziegler）报告说，巴勒斯坦 56% 的人每天只吃一顿饭，60% 的人生活在极度贫困中。巴勒斯坦中央统计局 2004 年底的调查显示，约 60% 的家庭月收入减少，其中约 50% 的家庭反映，总收入损失一半以上；约 69% 的受调查家庭需要人道主义援助。

2006 年哈马斯上台后，以色列停止转交代征税款以及国际社会的经济制裁，导致贫困人口再次增加。据巴勒斯坦中央统计局统计，2006 年底贫困率达 58.8%。

2007 年对巴勒斯坦援助的恢复及以色列重新开始转交代征税款使约旦河西岸的情况有所好转，但仍然处于制裁之下的加沙地带形势迅速恶化。联合国发展计划署估计，到 2007 年 9 月，加沙地带的贫困水平将达到 70%。近东救济工程处估计，加沙地带 90% 的人依靠国家援助来获得食品。

巴勒斯坦中央统计局 2011 年公布的贫困线为：由两个成人和三个孩子组成的五口之家，每月收入 2293 新谢克尔（折合 637 美元）。2014 年的调查表明，有 25.8% 的巴勒斯坦人生活在贫困线以下，其中约旦河西岸占 17.8%，加沙地带占 38.8%；有 12.9% 的巴勒斯坦人每月收入不足 1832 新谢克尔（折合 509 美元），生活在极度贫困中。近年来安全局势恶化使巴勒斯坦贫困人口日益增多。特别是处于严密封锁下的加沙地带，目前有 70 多万人处于贫困中。

巴勒斯坦各地之间的贫困率相差很大。将近一半的贫困人口生活在加沙地带的汉尤尼斯、加沙城以及约旦河西岸的希伯伦。而东耶路撒冷、拉姆安拉和纳布卢斯三个城市一直是较为富裕的社会、经济和商业中心，登记的贫困人口比例在 2% ~7%。

3. 抚养比上升

失业率增加导致巴勒斯坦人口抚养比（总体人口中非劳动人口数与劳动人口数之比）大幅增加。2001 年第三季度，抚养比增加到 6.6，比冲突前 2000 年第三季度的 4.8 增加了 37.5%，而到 2002 年第三季度，抚养比增至 8.6。由于加沙地带相对贫穷，又不断遭到完全封锁，抚养比率增幅大于 60%。2000 年第三季度到 2002 年第三年度，加沙地带抚养比从 5.9 上升至 18.1，约旦河西岸从 4.3 上升到 6.7。

2011 ~2015 年，约旦河西岸的抚养比在 4.5 左右波动；加沙地带则在维持在 6.5 左右，2014 年甚至高达 7.1。

七 环境保护

在以色列的限制下，巴勒斯坦人可使用的水资源远低于世界卫生组织的推荐标准。约旦河西岸家庭、城市和工业用途的平均用水量约为每人每天 73 升。现有的供水和污水处理设施尚不能满足人们的需要。2012 年，世界银行决定向巴勒斯坦提供 640 万美元拨款，用于改善加沙地带的供水条件和污水处理设施。2016 年的调查显示，巴勒斯坦 88% 的家庭使用公共供水系统，而只有 62% 的家庭接入了公共污水收集网络。2017 年，巴勒斯坦工程人员在纳布卢斯市建立了污水处理设施，准备将污水净化后用于灌溉和发电。这将是巴勒斯坦首次使用净化水发电。

山体含水层地下水系是巴勒斯坦居民最重要的水资源之一。水资源短缺，人口增长和经济发展，对地下水资源产生重大压力。生活污水、固体废物、工业活动和农业生产中的农药化肥，是威胁巴勒斯坦地下含水层的主要污染源。犹太定居者的活动也对巴勒斯坦环境造成一定破坏。对水资源的过度开采已经开始导致海水侵入加沙地带沿海含水层。

在欧盟资助下，巴勒斯坦开展了地下水资源保护项目，评估污染对地下水资源的影响及当地污染的发展趋势，为制定相关的环保政策提供科学帮助。

第二节　医疗卫生

奥斯曼帝国统治时期，巴勒斯坦居民主要依靠传统医疗技术和原始的民间方法治疗疾病，包括使用草药、夹板接骨、火烙、放血、拔火罐以及土法接生等，产婆、巫医在一定程度上起着医生的作用。① 直到 20 世纪初，巴勒斯坦的现代医疗水平仍然非常低下。由于普通民众缺乏食品和卫生知识，沙眼、疟疾、肺结核等疾病流行。诸多平民百姓只能求助于草药和巫医。第一次世界大战期间，巴勒斯坦的医疗卫生条件进一步恶化，受资金和资源限制，许多医疗机构关闭。

英国在委任统治时期将巴勒斯坦划分为四个医疗区，建立了医疗卫生

① Aref Abu-Rabia, “Bedouin Health Servives in Mandated Palestine,” *Middle Eastern Studies*, Vol. 41, No. 3, 2005, pp. 421 – 429.

体系，但远远不能满足民众需要。基督教会建立的医院成为阿拉伯民众的重要医疗机构。这些教会医院也为巴勒斯坦带来了西方的医疗技术。以色列占领时期，当地医疗卫生事业受到抑制。

巴勒斯坦自治政府成立后，医疗卫生事业得到一定发展。约旦河西岸和加沙地带的健康服务由巴勒斯坦卫生部、近东救济工程处、非政府组织和私营部门共同提供。自 1997 年以来，用于卫生方面的公共开支日益增加，2003 年达到 1.67 亿美元，占公共开支总额的 14%。医疗条件的好转使婴儿死亡率降低，人均寿命增加。2013 年，婴儿死亡率从 2006 年的 25.6‰下降到 12.9‰。2016 年年中，男性预期寿命为 72.1 岁，其中约旦河西岸为 72.4 岁，加沙地带为 71.5 岁；女性预期寿命为 75.2 岁，其中约旦河西岸为 75.5 岁，加沙地带为 74.6 岁。

一 医疗状况

根据巴勒斯坦中央统计局的数据，2014 年约旦河西岸和加沙地带共有医院 80 家，其中约旦河西岸 50 家、加沙地带 30 家，政府医疗机构 26 家，有 30132 名固定从业者。根据政府医疗机构所能提供的医疗条件计算，2014 年巴勒斯坦平均每千人有 1.6 名外科医生、0.77 名口腔医生、2.9 名护士、1.3 名药剂师、1.3 个床位（见表 6-1）。

表 6-1 巴勒斯坦医疗状况统计

项目	年度				
	1997	2000	2005	2010	2014
政府医院（家）	14	17	24	25	26
非政府医院（家）	29	48	52	51	54
总医疗量（人）	234529	181272	431117	482830	393450
每千人拥有床位（个）	1.2	1.4	1.3	1.3	1.3
床位占有率（%）	77	71.4	64.5	62.1	84.9
初级保健中心（个）	525	595	654	706	767

注：项目中的“总医疗量”和“床位占有率”两项数据仅包括政府医院。

资料来源：巴勒斯坦中央统计局网站，http://www.pcbs.gov.ps。

许多传染病已经得到成功控制，疟疾、梅毒和新生儿破伤风等致命疾病早已被消灭。从 1982 年开始就已没有白喉病例报告，从 1984 年起就已没有小儿麻痹症病例报告。瘟疫和狂犬病病例也不再出现。新增囊尾蚴病例报告为百万分之一。肺结核发病率降至十万分之一。非传染性疾病如心血管疾病、高血压、糖尿病和癌症已经超过传染病，成为巴勒斯坦人发病和死亡的主要原因。

医疗保险得到一定发展，约有 30% 的巴勒斯坦人参加了政府医疗保险。政府医疗机构为部分家庭提供了免费的医疗保险。

二　预防医疗

随着巴勒斯坦社会的发展，卫生保健制度逐步建立，卫生保健中心、妇女儿童保健中心、专科诊所、计划生育诊所、口腔科诊所和化验中心等医疗保健机构都建立起来。

巴勒斯坦重视母婴健康。2000 年以来，95% 以上的妇女能够享受产前保健，2014 年得到产前保健的妇女达到 99.4%。2010 年以来，99% 以上的婴儿出生在各级医疗卫生机构。2014 年，90.7% 的产妇能够得到专业人员的产后护理。为提高婴儿健康水平，卫生部门通过各种渠道对母亲进行健康教育，大力提倡母乳喂养，约 96.5% 的婴儿能够得到母乳喂养。巴勒斯坦使用符合世界卫生组织标准的疫苗接种和免疫方案，为所有婴儿和儿童免费接种疫苗。2014 年，仅有 2% 的一岁儿童没有进行麻疹等疫苗接种。儿童在 3 岁前都能够获得免费治疗，以及免费提供的铁元素、维生素 A 和维生素 D。医疗部门对每个儿童的成长进行监控，通过早期检测及时发现先天性疾病。

学校设有校园医疗项目，负责监控学生的健康状况。在过去几年中，医疗队为一年级、七年级和十年级的学生进行了体检，并为每个学生设立医疗档案。但由于以色列的封锁和宵禁，大部分校园医疗项目停止。

卫生教育计划是政府医疗部门的重要项目之一。这个计划针对不同年龄段的人群，以发放卫生手册、播放电视节目和广播等形式传播卫生知识。

三　制药业

巴勒斯坦制药业开始于1969年。1967年约旦河西岸和加沙地带被以色列占领之后，当地药品进口遭到禁止。被占领土的药品进口商建立了制药厂，以满足巴勒斯坦民众需求。当时的制药厂大多是国际医药公司的授权机构。

几十年来巴勒斯坦制药业迅速发展，特别是在实现药品安全、满足市场基本需求方面取得了显著进展。抗生素、治疗糖尿病药物、降低高血压药和镇痛药等基本药品能够满足当地市场需求。巴勒斯坦制药业符合国际质量标准，4家制药厂获得药品生产质量管理规范（GMP）认证，能够进入阿拉伯国家市场和国际市场。然而，巴勒斯坦制药业也面临重大挑战，如本地市场狭小、以色列对原材料进口设置的壁垒等。尽管如此，当地制药企业仍努力合作研发新药。

巴勒斯坦制药集团（Phamacare PLC）是第一家出口药品的巴勒斯坦制药企业，1993年就将产品出口到原来苏联的加盟共和国，2008年从德国政府主管当局获得欧洲GMP认证，成为巴勒斯坦第一家也是唯一一家将产品出口到德国的制药公司，目前其产品出口到9个欧盟国家。2009年，巴勒斯坦制药集团还在马耳他、英国等地建立了药厂和销售机构，生产通用药物和抗肿瘤等高效药物销往欧盟、北非和中东国家。2012年，巴勒斯坦制药集团获得巴西GMP认证，准备向拉丁美洲出口药品。

四　冲突对巴勒斯坦医疗卫生的影响

巴以冲突不仅造成巴勒斯坦人员伤亡和精神创伤，还使普通民众无法获得必需的医疗卫生服务，严重危害了巴勒斯坦民众的健康。

由于长期处于冲突状态，约旦河西岸和加沙地带医疗设施较为陈旧，药品供应不足，一些保健中心、诊所和医院遭到以军破坏。由于资金缺乏，药品供应和医疗设施的更新无法进行。卫生部相当部分的预算来自巴自治政府的财政拨款。冲突以来，政府财政收入的减少影响到对卫生部的拨款。2001年，巴勒斯坦自治政府医疗机构开支为8000万美元，约有

2900 万美元的赤字，而 2000 年只有 760 万美元。以色列对约旦河西岸和加沙地带的占领、封锁阻碍了卫生工作者、急救服务者以及病人的自由流动，导致许多诊所关门。约 200 万名居住在农村的巴勒斯坦人由于封锁无法得到及时的医疗卫生服务。一些救护车由于被以色列军方认为是运送武装分子和军火而被烧毁。受局势影响，加沙地带的卫生情况更加恶化。自 2007 年 6 月哈马斯控制加沙地带后，以色列几乎完全封锁了边境，只允许人道主义物资进入。据联合国人道主义事务协调办公室统计，到 2007 年 10 月，当地中心药店的药品库存耗尽，91 种药品无法供应。

冲突导致的贫困使许多人饱受营养不良之苦。2001 年，营养不良症患者人数比 2000 年增长 125.6%，其中 21% 的患者属于重度或中度营养不良。2004 ~2005 年，5 岁以下儿童中营养不良症患者人数增长了 3%。贫困和颠沛流离的难民生活导致传染病和慢性疾病增多、死亡率增高。冲突导致的经常性停电和道路封锁致使一些疫苗无法按规定保存和运输，导致免疫接种率下降，儿童感染传染病和流行病的风险增大。2005 年至 2007 年中期，慢性疾病患者人数增长了 31%。动荡的安全形势对巴勒斯坦人的心理也造成极大伤害，癫痫、精神分裂症、神经性遗尿症、行为障碍等疾病显著增加。2001 年，精神疾病患者人数比 2000 年增长 60%。由于受伤者增多，在政府医疗部门输血的患者从 1999 年的 25799 人增加到 2001 年的 63145 人。

2006 年以后，巴以冲突在加沙地带日趋激烈。2008 年加沙战争后，加沙地带有 14 座医院和 29 辆救护车被毁。2014 年加沙战争中，加沙地带有 15 座医院被毁，6 家医院关闭。持续的封锁和频繁的武装冲突，使巴勒斯坦居民遭受着难以忍受的压力，2014 年，有近一半的巴勒斯坦人承受着严重的心理创伤和安全焦虑，很多人患上创伤后综合征。加沙地带约 40 万名儿童出现心理问题，特别是那些经历过家庭成员受伤及在战争中失去父母的孤儿，所受创伤更深。对于这些心理疾病，当地并没有治疗的途径。

五　医疗援助

1. 近东救济工程处的保健工作

近东救济工程处在巴勒斯坦难民中实施保健方案，重点是全面基本保健，包括各种妇幼保健和计划生育服务，学校保健服务、保健教育和宣传活动，门诊病人医疗服务，预防和控制传染病和非传染疾病以及以妇产科、助产科、小儿科和心脏科为主的专科保健。此外，还有牙科和基本的辅助服务，如放射与化验室设施。基本保健方案还包括身体残疾者的康复服务及提供基本的医疗用品。

为应对21世纪巴勒斯坦难民不断变化的卫生需求，近东救济工程处自2011年开始实施医疗改革。改革的核心内容是建立家庭保健工作队（FHT）和“电子保健”（e-Health）服务。家庭保健工作队是以家庭为中心、持续和全面的初级卫生保健服务，不仅注重治疗，而且注重健康的生活方式。“电子保健”由近东救济工程处开发的电子医疗记录系统组成，用于改善患者的数据管理。到2016年底，家庭保健工作队已经推广到除叙利亚以外的全部117个保健中心，“电子保健”也在黎巴嫩和加沙地带的所有保健中心投入运行。

2016年，近东救济工程处门诊部共诊治了855万多人次的各科病人，其中近61%是女性难民。叙利亚危机使巴勒斯坦难民的生活受到严重影响，留在当地的人流离失所，缺医少药。近东救济工程处通过设立医疗点等途径，为他们提供初级卫生保健。

近东救济工程处在巴勒斯坦难民中开展疾病预防和控制工作，包括：控制可用疫苗预防的疾病；预防通过媒介传染的疾病；预防新出现的传染疾病，如艾滋病病毒/艾滋病，控制结核病等传染病；预防和控制与生活方式有关的非传染病，如糖尿病和高血压等。此外，近东救济工程处还开展广泛的保健教育活动，以推广健康的生活方式。

2. 国际社会的援助

国际社会积极对巴勒斯坦进行医疗援助，主要是向巴勒斯坦政府医疗机构援助医疗项目，包括为中级医疗保健领域、卫生保健中心系统、疫苗接种、妇女卫生项目及化验室项目提供资助；主要的捐赠者有世界银行、阿拉伯国家、伊斯兰银行、美国国际开发署、欧盟委员会及其成员国、日本政府和英国国际发展部等。

第七章

文　化

第一节　教育

巴勒斯坦人极其重视教育，受教育水平较高，2006 年底成人识字率为 93.5%，高于其他阿拉伯国家。[①] 到 2016 年，巴勒斯坦 15 岁以上人口识字率达到 97.2%，男性人口识字率为 98.6%，女性人口识字率为 95.8%。

巴勒斯坦入学率很高。根据巴勒斯坦中央统计局的统计数据，2015～2016 年，巴勒斯坦在校生总人数为 1192808 人，141396 名儿童接受了学前教育。包括基础教育和中等教育在内，巴勒斯坦共有 2914 所学校，学生与教室比为 30.1。学生教师比平均为 21.6，就地区而言，约旦河西岸为 19.8，加沙地带为 24.8；就学校性质而言，公立学校为 20.6，近东救济工程处所办学校为 29.2。总体来看，巴勒斯坦的教育资源分配情况不断改善。

一　教育制度[②]

巴勒斯坦基础教育可以分为学前教育、初等教育和中等教育。幼儿园为 4～6 岁儿童提供学前教育。幼儿园几乎全部由非政府组织建立，既没有政府资助，也不受教育部管辖。由于不在官方规定的正式学制内，整体

① *Country Profile*：*Palestinian Territories 2007*，p. 20.

② *Palestine Human Development Report 2002*，Birzeit University's Development Studies Programme，2002.

入学率不高。

正式学制的基础教育从6岁开始，1年级至10年级为初等教育，属于义务教育。初等教育又分为两个阶段，1年级至4年级为低级阶段，5年级至10年级为高级阶段。1年级至4年级安排了社会科学、艺术和工艺课程，技术和应用科学课程则安排在5年级至11年级。1年级至9年级的学生都必须学习国情教育课程。学生从1年级就开始学习英语。在高级阶段安排有一门选修课程，学生可以选修第三门语言、家政学、卫生学或环境科学。10年级开设农艺学、工学、管理学和旅游学课程，学生必须从中选修两门。

中等教育为11～12年级，分为学术教育和职业技术教育两个培养方向：学术教育包括文科和理科；职业教育分为工业、贸易、农业和护理几种。学术教育包括基本课程、三门理科课程（物理、化学和生物）以及三门文科课程（经济与管理、历史和地理），学生必须选修两门理科课程和两门文科课程。但由于多种原因，只有1/4的学生选修理科课程。

高等教育分为两种，一种是两年制的专科学校，另一种是四年制大学（工程专业为5年）。学生完成中等教育后方能接受高等教育。

此外，巴勒斯坦还有职业技术培训、成人教育、继续教育、扫盲教育以及为残疾学生提供的特殊教育等教育形式。职业技术培训分为两年制的长期培训和短期培训。成人教育主要由各类文化中心举办。继续教育主要提供职业培训，多为教育部以外的其他机构举办，如劳动和社会事务部、地方或国际社会、宗教机构和私人机构等。

巴勒斯坦的学校可以分为政府公办学校、私立学校和近东救济工程处所办学校。耶路撒冷除了有伊斯兰宗教基金会掌管、隶属巴勒斯坦教育部的学校外，还有一些由市政部门或以色列教育部主管的学校。学校类型有男校、女校以及男女混校。

二　基础教育

1. 基础教育概况

巴勒斯坦的基础教育部门比较庞大，并不断发展。1967～1968年，即以色列占领初期，约旦河西岸和加沙地带的学生人数接近22万人。1994年8月，巴勒斯坦民族权力机构全面接管教育部门。1994~1995学年，巴勒斯坦在校生人数达到65万人，2000~2001学年接近100万人，2015~2016学年则超过130万人。表7-1显示了不同学年巴勒斯坦各地区在校生人数情况。

表7-1 不同学年巴勒斯坦各地区在校生人数统计

单位：人

地区与学年	政府		近东救济工程处	私人		合计
	学校	幼儿园	学校	学校	幼儿园	
巴勒斯坦						
1994~1995学年	418807	—	161332	37729	36829	654697
2000~2001学年	615558	53	232407	59163	69194	976375
2015~2016学年	781169	1350	296835	114804	140046	1334204
约旦河西岸						
1994~1995学年	304346	—	43969	34632	35768	418715
2000~2001学年	431596	—	55667	53585	46728	587576
2015~2016学年	548820	1274	48776	95569	77447	771886
加沙地带						
1994~1995学年	114461	—	117363	3097	1061	235982
2000~2001学年	183962	53	176740	5578	22466	388799
2015~2016学年	232349	76	248059	19235	62599	562318

资料来源：巴勒斯坦中央统计局网站，http：//www.pcbs.gov.ps。

高出生率及人们对教育的需求导致入学人数不断增加。20世纪70年代，约有一半的学龄儿童接受了基础教育，有1/3的人能够继续完成中等教育。21世纪初，适龄学生入学率几乎为100%，一半以上能够完成中等教育。幼儿园尤其是加沙地带的幼儿园的入学率也不断提高。一些私立学校只接收上过两年幼儿园的儿童，在一定程度上刺激了幼儿园入学人数的增加。除了人们对教育的重视外，人口的激增及职业母亲的增多也是幼儿园入学率提高的主要原因。

在校学生中，男女比例并无明显差别。根据2000~2001学年的统计，男生占全部学生的 50.1%，女生占 49.9%。但 2000 年以来巴以大规模冲突导致的经济危机迫使很多本应接受中等教育的男生（16 岁以上）不得不走上工作岗位，从而使接受中等教育的女生人数超过男生。根据2015～2016 学年的统计，男生占全部学生的 49.6%，女生占 50.4%。

影响巴勒斯坦教育质量的主要问题是教育基础设施不足。巴勒斯坦学校数量满足不了学生的需求，特别是公立学校和近东救济工程处所属的学校学生拥挤。大量捐款投入学校，部分改善了教学条件。然而，这些改善赶不上学生数量的增加速度。私立学校由于收费高昂，情况稍好。2013 年，巴勒斯坦有公办学校 2784 所，其中 1842 所服务于基础教育，942 所服务于中等教育；其中 2094 所分布在约旦河西岸地区，690 所分布在加沙地带。政府主办的学前教育机构尤其缺乏，大部分学前教育机构都由私人创办。

师资缺乏也是巴勒斯坦教育部门面临的一大问题。教师缺乏必要的培训，职业素质难以得到提高。薪酬涨幅跟不上通货膨胀的速度也导致越来越难以征聘和留住有才干的教师。很多教师对待遇不高颇有怨言，尤其是政府所属学校，许多教师不得不从事第二职业以提高收入。

对教育更大的威胁来自动荡的局势。2000 年阿克萨起义爆发以来，部分教学设施处于以色列的包围封锁之中，教学活动停止，教育部门的教学计划无法实施。联合国儿童基金会 2002 年 11 月的调查显示，以色列的封锁使 22.6 万多名儿童和 9300 名教师无法按时到校，580 所学校不定期关闭。在局势最动荡的 2002 年，约旦河西岸地区无法教学时间占比达 4%。封锁减少后情况有所好转，2003～2004 学年降为 0.4%，大部分初级和中级学校能够正常开课。由于冲突造成巴勒斯坦自治政府财政困难，虽然有大量捐助，但学校的预算也只能保证 50%。

2006 年以后，以色列对加沙地带的军事行动对教育基础设施造成了极大破坏。巴勒斯坦教育部公布的数据显示，2014 年加沙战争损毁了加沙地带 690 所学校中的 180 所，导致 47.5 万名儿童无法入学，对教育质量产生了严重的不良影响。

2. 巴勒斯坦课程计划

约旦河西岸的学校过去使用约旦的教材，加沙地带的学校主要使用埃及的教材。为编撰适合巴勒斯坦情况的统一教材，1995 年巴勒斯坦成立了课程发展中心，制订实施课程计划，着手编撰课本、训练教师。根据课程计划，逐年用新教材更换初等教育和中等教育各年级使用的原有教材，最终使巴勒斯坦所有学校使用统一教材。2000～2001 学年，一年级和六年级开始使用新教材；2001～2002 学年，二年级和七年级也开始使用新教材；2004～2005 学年，新教材更换工作全部完成。所有教材在经过两个试用阶段后正式出版。

课程计划安排了内容丰富、现代的学习内容，并具有一定的灵活性，但核心还是向学生灌输知识的传统教学模式。巴勒斯坦教育部门正在努力改变这种状况，注重教师、学生的互动，发挥学生的主观能动性，培养学生探索、钻研知识的兴趣。

由于人力和资金不足、政治形势恶化等原因，巴勒斯坦课程计划的实施将是一个长期的过程。

三 职业技术教育和培训

职业技术教育和培训对巴勒斯坦的发展及减轻贫困至关重要，受到巴勒斯坦教育与高等教育部、劳动部等部门的重视。除基础教育的中级教育阶段提供职业技术教育外，还有成人教育、继续教育等多种教育形式，并提供职业技术教育和培训。此项教育与国民经济密切相关，课程设置灵活，可以根据需要变更。

加沙地带和约旦河西岸有 16 所职业技术学院，其中公办 5 所、私立 4 所，近东救济工程处专为巴勒斯坦难民开办的 7 所。2000 年 9 月以来，动荡的政治形势使职业技术教育与培训进行起来极其困难。冲突在打断学院课程的同时，也限制了人员往来。为尽量减少危险，高等教育部允许学生到附近并非他们注册的学院上课。而近东救济工程处开办的职业教育与培训学院则设有住校部，为学生和部分教职工提供膳宿或交通工具。为应付可能出现的困难情况，职业技术教育部门制订了应急计划，合理安排教学进度，采用灵活的教学方式，根据专业性质、当地的安全状况和劳动力市场的需求，随时调整培训时间和培训期限以及实施方法。

四 高等教育

1. 高等教育制度

巴勒斯坦是阿拉伯国家中除埃及和沙特阿拉伯以外拥有大学最多的国家之一。① 目前共有53所得到认证的高等教育机构，其中包括1所开放大学。约旦河西岸有9所传统大学、12所大学学院、20所社区学院；加沙地带有5所传统大学、6所大学学院、7所社区学院。这些大学专业设置比较齐全，涵盖了人文、自然科学、商业、经济、工程、农学、法律、制药、医学、护理、教育和旅游管理等。

根据设立者不同，高等教育机构可以分为政府高等教育机构、公共高等教育机构和私立高等教育机构三大类。根据教学内容，高等教育机构又可分为大学、大学学院、技术学院和社区学院。大学学习年限不低于3年，讲授学士学位课程，还讲授更高学位的课程，如硕士、博士学位课程；大学学院讲授学术教育或职业教育课程，毕业后颁发学士学位，学习年限为2年或3年；技术学院进行职业技术教育，也可以授予学士、硕士或博士学位；社区大学提供不超过一年的学术或职业技术教育。

大部分大学是私立的非营利性机构，主要由校董事会负责制定政策，校长负责日常管理。1987年，巴勒斯坦成立高等教育委员会，负责高校管理工作。巴勒斯坦民族权力机构成立后，于1996年设立高等教育部，负责中等教育之后的所有教育工作，后与教育部合并组成教育与高等教育部。大学校长会议负责教育与高等教育部同各个大学的协调、合作。

2. 高等教育发展状况

20世纪80年代以来，巴勒斯坦高等教育得到迅速发展。根据1997年12月的统计资料，约旦河西岸（不包括耶路撒冷）和加沙地带拥有两年制大学文凭的学生有7.2万人，其中5.1万人（71%）毕业于巴勒斯坦的教育机构；拥有学士学位的学生有6.6万人，其中2.7万人（41%）毕

① *Palestine Human Development Report 2002*, Birzeit University's Development Studies Programme, 2002.

业于巴勒斯坦的教育机构；拥有研究生学历的学生有6100人，其中1000人（14%）毕业于巴勒斯坦的教育机构。

由于理工各学科建设欠缺，师资有限，各专业的毕业生分布很不均匀。毕业于自然科学、数学、计算机、医学、工程、农学等科学领域的学生约占毕业生总人数的1/3。1997年9月底的统计数字显示，25~44岁年龄段的巴勒斯坦人中，有18%完成了高等教育，其中36%就读的是理工专业。

1998年以后，高等教育取得了令人瞩目的成就。巴勒斯坦的大学新生录取人数平均每年增加8000人，录取总人数从1994~1995学年的2.8万人增至2000~2001学年的7.5万人。同期社区大学学生人数增加较少，只是从4000人增至5000人。2004年的统计数据显示，18~21岁巴勒斯坦青年中，44%的人仍在接受全日制教育。就世界范围来说，这是很高的比例。而2003年阿拉伯世界其他国家同年龄段青年接受全日制教育的比例只有15%。

本地高等教育的发展也为女性提供了更多接受高等教育的机会。受过高等教育的女性为男性的58%。但在30岁以下人群中，男女之间的差距逐渐缩小。第二次“因提法达”爆发后，巴勒斯坦经济形势恶化，男生过早地进入劳动力市场，辍学率较高，导致中学阶段女生的比例开始超过男生。相应的，进入大学的女生也比男生多。2014~2015学年，传统大学和大学学院共有在校大学生209125人，其中女生约占60.97%；在校研究生共有39672人，其中女生约占61.26%；社区学院共有在校大学生12270人，其中女生约占47.73%。巴勒斯坦女性不仅接受高等教育的人数增多，而且在高等教育的学历层次上也有所提高，一些女性取得了硕士甚至博士学位。巴勒斯坦各高等教育机构中就有286名具有博士学位的女教师。

巴勒斯坦高等教育机构要求教师必须具有硕士或博士学位。2012~2013学年，具有博士学位的高校教师共有3119名，占教师总数的44%。2014~2015学年，传统大学和大学学院中共有6683名教师，其中男教师5269名；社区学院共有教师447名。

3. 促进高等教育发展

为促进巴勒斯坦高等教育的发展，1997 年 5 月，高等教育部制订“1997 ~ 2001 年高等教育合理化计划”，10 月又提出“巴勒斯坦高等教育指导建议”。此外，高等教育部制定实施了“巴勒斯坦高等教育战略”，把发展高等教育作为促进巴勒斯坦经济、社会发展的重要措施，旨在提高高等教育质量，加强高等教育课程管理，促进与国际高等教育机构的合作。但动荡的政治形势阻碍了该战略的实施。

1998 年 12 月，巴勒斯坦颁布了《高等教育法》。《高等教育法》规定了高等教育的目标、高等教育部的职权、高等教育机构的管理等，要求保障学术自由以及高等教育机构的独立与神圣。

4. 主要大学简介

巴勒斯坦比较著名的大学有圣城大学（Al-Quds University）、比尔宰特大学（Birzeit University）、成功大学、希伯伦大学（Hebron University）、伯利恒大学（Bethlehem University）和加沙伊斯兰大学（Islamic University of Gaza）等。

比尔宰特大学位于拉姆安拉附近，1972 年开始开设四年制学士学位课程，1975 年改为现名。为世俗学校，也是巴勒斯坦学术水平最高、设备最好的大学。下设人文、自然科学、工程学、商业与经济、教育学等 5 个学院，开设当代阿拉伯研究、阿拉伯伊斯兰历史、国际政治、经济、教育、法律、公共卫生、社会学、水利工程、商业管理、医药技术等专业。2016 ~ 2017 学年，学校有教职员工 861 名、学生 1.3 万人。学校教学严谨，学术氛围浓厚，拥有一批国内外知名的专家学者，享有国际声誉。

成功大学位于约旦河西岸城市纳布卢斯，前身为高级中学，1977 年升格为大学。1978 年加入阿拉伯大学协会。成功大学是巴勒斯坦规模最大的大学，有学生约 2 万人。学生大部分来自巴勒斯坦本土，也有少部分来自世界其他地区。共有 13 个学院，设有人文、自然科学、信息技术、医药学、经济学、行政管理、教育学、工程学、伊斯兰法学等 87 门学士学位课程，拥有 52 个硕士学位和 2 个博士学位授予点。

希伯伦大学建立于 1971 年，学生几乎全部来自希伯伦地区。设有人文、农学、教育学、自然科学、金融学、管理学、护理学等专业，目前有 39 个专业能够授予学士学位，拥有 8 个硕士学位授予点。希伯伦大学具有浓厚的伊斯兰色彩，是伊斯兰大学联盟成员，也是阿拉伯大学协会成员。

伯利恒大学由天主教兄弟会（The De La Salle Brothers）建立于 1973 年。根据当地社会需求设置专业，主要有人文、自然科学、商务管理、护理学、酒店与旅游管理等。伯利恒大学受到梵蒂冈天主教会支持，是国际天主教大学联盟、阿拉伯大学协会等组织的成员。

圣城大学成立于 1984 年，行政中心设在东耶路撒冷旧城墙外，是耶路撒冷唯一一所巴勒斯坦大学；鼓励纯学术研究，设有 15 个学院和 29 个研究所、研究中心，开设有公共卫生、药学、护理学、牙科学、计算机、食品加工技术、环境学、农业化学工业、社会科学等专业；有 1.2 万名在校生。

加沙伊斯兰大学建于 1978 年，是加沙地带第一所高等教育机构，能够授予农学学士、理学学士、文学硕士、理学硕士等学位；约有 2 万名学生；与阿拉伯国家以及美国、欧洲国家的大学建立了合作关系，是国际大学协会、地中海大学协会、伊斯兰大学联盟、阿拉伯大学协会 4 个组织的成员。

5. “和平项目”

1991 年，欧洲几所大学与巴勒斯坦的大学合作，发起“和平项目”，支持巴勒斯坦大学的学术研究。12 所欧洲大学与 6 所巴勒斯坦大学（圣城大学、成功大学、比尔宰特大学、伯利恒大学、加沙伊斯兰大学、希伯伦大学）签订“巴勒斯坦 - 欧洲教育领域学术合作”（Palestinian-European Academic Cooperation in Education）协议。由于这个合作项目名称的英文首字母缩写为“PEACE”，故称为“和平项目”。① 和平项目受到联合国教科文组织和欧盟委员会的支持，主要在机构建设、人员和学术交流、学术研究等领域与巴勒斯坦大学开展合作。

巴勒斯坦民族权力机构建立后，“和平项目”得到进一步发展。1994

① 联合国教科文组织网站，http：//www. unesco. org/general/eng/programmes/peace. palestine。

年11月在比利时举行的“支持巴勒斯坦高等教育机构学术合作国际会议”及1996年11月在纳布卢斯举行的“高等教育在独立的巴勒斯坦国中的作用国际会议”召开后，“和平项目”成员增多，活动范围扩大。1995年，联合国教科文组织下属的“和平项目”办公室在巴黎建立。到1997年9月，成员包括70所欧洲、北美大学，8所巴勒斯坦大学和3个大学联合会。2012年12月，在联合国教科文组织总部召开了第八届国际“和平项目”会议和第九届“和平项目”大会。

五　近东救济工程处对巴勒斯坦难民的教育援助

近东救济工程处对巴勒斯坦难民进行教育援助，主要包括四个方面：普通教育、师资培训、职业和技术教育以及教育规划与管理。

1. 普通教育

近东救济工程处根据难民收容政府的教育制度确定基础教育方案，包括小学6年、初中3年或4年。到2016年底，近东救济工程处在5个作业地区（约旦河西岸、加沙地带、黎巴嫩、约旦和叙利亚）设立了702所学校，为50多万难民儿童提供免费基础教育，还在黎巴嫩提供中等教育。[①] 近东救济工程处也开设补习教育和特殊教育服务，包括开办各种补习班、自愿增加课时、执行各种视听方案、编发强化课程和自修教材等。这些活动为学得较慢、需要补习的学生以及盲童和聋哑儿童提供了帮助。

2. 师资培训

为了提高近东救济工程处所聘教师的资历，使其达到约旦和巴勒斯坦民族权力机构的标准，近东救济工程处在约旦和约旦河西岸设有3个教育学院培训中心，提供执教前和在职师资培训，结业时发给初级大学学位。近东救济工程处和联合国教科文组织的教育研究所也为教职人员提供在职培训，以提高和改进所聘教师、校长和学校督学的专业能力。2015年底，

① 联合国近东巴勒斯坦难民救济和工程处主任专员的报告（2016年1月1日至12月31日），大会正式记录，第七十二届会议，补编第13号（A/72/13），联合国，纽约，2017。

近东救济工程处的全部教师都接受了人权、冲突解决和宽容培训。2015～2016 学年，所有学校都举办了校一级的规划和补充培训讲习班。

3. 职业和技术教育

近东救济工程处在约旦河西岸、加沙地带、黎巴嫩、约旦和叙利亚 5 个作业地区开设职业和技术培训中心，为初中和高中以上学生开设两年制职业培训班，并根据当地劳动力市场的需求为学员开设两年制技术/半专业课程，提供各种技术、医务辅助和商业方面的技能培训。此外，近东救济工程处设在约旦河西岸和加沙地带的培训中心还与非政府组织或巴勒斯坦民族权力机构合作，临时组织举办各种短期职业技术培训班。

4. 教育规划与管理

自 1999 年 12 月开始，近东救济工程处利用捐助资金开展有关宽容和解决冲突的教育，目的在于进一步加强近东救济工程处促进基本人权概念和原则的工作，提高对宽容的重要性的认识，并训练巴勒斯坦儿童和青少年以非暴力方式解决冲突，包括推广同侪调解技能。

第二节　科学技术

一　自然科学

巴勒斯坦与联合国教科文组织合作，在水资源管理、预防灾害和生态旅游三个主要领域进行科学研究。

在水资源管理方面，两名巴勒斯坦水资源专家开展地下水状况的研究评估，目的是确定重大难题和捐助者提供资助方面的缺口。为减缓自然灾害，巴勒斯坦和联合国教科文组织合作，在约旦河西岸举办了一系列培训班，重点是研究现有地震危险和提高巴勒斯坦基础设施抗灾能力所需采取的措施。在生态旅游方面，联合国教科文组织向约旦河西岸和加沙地带派出一个实地考察组，配合巴勒斯坦有关机构，探究和评估加沙地带沿海区域的综合治理情况。在这次考察后，巴勒斯坦相关机构邀请联合国教科文组织筹办一期“巴勒斯坦专家生态旅游培训班”。巴勒斯坦自治政府还计划在此项活动与文化旅游项目之间建立理论和实际的联系。

巴勒斯坦水资源有限，用水紧张。在欧盟委员会、荷兰外交部、联合国教科文组织、美国国际开发署等机构的资助下，比尔宰特大学环境与水资源研究所（Institute of Environmental and Water Studies）开展了一系列发展研究项目。这些项目旨在探讨如何在巴勒斯坦社区建立可持续的供水和卫生设施，并研究经济发展对水质和水量等环境问题的影响。加沙地带的大学也开展了关于海洋环境问题的研究。

2013 年，巴勒斯坦共有研发人员 8715 人，其中全职研发人员 5162 人，共投入研发资金 6140 万美元。

2017 年 5 月，中东同步加速器辐射实验科学和应用中心（SESAME）在约旦建成。这是中东地区建造的第一个此类设施，来自巴勒斯坦的科学家也参与其中，与来自以色列、伊朗、约旦、土耳其等国的同事一起工作。

二　人文社会科学

联合国教科文组织支持巴勒斯坦大学中的研究机构开展相关科学研究。1995 年，联合国教科文组织在几所巴勒斯坦大学中开设考古学讲座，并于次年在圣城大学设立外文资料中心。1997 年，联合国教科文组织在成功大学设立“人权、民主及和平研究”机构，以促进巴勒斯坦大学中的相关研究，加强这些大学与国外大学在此领域的合作。

2006 年 1 月，联合国教科文组织和巴勒斯坦民族权力机构共同组建的巴勒斯坦妇女研究和文献中心（PWRDC）成立。这个中心既是文献和资料中心，同时也是观察站，是在北非以外的阿拉伯国家设立的首家类似机构。中心将致力于性别平等和人权问题研究，重点关注妇女权利立法、造成妇女贫穷的原因及其后果、针对妇女的暴力以及妇女参与政治生活的情况。此外，中心还将开发在线数据库、发行出版物、组织培训课程，并为部长、非政府组织、学生和研究人员提供信息。目前中心已经完成并提交了关于妇女和贫穷、从性别角度制定新的学校课程、增强妇女能力方面的三个研究项目。

三 巴、以专业人员和学术界之间的对话

在国际社会的推动下，巴勒斯坦和以色列专业人员及学术界开展了一些对话、交流活动。在日本提供的信托基金的资助下，以色列－巴勒斯坦科学组织（IPSO）成立，致力于推动开展有巴勒斯坦和以色列科学工作者参与的优质联合科研项目。为提高以色列－巴勒斯坦科学组织及机构的能力，联合国教科文组织为少量涉及自身计划和优先事项的科研活动建议提供启动资金。

学术合作方面，来自4所巴勒斯坦大学和5所以色列大学的学生与意大利罗马大学合作，共同实施社会科学与人道主义事务硕士学位项目。这个硕士学位项目已于2005年10月启动。

联合国教科文组织与日本国际协力事业团（JICA）合作，正在制定一项新的促进文化旅游的地区对话行动项目，私营部门、市政府和来自巴勒斯坦本土、以色列、约旦和埃及的文化与自然遗产专家参加了这个项目。

第三节 文学艺术

一 文学

巴勒斯坦文学是指巴勒斯坦人以阿拉伯语创作的小说和诗歌等文学作品，是阿拉伯文学的重要组成部分。1948年巴勒斯坦战争后大批难民逃离家园，从此巴勒斯坦文学被分为“被占区文学”和“流亡文学”。[①]

被占区文学又被称为“抵抗文学”。早期的被占区文学主要是农村流行的民歌，表达巴勒斯坦人对压迫的反抗。随着生存环境日益恶化，被占

① 对于巴勒斯坦文学的构成，学术界存在不同观点。有学者认为，大致包括三部分：以色列境内巴勒斯坦人的作品、被占领土巴勒斯坦人的作品、流散在中东其他国家的巴勒斯坦人的作品。考虑到美国巴勒斯坦人英语文学作品的突出成就，也有学者认为，巴勒斯坦人用所在国语言创作的、以巴勒斯坦为主题的作品也应该算作巴勒斯坦文学。

区产生了一批具有强烈战斗精神的诗人和作家，但其中不少人遭到迫害。早期的“流亡文学”带有失望和思乡的情绪。随着民族解放运动的发展和武装斗争的开展，作品的题材和内容日益丰富，但主要是围绕解放斗争展开。

可以说巴勒斯坦现代文学诞生于民族解放运动，特殊的社会政治形势对文学产生了深刻的影响。当代巴勒斯坦作家在民族解放运动中成长起来，勇敢地投入争取民族解放的斗争，力求使文学创作为民族解放这个总目标服务。不少诗人和作家为解放事业献出了生命，在文学史上写下了光辉的一页。

1. 诗歌

与其他阿拉伯国家的文学一样，巴勒斯坦文学以诗歌为大宗。宗教价值观是 20 世纪初期巴勒斯坦诗歌的主要特点。1948 年以后，传统诗歌形式被以自由格律为特点的新诗替代。随着世界和地区政治形势发展，诗歌题材与现实生活紧密结合，内容大部分与反殖反帝斗争、反对犹太复国主义斗争、争取民族解放的事业密切相关。尤其是 1967 年以色列占领巴勒斯坦后，反映巴勒斯坦革命斗争的诗歌大量涌现。

伊沙夫·纳沙希比（Esaaf Al-Nashashiby）、易卜拉欣·图甘、女诗人法德娃·图甘（Fadwa Tuqan）、阿卜杜·拉希姆·马哈穆德（Abdel Rahim Mahmood）等人是早期巴勒斯坦诗歌的代表人物。纳沙希比是著名作家和阿拉伯语言大师，其文学风格在阿拉伯世界广泛推崇。法德娃是英国委任统治巴勒斯坦时期最著名的诗人，被认为是阿拉伯世界最优秀的先锋派作家之一，她的爱情诗表达了女性的自我觉醒，丰富了阿拉伯诗歌艺术宝库。易卜拉欣、马哈穆德等人的诗作带有浓郁的生活气息，给阿拉伯传统诗歌增加了清新的艺术特色。阿卜杜·凯里姆·卡拉米（Abdel Karim al-Karami）也是这一时期具有代表性的诗人，笔名艾布·赛勒玛（Abu Salma），有诗集《流亡者》《祖国颂》《以我之笔》等，反映了巴勒斯坦人民的生活和斗争。其中，《我们将重返》一诗表达了巴勒斯坦人民恢复民族权利、重返家园的愿望和决心。

马哈茂德·达尔维什（Mahmoud Darwish）是巴勒斯坦新一代诗人的

杰出代表，不但是巴勒斯坦“最著名的诗人”，被视为巴勒斯坦文化的标志性人物，而且被誉为“阿拉伯现代最著名的诗人之一”。他1941年出生在加利利附近的一个村庄。早期作品大都描写巴勒斯坦人遭受的故土沦丧、流离失所之苦以及巴勒斯坦人的反抗斗争，是抵抗运动的一个主要声音。因起草1988年巴勒斯坦独立宣言被称作巴勒斯坦的“民族诗人”。后期作品也涉及爱情、生命、死亡、人性等人类共同关注的普遍话题。自1964年出版第一本诗集《橄榄叶》以来，共出版了20多部诗集及散文集。《身份证》《巴勒斯坦的情人》等诗作是阿拉伯世界家喻户晓的名篇。许多诗篇被谱成歌曲广为传唱。作品享有国际声誉，被译为20多种语言，赢得了众多国际奖项。2000年以色列教育部长建议将达尔维什的诗列入高中课程。曾任巴解组织执行委员会委员，1993年为抗议巴以签署《奥斯陆协议》辞去委员职位。2008年8月9日逝世于美国，葬于拉姆安拉城外。

2. 小说

巴勒斯坦小说与巴勒斯坦的民族解放事业紧密相连。加萨尼·卡纳法尼（Ghassan Kanafany）是其中具有代表性的作家之一。他是“巴勒斯坦人民解放阵线”领导人，同时也是一位优秀的作家，黎巴嫩文学出版社曾出版其《巴勒斯坦抵抗文学》。他的长篇小说《阳光下的人们》，是巴勒斯坦文学史上里程碑式的作品，被阿拉伯文学界称为现代阿拉伯小说杰作之一。

拉沙德·阿布·沙维尔（Rashad Abu Shawir）也是一位优秀的作家，代表作有短篇小说集《绿瓦房》、长篇小说《巴勒斯坦事业》、报告文学《巴勒斯坦解放组织联合起来》，话剧《巴勒斯坦之梦》曾在大马士革的巴勒斯坦民族剧院演出。

3. “希卡耶”（讲故事）

“希卡耶”（Hikaye）是一种讲故事形式，已经流传了几个世纪。讲述人是妇女，听众是妇女和儿童。故事从女性的角度勾画社会结构，批评社会问题，内容是虚构的，但反映了中东阿拉伯社会和家庭问题，直接影响了妇女们的生活。

语言和文学上的技巧和风格使“希卡耶”与其他类型的民间故事截然不同。它运用日常生活中并不使用的特殊口语形式，利用语言、韵律、声音的感染力吸引听众注意力，成功地将其引入想象和虚构的世界。故事以巴勒斯坦方言（法拉伊乡村方言和马达尼城市方言）讲述。

“希卡耶”一般是冬天夜晚在家里讲述，在一种自然愉悦的气氛中，母亲讲给孩子们听。几乎每个70岁以上的巴勒斯坦妇女都是此类故事的讲述者。这种传统主要在上了年纪的妇女中流传，年轻男女很少参与，尤其是成年男性，基本不参加这种活动。

电视和其他大众传媒的普及导致“希卡耶”迅速衰落。由于不少巴勒斯坦人认为“希卡耶”是落后的象征，很多母亲转而给孩子们阅读或讲述外国故事。此外，巴勒斯坦当前政治形势对人们生活的持续破坏也导致“希卡耶”的衰落。

为更好地保存这一文化遗产，2005年联合国教科文组织宣布巴勒斯坦“希卡耶”为“人类口述和非物质遗产”。

二　戏剧、电影

1. 戏剧

巴勒斯坦戏剧的产生与发展历程和其他阿拉伯国家极其相似，都经历了古老的传统表演形式和现代戏剧的产生与发展这两个关联不太大的历史阶段。但特殊的地理位置及独特的历史、社会背景与经历使巴勒斯坦戏剧的产生与发展又具有不同的特点。

阿拉伯各国都有自己传统的类似戏剧的民间表演艺术，如诵诗、说书（讲故事）、宗教仪式以及木偶戏等。1948年以前，这些民间表演艺术同样流行于巴勒斯坦。演讲与诵诗是巴勒斯坦最早流行的表演形式，主要通过语言艺术的感染力吸引听众。说书（讲故事）是巴勒斯坦最重要的民间艺术形式之一，说书人讲述历史上英雄人物事迹等各种引人入胜的故事。说书艺人必须具备多种技能，以生动表现故事主人公不同的声音、语调、动作以及表情。木偶戏是中世纪巴勒斯坦最活跃、影响较大的一种民间艺术。木偶戏题材广泛，许多内容揭露、抨击现实社会中的阴暗面，因而遭到统治者的摧残，但深受大众喜爱。民间艺术为巴勒斯坦和阿拉伯现代戏剧的产生和发展准备了条件。

阿拉伯国家的现代戏剧是直接受西方影响产生的。19 世纪末，西方传教士把欧洲的各种道德、宗教戏剧带到巴勒斯坦上演。受其影响，巴勒斯坦戏剧发展起来。1815 年，巴勒斯坦第一家剧团成立，当年在耶路撒冷附近地区上演了自编戏剧《恶魔》。英国委任统治期间，巴勒斯坦建立了许多戏剧社团，利用戏剧激发民众的民族精神和爱国热情。

1948 年以后，巴勒斯坦绝大部分艺术家避难他国，只有少数留在当地。1967 年被以色列占领后，巴勒斯坦人开始运用戏剧作为武器进行反抗斗争。很多剧团建立起来，比较著名的有白拉林剧团、松杜克·阿贾卜剧团、巴勒斯坦剧团、哈克瓦特剧团等。从整体上来看，这一时期的戏剧艺术形式比较简单。直到 70 年代末，巴勒斯坦戏剧才冲破传统形式的束缚，有所发展，但遭到残酷的政治现实的阻碍。

由于长期处于被占领状态，各戏剧团体与外界隔绝，无法了解阿拉伯国家及世界戏剧的发展情况，巴勒斯坦戏剧受外界影响较小，受民间艺术的影响较大。加上资金短缺，巴勒斯坦戏剧形成了自己的特点：独幕剧的比例较大，由小说改编的戏剧对原著内容改变较大，有女主人公的戏剧较少，舞台美术简单。

2. 电影

巴勒斯坦本土电影诞生于 20 世纪 60 年代末。早期的本土电影又叫“巴勒斯坦抵抗电影”，绝大部分是新闻纪录片，内容主要有：抨击以色列的政策；记述“圣战”和烈士的事迹，彰显巴勒斯坦人的抵抗决心；论证巴勒斯坦人最终解放、重返家园的历史必然性。1968 年，法塔赫建立巴勒斯坦电影生产部，并于次年拍摄了第一部纪录片《不能和平解决》。1970 年，法塔赫拍摄了第二部纪录片《以鲜血和生命起誓》。与此同时，巴解组织、“巴解阵”、“民阵”等抵抗力量也都拍摄了一些宣传性的纪录片和短片。1972 年，巴勒斯坦电影生产部吸收阿拉伯国家致力于巴勒斯坦解放事业的电影工作者组成“巴勒斯坦电影协会”。

20 世纪 90 年代以来，巴勒斯坦拍摄的具有代表性的纪录片有以下几部[①]

《在国境线上》 影长 60 分钟，以 20 世纪 90 年代初巴勒斯坦人遭到以色列驱逐的事件为题，表明了巴勒斯坦人坚持斗争的决心和毅力。1993 年拍摄，导演为贾马勒·亚辛。

《耶路撒冷宣礼塔上的声明》 主题为犹太复国主义分子对耶路撒冷的侵略。1993 年拍摄，导演为贾马勒·亚辛。

《工程师》 影片长 50 分钟，讲述被称为“工程师”的巴勒斯坦炸弹专家雅哈亚·阿耶什的生平事迹。1995 年由哈马斯组织拍摄。

《阴谋》 影片长 60 分钟，记述“伊斯兰圣战组织”领导人被以色列暗杀的历史事件。1998 年拍摄。

《易卜拉欣圣坛上的鲜血》 影片长 60 分钟，主题为犹太人在希伯伦制造的屠杀事件。1998 年拍摄，由穆罕默德·易卜拉欣和乌萨玛·阿卜杜·里兹格共同导演。

《囚禁的月亮》 影片长 60 分钟，讲述被囚禁在以色列监狱的巴勒斯坦人的生活，表现被关押者的毅力和斗争精神。1999 年拍摄，导演为欧麦尔。

《黑色的仇恨》 影片长约 30 分钟，记述 2000 年 9 月巴勒斯坦阿克萨起义后以色列军警的暴行。2001 年拍摄，导演为贾马勒·拉什德。

《第四位工程师》 讲述巴勒斯坦青年穆罕纳德·陶希尔的事迹。

20 世纪八九十年代以来，新崛起的巴勒斯坦电影人吸收先进的电影文化理念，结合自身海外生活、学习经历，对巴勒斯坦问题进行了深刻反思，拍摄出具有鲜明文化特征的优秀影片，深受国际电影界瞩目，获得了很多国际大奖。这些电影大多由巴勒斯坦裔导演与欧洲及以色列导演合作拍摄，不仅使用阿拉伯语，还使用英语、法语和希伯来语。

米歇尔·海利非（Michel Khleifi）1980 年拍摄的影片《丰富的记忆》，被认为是巴勒斯坦人拍摄的第一部本国故事片。这部影片及其后来拍摄的三部影片《加利利的婚礼》（1987）、《岩石赞美诗》（1990）和《三颗宝石

---

① 邹兰芳、陆孝修：《巴勒斯坦电影》，《当代电影》2005 年第 4 期。

的故事》（1995）标志着巴勒斯坦电影的转折。伊利亚·苏莱曼（Elia Suleiman）拍摄的《失踪纪年》（1996）、《交叉命运》（2002）、半自传性电影《时光依旧》（2009）获得众多国际奖项。汉尼·阿布－阿萨德（Hany Abu-Assad）是出生于巴勒斯坦的荷兰籍导演，他拍摄了很多反映巴勒斯坦人生活的电影，比较著名的有《天堂此刻》（2005）、《奥玛》（2013）、《阿拉伯偶像》（2015）等。拉希德·马什拉维（Rashid Masharawi）是自学成才的巴勒斯坦导演，代表作品有《宵禁》（1994）、《去耶路撒冷的票》（2002）、《等待》（2005）、《莱拉的生日》（2008）、《去国留声手足情》（2013）等。巴勒斯坦导演艾马德·博纳特（Emad Burnat）与以色列导演合作，在2011年拍摄的纪录片《5台破相机》获得国际电影界的高度评价。

此外，巴勒斯坦还涌现出一批优秀的女性导演，如莱伊拉·桑索尔、达赫娜·艾布拉赫默、安妮玛利·雅西尔、阿里娅·阿拉索格蕾等。

三 音乐、舞蹈

1. 音乐①

巴勒斯坦人热爱音乐，几乎在任何场合都离不开音乐，尤其是在举行婚礼时。巴勒斯坦人以其特有的吹奏、弓弦和打击乐器演奏极富特色的乐曲，旋律婉转动听，节奏千变万化，能表达丰富、细腻的感情。传统音乐以阿拉伯的民族音乐为主，属于阿拉伯的传统五声音阶。巴勒斯坦音乐内容丰富，主要反映人们的爱情、爱国主义、智慧等，具有不同的歌唱形式。

阿塔巴（'Ataba）是巴勒斯坦最流行的歌唱形式，无论是农民、工人还是牧羊人，都会边工作边演唱阿塔巴。演唱者通常以长音调（Doaaaff）开始，然后演唱韵文歌词。韵文歌词由四段组成，前三段都以相同的词结尾，但含义不同，第四段通常以乐音词（aab，awa…）结尾。

达尔欧纳（dal'ona）是流行程度仅次于阿塔巴的歌唱形式，一般在跳

① "Palestinian Popular Songs," http：//www.barghouti.com/folklore/songs/.

传统舞蹈踏歌舞（Dabke）时演唱。与阿塔巴相同，达尔欧纳韵文歌词由四段组成，前三段都以相同的歌词结尾，第四段通常以乐音词（oana）结尾，但达尔欧纳前三段歌词不要求以相同的曲调结尾，比阿塔巴容易创作。

沙赫亚/萨米尔（Sahja/Saamir）是婚礼时演唱的歌曲。演唱者面对面站成两排，一排领唱一句歌词，另一排重复。有时候第二排人新起一句歌词，从而改变领唱和重复的顺序。

在和以色列的长期冲突中，巴勒斯坦阿拉伯人唱着自己的战歌进行武装斗争，战歌成为巴勒斯坦音乐的标志。《巴勒斯坦解放组织之歌》就是其中的代表。这是一首慷慨激昂的游击队进行曲，威武雄壮、气势磅礴，表现了巴勒斯坦阿拉伯人英勇顽强、坚韧不拔的战斗意志和献身精神，几十年来一直是巴解组织各派别的共同战歌。

2. 舞蹈

踏歌舞（Dabke）是巴勒斯坦的传统舞蹈，源自古老的点种跺脚的农业劳动方式和登山、游牧活动。踏歌舞在阿拉伯语中被称为“达卜卡”，意思是“用脚跺地发出声响”。参加表演者一般按照高矮一字排开，唱着歌，随音乐节奏摇手换步起舞。在表演过程中，舞蹈者上身松弛，主要依靠腿、脚表现舞蹈动作，蹦跳、深蹲、前俯后仰等大幅度的夸张激烈动作不时出现，整体风格粗犷有力。

3. 通俗艺术中心

通俗艺术中心是传播巴勒斯坦传统音乐舞蹈艺术的著名非政府组织，于1987年“因提法达”期间由巴勒斯坦流行舞蹈团建立，目的是为当地舞蹈队、音乐家和艺术家提供一个论坛。中心开设有巴勒斯坦传统舞蹈、芭蕾舞和现代舞等舞蹈课程以及音乐课。为保存巴勒斯坦传统音乐和歌曲，中心深入农村、难民营、城镇收集录制民间音乐，并于1997年发行乐碟《巴勒斯坦的传统音乐和歌曲》，于1999年出版阿拉伯语专著《巴勒斯坦传统乐器》。1987～1992年，中心组织了几次地方音乐舞蹈节，并于1993年发起组织第一届巴勒斯坦国际舞蹈音乐节。

四 造型艺术

巴勒斯坦近代造型艺术大致可以分为三个主要发展阶段。第一阶段为1917～1948年英国委任统治时期。在这一阶段早期，造型艺术主要体现在宗教、世俗的建筑以及实用的工艺品上。随着犹太移民大量进入，巴勒斯坦人开始反抗，艺术成为号召人们进行斗争的武器。1936～1939年，反映巴勒斯坦人民反抗斗争的造型艺术出现一个高潮。这一时期也有一些描绘巴勒斯坦村庄和自然风景的作品。

第二阶段为1948～1965年。这一阶段的造型艺术，尤其是油画，真实地记录和反映了巴勒斯坦的悲剧。其典型特点是以巴勒斯坦难民营及流亡生活为主题，体现了巴勒斯坦和阿拉伯认同，充满思乡之情。但战争使巴勒斯坦艺术家们与世界艺术环境隔绝，教育及创作条件恶化，很多人移居埃及。

伊斯梅尔·沙姆特（Ismail Shamt）和塔马姆·阿哈尔（Tamam Akhal）是这一时期巴勒斯坦油画艺术的代表画家，享有国际声誉。伊斯梅尔·沙姆特是巴勒斯坦著名画家，作品大部分是被誉为“巴勒斯坦历史”史诗般的画作，多为对以色列占领者的有力控诉，代表作有《回忆与火》《冷与饿》《我们将返回》《巴勒斯坦在十字架上》《新婚夫妇》《六月》《卡拉迈》等。此外，还有一些表现民族传统和风俗的作品，如《撷秸图》《巴勒斯坦之歌》等。

1965年以后，巴勒斯坦造型艺术进入第三阶段。艺术家通过作品向世界展示巴勒斯坦的遭遇，取得了重大成就。这一阶段的艺术创作与巴勒斯坦革命运动密切结合，涌现出许多著名艺术家、学者、知识分子和研究人员。此后，巴勒斯坦艺术家联合会成立，由伊斯梅尔·沙姆特担任主席。

五 文化设施

巴勒斯坦建有博物馆、文化中心、剧院、电影院等文化设施，大都集中在纳布卢斯、拉姆安拉、伯利恒等城市。持续不断的冲突迫使许多文化设施关闭。2016 年，巴勒斯坦的文化设施情况如下。

约旦河西岸共有 26 家博物馆，加沙地带共有 5 家博物馆。阿拉法特博物馆是巴勒斯坦民众参观最多的博物馆。这座博物馆建在拉姆安拉阿拉法特官邸的废墟上，收藏有大量珍贵的照片、文件、视频以及阿拉法特生前使用过的物品。达尔维什博物馆位于拉姆安拉，是为纪念巴勒斯坦著名诗人达尔维什修建，2012 年 8 月正式开馆，占地约 9000 平方米，包括达尔维什墓、展厅、图书馆、多功能厅、室外露天剧场等。2016 年 5 月，巴勒斯坦国家博物馆在拉姆安拉北部的比尔宰特落成开馆。博物馆占地 4 万平方米，尚未摆放展品，不定期举办讲座和主题活动。2016 年，共有 20 多万人次参观博物馆，其中巴勒斯坦人约占 77.3%。

巴勒斯坦共有 612 家文化中心，其中约旦河西岸 531 家，主要集中在纳布卢斯、伯利恒、希伯伦等地；加沙地带 81 家，30 家分布在加沙城。文化中心主要是举办座谈会、演讲、授课、音乐会、艺术展等活动。2016 年，各文化中心共举办了 9872 场活动，吸引了 58.3 万多人次参与，其中 8655 场活动在约旦河西岸举办，吸引了 48.4 万多人次参与。著名的文化中心有位于伯利恒的巴勒斯坦民间艺术中心、巴勒斯坦人恢复民族遗产中心、位于拉姆安拉的希腊 - 马其顿文化中心、位于希伯伦的巴勒斯坦儿童艺术中心等。

巴勒斯坦有 14 家剧院，其中 11 家位于约旦河西岸，3 家位于加沙地带。2016 年，这些剧院一共举行了 270 场演出，共吸引 10 万人次到场观看。巴勒斯坦有 3 家电影院，均位于约旦河西岸。位于拉姆安拉市中心的卡萨巴剧院是个功能完备的电影放映和戏剧表演场所，定期放映电影和进行文艺演出，并在 2006 年和 2007 年成功举办了卡萨巴国际电影节。巴勒斯坦共有 445 家体育俱乐部、264 家青年中心、26 家女子俱乐部。

第四节　体育

一　概况

巴勒斯坦传统体育活动与农牧业劳动有着密切联系。20 世纪初，现代竞技体育逐渐传入，巴勒斯坦成为中东开展体育活动较早的地区之一。巴勒斯坦相继建立了各种体育协会，其中以足球运动最为活跃。从20世纪20年代起，巴勒斯坦开始举办运动会，巴勒斯坦运动员开始出现在国际体坛上。1934年，巴勒斯坦参加了在印度首都新德里召开的第一届西亚运动会，并决定于4年后在巴勒斯坦举办第二届运动会，但由于国际形势紧张而作罢。

巴以冲突及被占领状态使巴勒斯坦体育事业发展陷入停滞。巴勒斯坦民族权力机构建立后，体育事业的发展见到曙光。足球、拳击、游泳、田径、击剑等体育项目发展起来，约旦河西岸和加沙地带相继建立足球俱乐部、拳击俱乐部等体育团体。但经费缺乏和体育场馆严重不足阻碍了体育事业的发展。尤其是约旦河西岸和加沙地带的隔离，使运动员不能自由往返于两地，因而一些体育赛事无法正常进行。

二 足球运动的蓬勃发展

巴勒斯坦足球运动历史很久，早在20世纪初就成立了历史上首支足球队。1928年，巴勒斯坦足协正式成立。1934年，巴勒斯坦足球队参加世界杯预选赛。

以色列的占领使巴勒斯坦足球运动遭到毁灭性打击，除少数人外，绝大多数球员投奔他国。巴勒斯坦民族权力机构成立后，足球运动得以恢复。1994年，法国著名球星米切尔·普拉蒂尼带领球队到巴勒斯坦比赛，为巴勒斯坦加入国际足联打下基础。1998年，巴勒斯坦加入亚足联和国际足联。1999年底，国际足联主席布拉特率团访问巴勒斯坦，受到阿拉法特接见，并出席了国家体育场奠基典礼。此外，国际足联还在加沙和拉姆安拉分别举行了一场足球比赛。

巴勒斯坦足协在约旦河西岸和加沙地带分别举办足球联赛。两大地区联赛冠军产生后，进行总决赛，胜者将代表巴勒斯坦参加亚足联冠军联赛和阿拉伯冠军联赛。1999年8月，巴勒斯坦国家男子足球队闯入泛阿拉伯运动会足球赛事决赛，引起轰动。2003年底，巴勒斯坦重组国家男子足球队，并参加德国世界杯预选赛。此后，巴勒斯坦国家男子足球队相继参加了2003年雅典奥运会预选赛2004年西亚运动会、2004年亚洲杯预选赛小组赛、2005年首届世界伊斯兰运动会、2006年世界杯预选赛第一阶段小组赛等。2014年，巴勒斯坦国家男子足球队获得第五届亚足联“挑战者杯”冠军。2015年，巴勒斯坦国家男子足球队首次入围亚洲杯决赛圈。

巴勒斯坦国家男子足球队的球员除了来自当地的俱乐部外，还有很多是移居海外的球员。2009年以前，巴勒斯坦球队球员大多数为业余球员，俱乐部也开不出工资。只有外出参加洲际或地区比赛，由亚足联或阿拉伯足球联盟承担费用时，球员才能象征性地领到一些补助。2010年，约旦河西岸足球联赛宣布进行职业化改革，球员直接从俱乐部领取工资。

加沙城有一座能容纳1.5万人的球场，符合国际足联标准，因此巴勒斯坦足协将总部设在加沙。贾布里勒·拉朱布为巴勒斯坦足协现任主席。由于以色列的阻扰，巴勒斯坦球员无法在约旦河西岸和加沙地带之间自由往来。2015年5月，国际足联主席布拉特访问拉姆安拉，亲自调解巴以足协矛盾。

三　女子体育发展

由于伊斯兰教规禁止妇女抛头露面，妇女参加体育活动受到限制，因此巴勒斯坦妇女体育项目一直没有什么发展。2002年，米拉·曼索尔代表巴勒斯坦参加第14届釜山亚运会，成为巴勒斯坦历史上首位女子击剑选手。由于约旦河西岸和加沙地带并没有击剑队，曼索尔跟随约旦击剑队训练多年。2004年，19岁的萨娜阿·阿布·布希特参加了雅典奥运会800米比赛，是奥运会历史上第一位巴勒斯坦女运动员。2009年，巴勒斯坦成立了第一支女子足球队。截至2017年，当地已经大约有400名14岁左右的女孩注册成为足球运动员。

四　体育国际交流

巴勒斯坦在1993年获得奥运会参赛权。在1996年的亚特兰大奥运会上，巴勒斯坦第一次派出由3名运动员组成的代表队。此后，巴勒斯坦代表队先后参加了2000年悉尼奥运会和2004年雅典奥运会，但人数不多。

2008 年，巴勒斯坦代表队参加北京奥运会，主要参赛项目是田径、游泳。巴勒斯坦代表队也参加了 2012 年伦敦奥运会、2016 年里约热内卢奥运会。巴勒斯坦奥委会现任主席为贾布里勒·拉朱布。

巴勒斯坦是亚洲奥林匹克理事会成员。1990 年，巴勒斯坦参加在中国北京举行的第 11 届亚运会，这是巴勒斯坦第一次参加亚运会。此后，巴勒斯坦代表队参加了历届亚运会，并有两次取得了较好的成绩。2002 年，在韩国釜山举行的第 14 届亚运会上，拳击手阿布·基谢克获得男子拳击 81 公斤级比赛铜牌。2006 年，巴勒斯坦派出 99 名运动员参加在卡塔尔多哈举行的第 15 届亚运会，来自加沙地带的长跑运动员纳迪尔·马斯里获得男子 5000 米第 8 名。

此外，巴勒斯坦还派代表队参加了亚洲冬季运动会、西亚运动会、世界伊斯兰运动会等国际体育赛事。

第五节 新闻出版

以色列占领初期，约旦河西岸和加沙地带的新闻出版业仍有一定生存空间。因此 20 世纪七八十年代，被占领土创办了许多报纸和期刊。后来，以色列禁止当地巴勒斯坦人发行报纸，也不允许他们建立电台和电视台。巴勒斯坦民族权力机构建立后，约旦河西岸和加沙地带的新闻出版业获得发展。1995 年，巴勒斯坦颁布出版法，保证一定的新闻自由，但限制讨论安全事务。巴勒斯坦的新闻出版业受到巴以冲突的重大影响。以色列对记者的袭扰和自由行动的限制，使他们的工作面临诸多困难。2000 年阿克萨起义爆发后，巴勒斯坦许多媒体机构陷入财政危机。法塔赫与哈马斯之间的冲突也使记者的工作环境进一步恶化。

一 通讯社

巴勒斯坦通讯社是巴勒斯坦官方通讯社，1972 年 2 月在贝鲁特正式宣布成立，是隶属于巴解组织的新闻机构。社长由巴解组织任命，总编辑由社长兼任。下设广播收听部、阿拉伯文编辑部、英文编辑部、法文编辑部等 11 个部门。以阿拉伯文、英文、法文和希伯来文发表巴勒斯坦、以色列和中东的每日新闻，是这些地区当前活动的主要信息来源之一。

马安通讯社（Ma'an News Agency，MNA）成立于 2005 年，是隶属巴勒斯坦非政府组织的一家大型通讯社。与当地的电视台和广播电台合作，每日不间断地用阿拉伯文、希伯来文和英文发表新闻、专题报道、深度分析等。总部设在伯利恒，在加沙设有办事处。

二　报纸杂志

1998 年，巴勒斯坦发行 13 种报纸、42 种杂志，其中 8 种报纸、34 种杂志在约旦河西岸发行，5 种报纸、8 种杂志在加沙地带发行。进入 21 世纪后，由于网络等新媒体的冲击，巴勒斯坦报纸、杂志等纸质媒体的种类减少，发行量下降。2001 年，约旦河西岸和加沙地带共发行 30 种杂志，到 2009 年，只有 8 种杂志在约旦河西岸发行。这些杂志大部分是月刊和季刊，许多属于特定的政治组织。2007 年，在巴勒斯坦发行的报纸有 11 种，其中约旦河西岸 7 种，加沙地带 4 种。2009 年，约旦河西岸仅有 4 种报纸发行。

《耶路撒冷报》（*Al-Quds*）为阿拉伯文日报，是巴勒斯坦发行量最大的报纸，由马哈茂德·阿布-扎拉夫（Mahmoud Abu-Zalaf）于 1951 年创办，之后阿布-扎拉夫一直担任主编。2005 年，他的儿子瓦立德·阿布-扎拉夫（Walid Abu-Zalaf）接任主编。社址位于东耶路撒冷，出版内容受以色列审查。

《日子报》（*Al-Ayyam*）为阿拉伯文日报，是巴勒斯坦发行量第二大的报纸。1995 年创刊，社址位于拉姆安拉。经常发表深入的独家报道和评论，专栏作者主要是学者和法塔赫下属的政府官员。读者主要是知识分子。《日子报》是一家独立报纸，支持巴勒斯坦民族权力机构和法塔赫，其主编曾长期担任阿拉法特的顾问。

《新生活报》（*Al-Hayat al-Jadida*）为阿拉伯文日报，是巴勒斯坦发行量第三大的报纸。1995 年创刊，社址位于拉姆安拉。巴勒斯坦民族权力机构拥有这家报纸的多数股权。主要创刊人、社长纳比勒·阿姆鲁曾出任内阁部长。该报在巴勒斯坦安全人员中免费发放。

这三家报纸都建有门户网站，内容主要来自巴勒斯坦官方新闻机构巴勒斯坦通讯社和国际新闻机构。另外，哈马斯在加沙地带创办了两份日报。

三 广播电视

巴勒斯坦广播公司（Palestinian Broadcasting Corp，PBC）成立于1994年，是巴勒斯坦民族权力机构下属部门。“巴勒斯坦之声”和“巴勒斯坦电视台”也都是巴勒斯坦广播公司下属机构。

“巴勒斯坦之声”是巴勒斯坦官方广播电台，前身是创办于1964年的“巴勒斯坦革命之声”广播电台，用阿拉伯语播音。巴勒斯坦还有许多在小城镇注册的私人广播电台。1999年，巴勒斯坦有11座广播电台，都位于约旦河西岸。除“巴勒斯坦之声”外，其余10家为商业广播电台。2004年，哈马斯在加沙地带开通“阿克萨”电台。截至2015年，巴勒斯坦地方广播电台增加到81家，其中约旦河西岸59家，加沙地带22家。

“巴勒斯坦电视台”创办于1995年9月，是巴勒斯坦的官方电视台，下属的“巴勒斯坦卫星频道”是免费的阿拉伯语卫星电视频道，覆盖约旦河西岸和加沙地带。此外，巴勒斯坦还有许多面向地区和城市的地方电视台。1999年，巴勒斯坦有29家电视台，都位于约旦河西岸；2006年增加到33家，其中约旦河西岸有31家，加沙地带有2家。2015年，巴勒斯坦地方电视台有14家，其中13家位于约旦河西岸，1家位于加沙地带。2006年1月，哈马斯在加沙地带开通卫星电视频道“阿克萨”电视台。一些外国电视台在巴勒斯坦也广受欢迎，如半岛电视台（al-Jazeera）、阿拉伯卫视台（al-Arabiya）、约旦电视台（Jordanian TV）等。

四 数字化新媒体

随着巴勒斯坦信息技术的快速发展，依托互联网的数字化新媒体成为当地新兴的传播形式。巴勒斯坦新闻网（Palestine News Network，PNN）

用阿拉伯文、英文、希伯来文和法文播送新闻，《巴勒斯坦通报》（*Palestine Journal*）用阿拉伯文和英文发表新闻，耶路撒冷媒体新闻中心（Jerusalem Media and Communication Centre）用英文播送新闻。哈马斯在加沙地带开设了自己的新闻网站。“博客”等自媒体也在巴勒斯坦获得蓬勃发展。

第八章

外　　交

第一节　巴解组织建立初期的巴勒斯坦外交

一　巴勒斯坦抵抗组织兴起的国际环境

20 世纪 50 年代后期，美苏两大阵营在中东地区的对峙局面逐渐形成。在冷战规则的牵制下，出于对本国利益的考虑，阿拉伯各国不可能为了巴勒斯坦人的权益铤而走险，“西方国家的政府和阿拉伯世界的政权，出于不同的目的却怀着不明言的希望，即巴勒斯坦问题应该消失”。[①] 对“阿拉伯解决”的失望导致巴勒斯坦人自发地组织起来。1957 年法塔赫建立后，受阿尔及利亚反法独立斗争获得胜利的鼓舞，加快了斗争步伐，并有计划地寻求外部支持。1963 年，阿尔及利亚总统本·贝拉允许法塔赫在阿尔及尔建立巴勒斯坦局，享有与其他外交使团相同的地位和特权。

虽然当时没有一个阿拉伯国家愿意看到独立的巴勒斯坦运动出现，但在巴勒斯坦人开始觉醒、以色列的约旦河水改道工程导致阿以关系越来越紧张的情况下，以纳赛尔为代表的一部分阿拉伯国家领导人不得不做出建立“巴勒斯坦统一体”的决定。由于所有巴勒斯坦抵抗运动均拒绝承认联合国安理会第 242 号决议，反对只是让以色列撤出 1967 年占领的阿拉

① 〔英〕阿兰·哈特：《阿拉法特传》，第 52 页。

伯领土，也不接受联合国第181号（分治）决议，因此国际社会对它们的支持是有保留的。

二　阿拉伯国家对巴解组织的态度

阿拉伯各国首脑众口一词地支持巴勒斯坦解放事业。在1964年9月召开的第二届阿拉伯国家首脑会议上，他们宣布，阿拉伯民族的目标是：运用一切可能的手段“把巴勒斯坦从犹太复国主义的殖民统治下解放出来”。但当巴勒斯坦人民武装起来，同以色列展开短兵相接的武装斗争时，阿拉伯各国首脑出于多方面的考虑态度又不尽相同。

埃及总统纳赛尔确乎憎恶犹太复国主义，声援巴勒斯坦人民的斗争事业，提出“战争是解决巴勒斯坦问题的唯一办法”。[①] 但是他不愿贸然卷入大规模的流血冲突做无谓的牺牲，同意联合国紧急部队长期驻扎在埃以边境，对巴解组织在加沙地带的活动加以控制。在法塔赫以“暴风突击队”名义秘密开展武装斗争时，埃及陆军总司令甚至向“阿拉伯联合司令部”发出命令，要求阿拉伯各国军队“把自己视作与暴风部队处于交战状态”。[②]

约旦与巴勒斯坦在历史、地理、血缘等方面有着特殊关系。1948年巴勒斯坦战争后，约旦河西岸并入约旦，当地巴勒斯坦民族主义的发展对约旦政权形成强大冲击。约旦王室出于对国家安全的考虑，严厉禁止巴勒斯坦人进行反对以色列的活动。1964年5月，第一届巴勒斯坦民族大会召开。约旦迫于压力，同意拥有约旦国籍的约旦河西岸地区各市市长和约旦议会中的约旦河西岸地区议员出席会议。巴勒斯坦抵抗运动兴起后，约旦成为巴勒斯坦游击队尤其是“暴风突击队”的主要活动基地。据以色列官方统计，1965年巴勒斯坦游击队共发起43次袭击，其中33次来自约旦。约旦国王侯赛因担心境内巴勒斯坦抵抗组织的活动危及自身统治，

① 〔埃及〕艾哈迈德·哈姆鲁什：《纳赛尔之秋》，开罗，1984，第93页，转引自杨灏城、江淳《纳赛尔和萨达特时代的埃及》，商务印书馆，1997，第209页。

② 〔英〕阿兰·哈特：《阿拉法特传》，第180页。

下令限制抵抗组织活动，规定除军营外任何人不得持有武器。1966 年底，巴勒斯坦游击队的活动中心转移到叙利亚。

叙利亚复兴社会党人素来宣称自己毫无保留地支持巴勒斯坦解放事业。在“大叙利亚”思想指导下，叙利亚把“巴勒斯坦事业看作自己的事业”，自视为巴勒斯坦事业的支持者和保卫者，试图控制和影响它，以提高自己在阿拉伯世界和阿以冲突中的地位和作用。在控制与反控制问题上，双方的斗争此起彼伏，关系时好时坏。1964 年巴解组织成立后，叙利亚认为其受埃及的影响和控制，没有给予直接支持，而是主要支持当时还没有参加巴解组织的法塔赫，以便使之同巴解组织相抗衡。自 1966 年 1 月起，法塔赫开始以叙利亚为基地向以色列发动袭击。但当复兴党于 1966 年 2 月政变成功并发现阿拉法特不会成为叙利亚同埃及较量的筹码后，就开始镇压法塔赫的活动，逮捕了法塔赫几乎全部领导人。

三 中国对巴解组织的支持

中国是最早支持巴勒斯坦民族抵抗运动并承认巴解组织的非阿拉伯国家之一。1955 年万隆会议时，周恩来总理会见时任叙利亚代表团副团长舒凯里，在听取了他对巴勒斯坦问题的介绍后，同阿拉伯国家与会代表共同努力，使巴勒斯坦问题得以列入议程，并通过了支持巴勒斯坦人民权利的决议。1963 年，法塔赫驻阿尔及利亚代表阿布·杰哈德同中国驻阿尔及利亚大使馆建立了联系。1964 年 3 月，法塔赫领导人阿拉法特和阿布·杰哈德应中国人民保卫世界和平委员会邀请，分别以穆罕默德·里法特和穆罕默德·哈利勒的名字首次访华。[①] 3 月 21 日，中国亚非团结委员会等人民团体举行支持巴勒斯坦人民和阿拉伯各国人民反对帝国主义侵略和干涉的群众大会，阿拉法特在大会上发表了长篇讲话。

1964 年 2 月，舒凯里与中国驻埃及大使进行接触并通报巴解组织的筹备情况。5 月，巴解组织召开成立大会，大会通过的决议对中国等国家对阿拉伯事业和巴勒斯坦人的事业所采取的立场表示敬意。中国亚非团结

① 王泰平主编《新中国外交 50 年》上册，北京出版社，1999，第 554 页。

委员会致电大会表示祝贺。1965 年 3 月，巴解组织执行委员会主席舒凯里应中国外交学会邀请率巴勒斯坦代表团访华，受到隆重接待。中国党政领导人毛泽东主席、刘少奇主席、周恩来总理、陈毅副总理先后会见代表团。中国亚非团结委员会举行了欢迎巴解组织代表团和支持巴勒斯坦人民反帝斗争的群众大会。3 月 23 日，发表由中国人民外交学会会长和巴解组织执行委员会主席签署的联合声明，称双方同意巴解组织在北京设立办事处，并表示将尽一切努力从政治方面和其他方面支援巴勒斯坦阿拉伯人民返回家园的斗争。① 周恩来总理以中国人民外交学会名誉会长的身份在声明上签了字。1965 年 5 月，巴解组织在北京设立享有外交机构待遇的办事处。

第二节　1967～1973 年的巴勒斯坦外交

一　法塔赫和巴解组织力量的增强

1967 年“六五”战争中，阿拉伯国家惨败。坚持武装斗争的法塔赫于 1968 年 3 月取得“卡拉迈大捷”，成为阿拉伯世界的英雄，影响力和力量大增。1969 年 2 月，巴解组织被法塔赫接管，以一种崭新的姿态登上中东政治舞台。1969 年 4 月，沙特阿拉伯同意给予巴解组织大批武器装备和每年 1200 万美元的财政支持，并允许其向在沙特阿拉伯就业的巴勒斯坦人征收占工资总额 5% 的“解放税”，保障了巴解组织的经费来源。到 1970 年下半年，巴勒斯坦游击队武装人员已达 5 万余人，成为阿拉伯世界一支不可忽视的力量，在国际上也日益受到重视。

二　与阿拉伯国家的关系

1. 与约旦的关系

“六五”战争后，巴勒斯坦人占到约旦总人口的一半以上。位于约旦

---

① 尹崇敬主编《中东问题 100 年》，第 475 页。

河谷和约旦腹地的难民营基本上被巴勒斯坦武装力量控制，形成约旦政府无法过问的“国中之国”。在约旦军队中，巴勒斯坦人也占到1/3，他们对游击队的活动持同情或支持态度。约旦政府担心巴勒斯坦人势力的膨胀将危及国家主权，把巴勒斯坦武装力量的存在视为国内不稳定的一个主要因素。与此同时，约旦的外部安全也受到威胁。游击队的基地集中在靠近以色列的约旦河谷地区，他们对以色列的袭击活动往往引起以色列军队对约旦的报复性入侵。在斗争方式问题上，游击队组织与约旦之间存在政策分歧。约旦承认并接受联合国安理会第242号决议，参加中东和谈，1970年7月又宣布接受“罗杰斯计划”，引起一些激进游击队组织的强烈不满。

从1968年11月起，约旦军队就开始同巴勒斯坦游击队发生武装冲突。1970年9月，“人阵”将美国环球航空公司、瑞士航空公司、英国海外航空公司的各一架飞机劫持到约旦废弃的机场炸毁。这件事成为约旦镇压游击队的导火线。1970年9月17日，约旦的装甲部队和炮兵向安曼市内的巴勒斯坦游击队阵地发动全面进攻。巴解组织独木难支，损失惨重。在阿拉伯国家的调解下，9月27日，巴约双方达成《开罗协议》，“黑九月事件”就此结束。《开罗协议》承认了巴解组织游击队在约旦的合法存在，这与侯赛因国王欲彻底将游击队赶出约旦的目标相去甚远。随后，约旦军队继续围剿巴解组织。从1970年11月到1971年4月，约旦军队把巴解组织及其游击队赶出安曼、伊尔比德等大城市。1971年7月13日，约旦军队攻克巴解组织的大本营阿杰隆和杰拉什。7月19日，巴解组织全部被驱逐出约旦，巴约关系陷入冰点。

巴约关系破裂之后，双方视若仇敌。1971年6月，法塔赫同“人阵”“民阵”等6个组织发表联合声明，号召推翻约旦政权。1971年11月29日，“黑九月”成员暗杀了在开罗出席会议的约旦首相。1972年3月，约旦国王侯赛因提出“阿拉伯联合王国计划”，要求把求约旦河东、西两岸合并为一个国家。这个计划遭到巴解组织的强烈谴责。在1973年11月召开的阿拉伯国家最高首脑会议上，约旦拒不承认巴解组织是巴勒斯坦人民的唯一合法代表，只承认它是居住在约旦之外的巴勒斯坦人的代表。

2. 与黎巴嫩的关系

到20世纪70年代初期，在黎巴嫩的巴勒斯坦难民人数已达30余万人，其中多数是巴解组织的支持者。1971年巴解组织丧失在约旦的基地后，阿拉法特率领1.5万人的巴解组织武装主力转移至黎巴嫩境内，大大加强了当地巴勒斯坦人的势力。

黎巴嫩社会的内部分裂和多元性虽然给巴解组织的到来提供了便利条件，但也使其陷入了纷繁复杂的宗教派别斗争之中。黎巴嫩穆斯林大都支持巴勒斯坦人，而大多数基督教徒则反对巴勒斯坦人。巴解组织在两大对立政治派别的夹缝中求生，处境很不利。随着在当地影响力的增强，巴解组织同黎巴嫩政府和基督教徒之间的矛盾及军事摩擦时有发生。以色列对黎巴嫩境内巴解组织基地的频繁袭击又增加了黎巴嫩政府和基督教徒对巴解组织的不满。

1969年10月，黎巴嫩政府军同巴解组织在贝鲁特和黎巴嫩南部难民营发生激烈冲突。经埃及总统纳赛尔调解，巴解组织和黎巴嫩政府签署《开罗协议》。协议主要内容有：给予在黎巴嫩的巴勒斯坦人劳动、居住和流动的权利；在难民营成立由巴勒斯坦人组成的地方委员会；难民营中保留巴勒斯坦武装斗争小组；给游击队活动提供便利。协议承认了巴勒斯坦游击队在黎巴嫩的合法存在和进行武装斗争的权利。此后，难民营成为巴解组织武装力量训练和作战的基地。但协议遭到基督教派别的强烈反对，双方小规模的冲突不断发生。1973年5月，黎巴嫩军队介入了巴解组织和基督教派别的冲突，使用了重型武器坦克并且出动了空军，致使冲突进一步扩大而且更加激烈。当月17日，双方又签订了《麦尔哈特协议》，对巴解组织在黎巴嫩除阿尔库卜地区以外武装人员数目、拥有的武器种类做出了限制；在难民营中，巴解组织人员只能拥有轻武器，不准拥有中型和重型武器；禁止巴解组织游击队员进入城镇时穿军服和携带武器。但是通过这个协议，巴解组织的影响进一步扩大至《开罗协议》允许的区域之外，在黎巴嫩的势力反而逐步得到扩大。

3. 与埃及的关系

1967年8月1日，法塔赫领导人阿布·伊亚德和卡杜米同埃及外长进行了会晤，后经海卡尔引见，拜会了纳赛尔总统。从此，法塔赫同埃及领导人建立了正式关系，埃及开始向其提供武器、训练和帮助。在埃及的支持与认可下，1969 年法塔赫掌握了巴解组织的领导权。纳赛尔帮助法塔赫和巴解组织扩大国际影响，带着阿拉法特访问苏联。在巴解组织同阿拉伯国家发生矛盾、分歧和冲突时，纳赛尔积极主动地进行调解，并且尽可能地达成一些对巴解组织有利的协议或者条款。1969 年，纳赛尔对巴解组织和黎巴嫩之间的冲突进行调节，促使双方达成《开罗协议》。

1970 年，纳赛尔总统接受了美国的“罗杰斯计划”，同意停火 90 天，并且愿意接受联合国特使雅林的调解。这引起巴解组织的反对，特别是“人阵”和“民阵”指责纳赛尔是“美国的代理人”、阿拉伯事业的“叛徒”，并且对其进行人身攻击。双方关系恶化，纳赛尔下令关闭巴解组织设在埃及的广播电台。

“黑九月事件”中，纳赛尔总统支持巴解组织，批评侯赛因对游击队的镇压行动。为避免巴勒斯坦游击队被约旦军队消灭，埃及向法塔赫提供武器、弹药，并调动驻扎在埃及前线的巴勒斯坦解放军 3 个团的兵力增援。与此同时，纳赛尔告诫阿拉法特，埃及不可能以直接军事干预的方式帮助他，但可利用自己的全部影响帮助实现停火。在纳赛尔总统的积极调解下，约旦与巴解组织最终达成协议，避免了双方流血冲突的扩大。

4. 与叙利亚的关系

“六五”战争后，叙利亚当政的贾迪德派继续在“人民解放战争”的口号下支持巴勒斯坦武装力量开展反以斗争。为进一步插手巴勒斯坦抵抗运动，叙利亚于 1968 年 10 月支持成立了“巴勒斯坦人民解放战争先锋队”，其组织及武装部队通称“闪电”。“闪电”以出身于巴勒斯坦的复兴党党员为骨干，受叙利亚复兴党“巴勒斯坦统一组织地区领导”的领导。1970 年“黑九月事件”中，贾迪德命令叙利亚军队进入约旦帮助巴解组织，但当时身兼国防部部长和空军司令的阿萨德拒绝执行命令，不为叙军提供空中掩护。

1970 年阿萨德当政后，多次宣称他本人以及他的国家忠实于巴勒斯坦人的事业，始终以各种方式支持巴解组织，但他寻求的主要目标是控制巴解组织，使之成为其政策工具。[①] 阿萨德改组了“闪电”的组织领导机构，加强对它的全面控制。“闪电”也更加依附于叙利亚，不仅在意识形态上同复兴党完全保持一致，而且在巴勒斯坦问题上也坚决贯彻叙利亚政府的意图。由于叙利亚在军事、财政上的大力扶助，“闪电”成为实力仅次于法塔赫的第二大组织，并挑战法塔赫在巴解组织中的主导地位，试图取而代之，从而达到控制巴解组织的目的。

阿萨德主张通过使用各种手段进行反以斗争，但主要是全阿拉伯的反以战争，并主张以政治和外交活动来支持军事行动。1972 年 3 月，阿萨德宣布接受联合国安理会第 242 号决议。

三　与苏联的关系

苏联一直承认以色列的合法存在。为在中东争夺势力范围，苏联在 20 世纪 50 年代后期开始提出巴勒斯坦阿拉伯人的合法权利问题。但苏联的支持大多是口头和道义上的，它不承认巴解组织，认为法塔赫的武装斗争是为吸引人们的注意，因此态度冷淡，没有给予支持。

1968 年卡拉迈大捷后，巴解组织受到大多数阿拉伯国家，特别是同苏联关系密切的埃及、叙利亚、伊拉克和阿尔及利亚等国的支持。苏联为进一步扩大在中东的政治影响，开始同巴解组织往来，建立联系。1968 年 7 月，巴解组织执行委员会主席阿拉法特化名穆赫辛·阿明，以埃及代表团随员的身份随纳赛尔总统第一次非正式地访问莫斯科，并会见了苏联部长会议主席柯西金。但苏联拒绝了阿拉法特的各种要求。后来在阿拉伯国家领导人特别是纳赛尔的压力下，苏联政府勉强同意向巴勒斯坦人提供军事援助，主要是车辆和服装，并允许东欧国家通过阿拉伯国家为巴勒斯坦人提供武器。当时苏联的援助主要是给予阿拉法特领导的法塔赫。此后，苏联的宣传机构开始频繁地提到巴勒斯坦抵抗运动和法塔赫，赞扬它们的正义斗争。但苏联不同意巴解组织提出的“消灭犹太复国主义实体”

① 〔以色列〕摩西·马奥茨：《阿萨德传》，殷罡等译，世界知识出版社，1992，第 134 页。

的口号，认为这是极端狭隘的民族主义思想。

进入70年代后，随着巴解组织国际威望的提高，苏联领导人开始以巴勒斯坦解放事业的支持者自居。1970年2月，应苏联亚非团结委员会邀请，阿拉法特首次正式访问苏联。1971年10月和1972年7月，阿拉法特又两次访问莫斯科。但由于在一些问题上存在分歧，苏联仍避免同巴解组织建立正式的官方关系。首先，在斗争方式上，巴解组织提出，武装斗争是解放巴勒斯坦的唯一正确方式，而苏联主张政治解决巴勒斯坦问题。1969年1月25日，苏联政府公布政治解决中东问题的“五点计划”，6月又提出“十三点建议”，同时还建议召开“四大国会议”来解决中东问题。1970年，苏联又提出“分阶段解决的方案”和“解决中东问题的新纲领”。对于苏联的这些主张，巴解组织一概表示反对。其次，对联合国安理会第242号决议，双方存在分歧。巴解组织反对第242号决议。苏联在安理会投票赞成第242号决议，认为这个决议是解决中东问题的基础，并一直为贯彻执行这项决议而努力。

四 与美国的关系

美国杜鲁门总统极力支持犹太复国主义，主张并策划巴勒斯坦分治，借以排挤英国在中东的势力。以色列国建立后，美国率先给予承认，并提供大量经济、技术援助。1948年巴勒斯坦战争期间，美国操纵联合国通过有利于以色列的停火决议，帮助武装以色列军队，对以色列取得战争的胜利起了决定性作用。1958年，美国通过“艾森豪威尔主义”（Eisenhower Doctrine）向以色列提供大量的军事、经济援助。肯尼迪上台后，公开批准向以色列出售“隼式”防空导弹，以色列成为美国没有签约的盟友。约翰逊任总统后，向以色列提供的武器由防御性改为进攻性，使其军事进攻能力大大加强。1967年，美国又支持以色列向阿拉伯国家发动进攻。美国支持联合国安理会第242号决议，并制定了符合自己利益的巴勒斯坦政策。

在尼克松执政前期，美国认为巴勒斯坦问题仅仅是一个“难民问题”，并没有把其看作一个“政治问题”或一个“恢复民族生存权利”的问题；视巴解组织为“恐怖组织”，对其持敌对态度。当时，美国支持召开“四大国会议”，支持联合国特使雅林的外交使命并提出“罗杰斯计划”，其主要目的是在中东实现稳固的停火，而把巴勒斯坦问题放在“分阶段解决”的最后位置，并未涉及。

五 与中国的关系

中国一直给予巴解组织和巴勒斯坦人民以坚决的支持。1967 年“六五”战争爆发次日，中国政府总理周恩来致电巴解组织主席舒凯里，表示支持巴勒斯坦人民和阿拉伯各国人民的正义斗争。1968 年 7 月，中国派驻埃及大使黄华率领高级代表团出席在开罗举行的第四次巴勒斯坦全国委员会会议。在会议通过的决议中，中国是唯一受到称赞的非阿拉伯国家。巴勒斯坦各抵抗组织在这次会议上达成统一协议，法塔赫加入巴解组织并成为主力。7 月 10 日，中国亚非团结委员会致电巴解组织，对巴勒斯坦各组织的统一表示祝贺，强调“英雄的巴勒斯坦人民经历了一个艰苦的摸索过程，找到武装斗争作为争取解放的主要斗争形式，这是一个十分宝贵的经验”。①

1970 年 3 月，巴解组织执行委员会主席阿拉法特率巴勒斯坦代表团访华。周恩来总理在同他会谈时强调，坚决支持巴勒斯坦人民的正义斗争；巴勒斯坦人民的斗争首先要依靠自己，同时要依靠周围国家的人民，还要争取犹太劳动人民的支持；巴勒斯坦的斗争应根据自己的情况制定出符合巴勒斯坦情况的正确斗争路线和策略，强烈反对巴解组织的一些派别所进行的劫持飞机、暗杀等恐怖活动，反对“把以色列扔到大海里”的口号；强调坚持长期斗争的重要性；加强团结，做好巴勒斯坦内部、阿拉伯各国人民和反对美以侵略的世界各国人民的统一战线工作。

在 1970 年“黑九月事件”中，中国明确支持巴解组织，并从道义和物资上进行支援，反对约旦对巴勒斯坦武装力量的镇压。但对于巴勒斯坦武装力量在“黑九月事件”中提出的“一切权力归抵抗运动”“建立解放区”等过激行为，中国也提出了不同的看法。中国还通过多种途径做工

① 王泰平主编《新中国外交 50 年》上册，第 556 页。

作促使巴解组织的统一。但是，这些不同看法并没有影响到双方的关系及中国对巴勒斯坦的支持。1972 年，约旦国王侯赛因提出“阿拉伯联合王国计划”，中国坚持支持巴解组织的立场。

1971 年中国恢复在联合国的合法席位后，在联合国大力支持巴勒斯坦。在第 26 届联大会议上，首次出席会议的中国代表团团长乔冠华在全体会议上发言时明确表示：中国政府和人民坚决支持巴勒斯坦人民和阿拉伯各国人民反对侵略的正义斗争。在这次联大讨论中东局势时，乔冠华团长发言称，中国主张“巴勒斯坦人民重返家园的民族生存的合法权利必须得到恢复”。①

第三节 1973～1982 年的巴勒斯坦外交

一 巴解组织国际地位的提高

1973 年“十月战争”结束 4 个月之后，巴解组织中央委员会发表“工作文件”，要求阿拉伯国家和国际社会承认巴勒斯坦人“在从犹太复国主义占领下夺回的任何土地上建立巴勒斯坦民族权力机构的权利”，从而以委婉的表述放弃了“解放整个巴勒斯坦”的原定目标。这意味着巴解组织事实上接受了联合国安理会第 181 号（分治）决议和只要求以色列撤出 1967 年所占阿拉伯领土的第 242 号决议，承认了以色列的存在。这为国际社会解决阿以冲突的政治努力提供了最基本的条件，也为巴解组织被国际社会广泛接纳奠定了基础。

1974 年 10 月，在拉巴特举行的第七届阿拉伯国家首脑会议上，阿拉伯国家一致承认巴解组织是“包括居住在约旦河西岸巴勒斯坦人在内的全体巴勒斯坦人民的唯一合法代表”，从而确立了巴解组织在阿拉伯世界中的合法地位。1976 年 9 月，巴解组织成为阿拉伯联盟的正式成员。

① 王泰平主编《新中国外交 50 年》上册，第 558 页。

1974 年 11 月，阿拉法特受联合国大会邀请，在第 29 届联大辩论巴勒斯坦问题时发言，受到热烈欢迎。正是在这届大会上，联大通过了两个决议，承认巴勒斯坦人民有“取得国家独立和主权的权利”，并邀请巴解组织以观察员身份参加联大会议和工作，从而确立了巴解组织在国际社会中的合法代表性。1975 年 11 月，第 30 届联大又做出决议，邀请巴解组织参加谋求中东和平的努力。1976 年 11 月，第 31 届联大通过关于在约旦河西岸和加沙地带建立巴勒斯坦国的计划。1980 年 7 月，第 35 届联大重申了巴勒斯坦人民的这一权利。

1976 年 8 月，巴解组织被不结盟运动接纳为正式成员，与绝大多数第三世界国家建立了各种形式的联系，并在不少国家的首都派驻了代表。1980 年 6 月，欧洲共同体承认巴勒斯坦人民的合法权利。到 80 年代初，承认巴解组织的国家已达到 120 多个，比承认以色列的还多。巴解组织的国际地位空前提高。

二 与阿拉伯世界的关系

1. 与埃及的关系

“十月战争”后，埃及在美国的调解下，同以色列达成军事脱离接触协议，承诺不使用武力解决彼此争端。埃及的行为引起阿拉伯国家强烈不满，遭到巴解组织的激烈批评。1975 年 9 月，埃及政府决定不定期关闭设在本国的“巴勒斯坦之声”电台。埃巴关系出现裂痕。

1977 年 11 月萨达特访问以色列后，叙利亚和巴解组织组成由利比亚、阿尔及利亚和南也门参加的“拒绝阵线”，发表宣言进行谴责，认为这是对埃及和阿拉伯民族的“背叛”，宣布冻结同埃及政府的外交和政治关系。巴解组织驻开罗的代表离开埃及。

1977 年 12 月在开罗举行日内瓦和会预备会议，收到萨达特总统邀请函的巴解组织未出席这次会议。1978 年 9 月 17 日埃以达成《戴维营协议》后，“坚定阵线”国家于 23 日在大马士革举行第三次首脑会议，拒绝《戴维营协议》及其结果；断绝同埃及的政治和经济关系，执行阿拉伯有关对同以色列敌人交往者进行抵制的决议。1979 年埃以签署和平条约后，巴解组织关闭驻开罗办事处。1981 年 10 月穆巴拉克继任总统后，巴解组织与埃及中断的关系仍未恢复。

2. 与黎巴嫩的关系

（1）巴解组织与黎巴嫩内战

1975 年 4 月 13 日，基督教马龙派长枪党（The Lebanese Kataeb Party）民兵在贝鲁特伏击了一辆载满巴勒斯坦人的汽车，造成 27 人死亡。这一事件直接引发了黎巴嫩以基督教派别为一方、穆斯林派别为另一方的内战。内战初期，法塔赫和巴解组织的主流派别竭力避免直接卷入冲突，试图防止战争进一步升级。而巴解组织内部的左派及法塔赫的左翼分子则参加了支持穆斯林的战斗。1976 年 1 月，基督教派别的武装力量向贝鲁特及其周围地区的巴勒斯坦难民营发动了大规模进攻。这次进攻使法塔赫直接卷入冲突，巴解组织站在穆斯林一方，开始同基督教派别交战。1976 年 10 月，在阿拉伯联合部队的干预下，历时 18 个月的黎巴嫩内战第一阶段宣告结束。

（2）以色列入侵与巴解组织撤出黎巴嫩

巴解组织在黎巴嫩武装力量的加强使黎以边境冲突不断升级。从 1968 年起，以巴解组织袭击以色列、以色列还击报复为特征的黎以边境冲突频频发生。1974 年埃及和叙利亚先后与以色列达成脱离接触协议后，巴解组织游击队和以色列军队在黎以边境地区的冲突就成为阿以冲突的集中表现，黎巴嫩南部地区也成为阿以武装斗争的主战场。

1978 年 3 月，为报复巴解组织，以色列发动入侵黎巴嫩的“利塔尼行动”，占领了利塔尼河以南除提尔（苏尔）城以外的整个地区。1982 年 6 月，以色列再次发动以巴解组织为目标、代号为“加利利行动”的大规模侵黎战争。巴解组织武装力量进行了顽强抵抗，但难以抵挡占绝对优势的以军进攻，损失惨重。为避免全军覆没，同时考虑到黎巴嫩国内要求巴解组织武装撤离的呼声，1982 年 8 月下旬巴解组织被迫撤出黎巴嫩。

（3）巴勒斯坦难民营大屠杀事件

1982 年 9 月 14 日，黎巴嫩总统贝希尔·杰马耶勒（Bachiy Gemarel）在贝鲁特东区长枪党总部被炸身亡。次日，以色列军队借口杰马耶勒遇刺，占领了贝鲁特西区，并逮捕了近千名巴勒斯坦人。9月16日到18日，黎巴嫩长枪党在以军的支持和纵容下，组织千余民兵对夏蒂拉（Shatlia）和萨布拉（Sabra）两个巴勒斯坦难民营内的1000多名平民进行了40多小时的血腥屠杀，死亡的巴勒斯坦人人数至今无法得到确切统计。

3. 与叙利亚的关系

为了达到控制黎巴嫩的目的，叙利亚在黎巴嫩内战中采取了“扶弱抑强”、恢复教派平衡的策略。1976年1月，叙利亚向黎巴嫩派出两个营的以叙利亚为基地的“巴勒斯坦解放军”，支援穆斯林和巴勒斯坦武装力量。当穆斯林和巴解组织取得战场主动权并试图完全征服基督教势力时，叙利亚担心局势失控，于1976年5月直接出兵黎巴嫩，支持基督教马龙派。巴解组织武装力量受到叙利亚军队的沉重打击。在巴解组织内部，受叙利亚支持的“闪电”、“人阵”（总部）和以叙利亚为基地的巴勒斯坦解放军也站在叙利亚军队一边。叙利亚虽然取得军事上的成功，但仍然未能从政治上控制巴解组织。[①] 1977年，叙利亚为联合巴解组织抵制埃以和谈，恢复了与巴解组织和黎巴嫩穆斯林的关系。

1982年6月以色列入侵黎巴嫩期间，叙利亚只是在叙军安全受到威胁时才投入战斗，不久即单独与以色列达成停火协议。叙利亚的行为遭到阿拉法特的强烈批评。巴解组织撤离贝鲁特时，阿拉法特坚持要求把巴解组织总部设在突尼斯，而除法塔赫外的巴解组织其他派别总部皆设在叙利亚。包括法塔赫一些领导人在内的巴解组织其他派别领导人也同时撤到大马士革，但阿拉法特取道雅典到达突尼斯。1982年9月阿拉法特出席摩洛哥非斯（Fès）阿拉伯国家首脑会议时，阿萨德是唯一没有到机场迎接的阿拉伯国家领导人。

4. 与约旦的关系

1974年7月，约旦在与埃及发表的联合公报中宣布，巴解组织是“住在约旦哈希姆王国的巴勒斯坦人以外的巴勒斯坦人的合法代表”[②]。

---

① 〔以色列〕摩西·马奥茨：《阿萨德传》，第146页。

② 尹崇敬主编《中东问题100年》，第301页。

1974 年 10 月，在摩洛哥拉巴特阿拉伯国家首脑会议上，约旦同其他阿拉伯国家一起，承认巴解组织是“包括居住在约旦河西岸巴勒斯坦人在内的全体巴勒斯坦人民的唯一合法代表”。从此，以阿拉法特为首的巴解组织主流派逐渐开始改变对约旦的态度。1977 年初，在双方关系破裂 6 年之后，巴勒斯坦全国委员会主席法胡姆率代表团首次访问约旦。

反对《戴维营协议》的一致立场加速了巴约敌对关系的缓和。从 1978 年夏季开始，巴解组织执行委员会主席阿拉法特与约旦侯赛因国王进行了多次会晤，巴解组织的其他领导成员也相继访约。但双方只是在反对“埃以协议”和“自治谈判”以及援助约旦河西岸的资金分配问题上达成了比较一致的协议。巴解组织提出的在约旦国内集结武装人员和进行军事训练以及在约旦领土上进行反以军事行动等要求遭到拒绝。由于巴解组织中的绝大多数派别反对恢复同约旦的关系，加上当时巴解组织领导人的主要精力集中于黎巴嫩内战，因此巴约关系虽然有解冻的迹象，但总体上还是十分冷淡。

三　与以色列的关系

“十月战争”以前，巴解组织武装力量从以色列周边的阿拉伯国家及被占领土出发，对以色列展开游击战争。1974 年埃及和叙利亚与以色列达成脱离接触协议后，巴解组织游击队主要在黎以边境开展武装斗争。1978 年 3 月 11 日，巴解组织海上突击队从黎巴嫩南部出发，在以色列劫持一辆公共汽车，杀害了车上 30 多名乘客。3 天后，以色列发动入侵黎巴嫩的“利塔尼行动”，以消灭以黎巴嫩南部为基地的巴解组织武装，建立保障以色列安全的缓冲地带。

1982 年 6 月，以色列驻英国大使阿尔戈夫在伦敦遇刺，以色列随即发动代号为“加利利和平”的入侵黎巴嫩军事行动。8 月 5 日，以军包围巴解组织总部大楼并于次日对其实施猛烈轰炸。阿拉法特在绝境中向报界发表声明，宣布接受联合国关于巴勒斯坦问题的所有决议，实际上承认了以色列国的存在，① 并同意在国际调解下从黎巴嫩撤出全部巴勒斯坦游击武装。

① 徐向群、宫少朋主编《中东和谈史（1913 - 1995）》，中国社会科学出版社，1998，第 211 页。

四　与苏联的关系

苏联在与埃及关系破裂后，加强了对巴解组织的支持，突出巴勒斯坦问题在阿以冲突中的中心作用，强调不解决巴勒斯坦问题阿以冲突就不能结束，并与巴解组织一道，坚决谴责《戴维营协议》，欢迎召开阿拉伯国家巴格达会议反对此协议。由此开始了从 1973 年“十月战争”结束到 20 世纪 80 年代初苏联和巴解组织关系的黄金时期。

在联合国的各种会议上，苏联积极支持有利于巴勒斯坦人民斗争的各种决议。苏联主张通过召开日内瓦会议解决巴勒斯坦问题，1973 年 11 月阿拉法特访苏时，苏联政府曾劝说巴解组织参加日内瓦会议。1973 年 12 月日内瓦会议召开时，作为会议两主席之一的苏联外长葛罗米柯指出，巴勒斯坦问题如果没有巴勒斯坦阿拉伯人民的代表参加就不能考虑和解决。随后苏联明确提出，巴解组织作为巴勒斯坦阿拉伯人民的唯一合法代表，享有平等的权利，从一开始就应参加会谈。

1973 年“十月战争”后，苏联对建立巴勒斯坦国的态度发生明显变化。1974 年初，法塔赫、“民阵”和“闪电”提出在“约旦河西岸和加沙地带建立一个巴勒斯坦国作为最终实现其战略目标的第一步”的设想。苏联对此大加赞扬。1974 年 10 月 11 日，勃列日涅夫在演说中第一次提到巴勒斯坦人有建立“民族之家”的权利；在 11 月的一次讲话中，他则进一步把“民族之家”改为“巴勒斯坦人有权建立自己的国家”。①

1974 年，阿拉法特访问莫斯科，受到苏联政府贵宾般的接待。在双方领导人的会谈中，苏联答应巴解组织在莫斯科设立办事处，准备承认巴解组织是巴勒斯坦人的政权机构。1976 年 6 月 22 日，巴解组织正式在莫斯科设立办事处。1977 年 4 月，阿拉法特访苏，第一次受到勃列日涅夫接见。1981 年，苏联给予巴解组织驻苏联办事处以“正式外交地位”。

---

① 刘竞、张士智、朱莉：《苏联中东关系史》，中国社会科学出版社，1987，第 215 页。

五 与美国的关系

“十月战争”结束后，美国在积极调解埃及与以色列冲突时，口头上也对巴勒斯坦人的苦难表示同情，但仍把它视为难民问题，并尽可能地避开这一政治敏感点，以求在其他较易解决的问题上取得进展。1977 年卡特出任总统后，在“人权外交”原则下，美国的巴勒斯坦政策发生明显变化，开始把巴勒斯坦问题作为解决中东问题的组成部分，希望说服巴解组织接受第 242 号决议，参加中东和谈。其中最显著的变化是卡特政府强调巴勒斯坦人的自治权。1977 年 3 月 16 日，卡特在一次演讲中提出“必须给予许多年来饱受苦难的巴勒斯坦难民一个家园”。但是美国不赞成建立一个独立的巴勒斯坦国家，主张未来的巴勒斯坦要么在以色列的控制下享有自治的权利，要么作为一个实体依附于约旦。

美国仍不承认巴解组织是巴勒斯坦人民的合法代表。在埃以戴维营谈判中，卡特总统向以色列总理贝京保证：在巴解组织承认以色列生存的权利和接受联合国安理会第 242 号和第 338 号决议之前，美国不会承认巴解组织，也不会同它谈判，后来又加上巴解组织放弃恐怖主义这一前提。上述保证成为美国政府处理与巴解组织关系的先决条件。但事实上，美国与巴解组织私下却保持接触，不过大多停留在低级官员或所谓的“调解人”层面。

六 与西欧国家的关系

“十月战争”中，阿拉伯国家对石油武器的使用使西欧各国饱尝能源危机之苦。为与阿拉伯产油国建立良好关系，从而获得稳定的石油供应，西欧国家不得不在阿以冲突和巴勒斯坦问题上改变过去追随美国、偏袒以色列、无视巴勒斯坦民族权利的立场，开始在中东问题表态上强调，以色列必须结束对阿拉伯土地的占领和承认巴勒斯坦人的合法权利。

1973 年 11 月 6 日“十月战争”结束后不久，欧共体九国就中东局势发表“布鲁塞尔声明”，提出解决阿以冲突应以联合国安理会第 242 号决议和第 338 号决议以及下述几点为基础：①不容许以武力获得领土；②以色列必须撤出 1967 年所占领的领土；③尊重这一地区每个国家的主权、领土完整和独立；尊重它们在安全和得到承认的边界内和平生活的权利；④承认在建立公正和持久和平时，必须考虑巴勒斯坦人的合法权利。声明提出了“巴勒斯坦人的合法权利”，与第242号决议的“难民问题”相比有很大的进步。“布鲁塞尔声明”是欧共体九国巴勒斯坦政策变化的起点，这四项原则成为欧共体巴勒斯坦政策的基础。

对巴勒斯坦人合法权利的具体内容，欧共体也逐渐形成共同立场。1975年12月，意大利大使代表欧共体在第13届联合国大会发言时指出，除布鲁塞尔声明中提出的原则外，还应该“承认巴勒斯坦人民表现其民族特性的权利”[①]。1977年6月29日，欧共体发表伦敦宣言，除重申上次声明中的原则立场外又提出，“只有巴勒斯坦人民有效地表现其民族特征的合法权利成为事实，并把巴勒斯坦人民需要有一个祖国这一点考虑在内，才有可能解决中东冲突”。伦敦宣言把巴勒斯坦问题作为阿以冲突的核心问题，在两个方面实现了突破。首先，除提出巴勒斯坦人的合法权利外，还进一步明确了这种合法权利的内容，即巴勒斯坦人民有效地表现其民族特性，需要一个祖国（homeland）。1977～1980年，欧共体九国尽量根据伦敦宣言的精神对中东事务做出回应，首先，在不同场合重申巴勒斯坦人建立祖国的必要性；其次，要求巴勒斯坦人民的代表参加和谈。伦敦宣言虽然对巴解组织仍然持保留态度，没有公开承认巴解组织在和平进程中的作用，但要求巴勒斯坦人民的代表参加和谈，是欧共体立场的积极发展。

1978年9月17日，埃以达成《戴维营协议》。两天后欧共体外长们发表联合声明，重申对“全面、持久和平解决”的坚持，强调“九国政府希望戴维营会议的结果是通向公正、全面和持久和平的重要一步，有关各方将能够加入这个进程以促进目标实现”，[②] 表明了对《戴维营协议》有条件支持的立场。1978年12月，欧阿对话总委员会在大马士革召开第

① Simon J. Nuttall, *European Political Cooperation*, Oxford University Press, 1992, p. 101.

② "Statement by the EEC Foreign Ministers on the Camp David Meeting, September 19, 1978," in John Norton Moore, ed., *The Arab-Israeli Conflict Volume* Ⅳ: *The Difficult Search for Peace (1975 - 1988)*, Princeton University Press, 1991, p. 330.

四届会议，在阿拉伯国家的压力下，欧共体在会后发表的公报中不再提有条件支持《戴维营协议》的立场，而是强调“全面解决”“建立巴勒斯坦祖国”，认为“以色列自1967年以来在被占领土上的行为违反国际法”，“是和平的严重障碍”。这与《戴维营协议》实行逐步解决、不提巴勒斯坦人的民族权利及巴勒斯坦祖国的精神和措辞不一致。1979年3月26日，欧共体就埃以和约签字发表声明，再次重申对“全面解决”的坚持：“中东公正持久的和平只能在一项全面解决的范围内建立。这样一种解决应以安理会第242号决议和第338号决议为基础，并且应当使巴勒斯坦人民建立一个祖国的权利得以实现。”

1979年9月25日，爱尔兰外长作为欧共体部长理事会主席在第34届联合国大会上发言，他阐述了欧共体的立场，把巴勒斯坦人的合法权利界定为“有权建立自己的国家以及有权通过他们的代表在商谈实现中东和平的全面解决办法中发挥充分的作用”，认为“安理会第242号和第338号决议应该被包括巴解组织在内的冲突各方接受，成为进行全面解决谈判的基础，各方都应该在这种谈判中发挥作用”。在这里，欧共体九国不仅第一次提到巴解组织，而且表明不反对巴解组织参加和谈并发挥作用，但条件是其接受以色列的生存权。这是欧共体立场的一大发展。欧共体立场的另一发展体现在耶路撒冷问题上，表示不接受任何可能改变耶路撒冷现状的单方面行动。

欧洲政策的变化带动了欧巴关系的发展。1974年，法塔赫在伦敦建立“政府默认”的巴解组织办事处。1975年10月，法国政府率先官方承认巴解组织办事认。欧洲除荷兰以外的其他主要国家紧随其后。欧洲国家领导人和巴解组织领导人也开始往来。1979年7月，巴解组织主席阿拉法特访问奥地利，同社会党国际执行主席、联邦德国前总理威廉·勃兰特和奥地利总理进行了会谈，这标志着欧洲与巴解组织关系的一次重大突破。不久，阿拉法特应邀访问了西班牙，并与西班牙首相进行会谈。1979年11月，阿拉法特出席了在葡萄牙举办的阿拉伯人团结国际会议，受到葡萄牙总统、总理和外长的接见。

1980年3月3日，法国总统吉斯卡尔·德斯坦出访科威特，在双方发表的联合公报中，法国首次表示支持巴勒斯坦人民享有的自决权。同年3月8日，联邦德国外长根舍在开罗发表谈话时指出，欧洲共同体的外长们坚持认为，巴勒斯坦人民有权拥有自己的家园和有权独自决定自己的代表。3月22日，英国外交国务大臣道格拉斯·赫德在科威特访问期间说："必须承认巴勒斯坦人的自决权。"

1980年6月13日，欧共体发表威尼斯宣言。与以往的立场相比，威尼斯宣言在巴勒斯坦问题上的立场更进一步，公开承认巴勒斯坦人的自决权，强调"必须使巴勒斯坦人民能够充分行使其自决权"；承认巴解组织的作用，特别强调"巴解组织必须同和平解决的谈判发生关系"；对于耶路撒冷地位问题，强调"不接受旨在改变耶路撒冷地位的任何单方面倡议"；对于犹太人定居点问题，要求"必须结束自1967年冲突以来一直保持的对领土的占领"，认为犹太人定居点是中东和平进程的"严重障碍"，是"非法的"。

1982年以色列入侵黎巴嫩，遭到欧共体十国的强烈谴责。1982年8月，巴解组织武装力量撤出贝鲁特，法国和意大利参加了美国组织的多国部队监督撤军。9月，贝鲁特巴勒斯坦难民营发生大屠杀事件，法、意、美组成的多国部队重返贝鲁特。欧共体十国在1982年9月20日的布鲁塞尔声明中谴责对贝鲁特巴勒斯坦平民的屠杀，再次提出"必须让巴解组织参加谈判"。

七　与中国的关系

1974年9月20日，根据中国等47国提案，联合国第29届大会通过决议，将巴勒斯坦问题列入大会议程。阿拉法特应大会邀请首次到联合国并在大会上发言。对此，阿拉法特致信周恩来总理，称中国在联合国的代表团支持邀请巴解组织出席联合国巴勒斯坦问题辩论的立场，有助于他们取得胜利。他对此表示"深切谢意"。1980年7月，联合国首次举行讨论巴勒斯坦问题的紧急特别会议，中国外交部副部长何英率团出席大会，他在发言中称，中国政府和人民始终不渝地支持阿拉伯各国人民和巴勒斯坦人民的正义斗争；巴解组织作为巴勒斯坦人民的唯一合法代表，理应参加中东问题的全面解决。[①]

黎巴嫩内战期间，鉴于黎巴嫩和叙利亚均为与中国建立了外交关系的友好国家，中国采取了低调的冷处理方式，没有公开表示支持某一方，也没有谴责另一方，仍继续支持巴勒斯坦人民恢复民族权利的斗争，支持阿拉伯人民收复失地的斗争。中国与巴解组织之间的往来也在继续。1975年7月，阿布·杰哈德率法塔赫高级代表团访华。1976年4月，巴解组织政治部主任卡杜米率巴解组织代表团访华，会见了李先念副总理和乔冠华外长。

埃以单独和解遭到巴解组织和绝大多数阿拉伯国家的强烈反对。中国理解埃及的处境，一方面，埃及作为一个主权国家有权按照自己的利益选择收复失地的方式和途径；另一方面，考虑到阿以冲突给埃及带来的沉重损失和负担，没有对埃及的行动进行公开谴责。但是，中国领导人一再向埃及表示，希望并相信埃及坚持三条原则：中东问题必须获得全面解决；1967年战争中失去的阿拉伯土地必须收回；巴勒斯坦人民的民族权利必须恢复。中国也没有对巴解组织和其他阿拉伯国家反对埃及的言行进行阻止、干预或者指责，仍然在各种公开场合重申，坚决支持巴勒斯坦人民反对以色列侵略扩张的政策，支持他们恢复民族权利、重返家园的斗争，并多次呼吁阿拉伯国家和人民团结一致，共同对敌，完成阿拉伯人民收复失地的民族大业。

1981年10月，阿拉法特率巴解组织代表团访华。在欢迎代表团的宴会上，中国领导人高度评价了巴勒斯坦人民的斗争所取得的成绩，阐述了中国政府对中东问题的立场："重申中东问题的核心是巴勒斯坦问题。解决中东问题，就必须迫使以色列撤出1967年占领的阿拉伯领土，其中包括耶路撒冷；就必须恢复巴勒斯坦人民的民族权利，包括返回家园、民族自决和建立国家的权利；巴解组织作为巴勒斯坦人民的唯一合法代表，应该参加中东问题的全面、公正解决。""我们一贯认为，巴勒斯坦同阿拉伯国家以及阿拉伯国家之间的兄弟团结，是阿拉伯民族反

---

① 王泰平主编《新中国外交50年》上册，第558页。

对侵略的最有力武器，也是阿拉伯人民正义事业胜利的可靠保证，我们相信，阿拉伯国家终究会以团结对敌的大局为重，逐步消除分歧、携起手来共同前进。"

在 1982 年 6 月以色列入侵黎巴嫩的战争中，中国支持巴勒斯坦人民和阿拉伯国家的立场，要求以色列立即停止对黎巴嫩的侵略，无条件把全部军队撤出黎巴嫩。中国主张：巴勒斯坦人民的民族权利必须得到恢复；巴解组织作为巴勒斯坦人民的唯一合法代表，有权参加中东问题的全面、公正解决；黎巴嫩的独立、主权和领土完整应该得到尊重，任何国家不得干涉黎巴嫩的内政。[①]

第四节　20 世纪 80 年代的巴勒斯坦外交

1982 年 8 月撤离贝鲁特后，巴解组织力量分散，远离战斗前线，失去了开展武装斗争的条件。在巴解组织撤出贝鲁特的半个月内，和平解决中东问题的"里根方案"、《非斯宣言》和"勃列日涅夫方案"相继出台。面对现实，以阿拉法特为首的巴勒斯坦抵抗运动的主流派力量对巴勒斯坦前途的态度越来越趋于务实，主张适应中东形势的发展，在不放弃武装斗争的同时，通过政治和外交斗争，争取实现巴勒斯坦人民的民族权利。与此同时，巴解组织开始从有条件地承认到完全公开地承认以色列的合法存在。

1988 年 10 月 26 日，巴解组织公布关于建立独立国家的文件，11 月 15 日，巴勒斯坦全国委员会第 19 次特别会议公布巴勒斯坦国《独立宣言》。《独立宣言》接受了 1947 年联合国巴勒斯坦分治决议，强调新诞生的"巴勒斯坦国"将根据联合国宪章和决议，通过和平途径解决国际和地区问题。"巴勒斯坦国"的建立受到世界绝大多数国家的欢迎，到 1988 年底，承认它的国家达到 90 个。

---

① 王泰平主编《新中国外交 50 年》上册，第 559 页。

一 与美国的关系

美国总统里根在1982年9月1日巴解武装人员完全撤离贝鲁特的当天发表电视演说，阐述了《关于和平解决中东问题的方案》。在发表文告之前，里根以“会谈要点”的形式分别致函以色列、约旦、埃及和沙特阿拉伯的领导人，通报了这一方案。“里根方案”要点有：①支持巴勒斯坦居民实行完全自治，但反对建立巴勒斯坦国，在关于巴勒斯坦最终地位的谈判中，将寻求使约旦河西岸和加沙地带的自治机关同约旦建立联系；②必须有一个5年的过渡期，目标是使权力从以色列人手中和平、有秩序地转移到巴勒斯坦居民手中；③以色列停止增建新的定居点，以使更多的人产生参加谈判的信心；④以领土换和平，“应该通过涉及为了和平而交换土地的谈判来解决阿以冲突”；⑤耶路撒冷的最终地位通过谈判来解决。[①]

巴解组织中以阿拉法特为代表的一派认为，“里根方案”有积极的一面，但多数派别拒绝“里根方案”。因此，1983年2月举行的巴勒斯坦全国委员会第16次会议发表的声明表示，拒绝考虑把“里根方案”作为公正持久解决巴勒斯坦问题和阿以冲突的有效基础。

1985年2月《约巴协议》签订后，里根政府为保持美国在中东和谈问题上的主动权，积极探索约旦与巴勒斯坦组成联合代表团同以色列举行会谈的可能性。但是美国要求巴解组织必须首先承认以色列的生存权和接受联合国安理会第242号决议，然后才能参加和谈。这个要求遭到巴解组织执行委员会的坚决拒绝。阿拉法特表示，只有美国和以色列宣布承认巴勒斯坦人的自决权，巴解组织才能宣布承认以色列的生存权和接受第242号决议。此后，美国多次就巴勒斯坦代表人选问题与有关各方磋商，但均未能打破僵局。

美国始终拒绝承认巴解组织，并称其为恐怖组织，反对建立独立的“巴勒斯坦国”。1988年11月巴勒斯坦宣布建国后，阿拉法特表示接受联

① 《美国总统里根有关中东问题的讲话》《美国总统里根给贝京信中所附的“会谈要点”》，尹崇敬主编《中东问题100年》，第384～395页。

合国的决议。但美国政府认为这是阿拉法特的宣传姿态而不予理睬，仍坚持只承认约旦河西岸和加沙地带阿拉伯居民自治权的原则，反对建立巴勒斯坦国。当阿拉法特被邀请参加联合国讨论巴勒斯坦问题特别会议时，美国国务卿以巴解组织与恐怖组织有牵连为由，拒绝发给阿拉法特赴美参加联合国会议的签证。美国违反国际惯例的做法受到大多数国家的谴责，联合国大会投票决定将大会转移到日内瓦举行。

1988 年 12 月 7 日，巴解组织在阿拉法特同美国犹太人士会谈后发表声明，宣布“接受以色列作为一个国家在中东的存在”，同时“抵制并谴责各种形式的恐怖主义，包括国家恐怖主义”。13 日，阿拉法特在日内瓦举行的联合国关于巴勒斯坦问题的专题辩论会上提出三点和平建议，再次重申巴解组织将以安理会第 242 号决议和第 338 号决议为基础，在中东国际和平会议范围内，寻求包括巴勒斯坦、以色列和其他邻国在内的阿以冲突各方对中东问题的全面解决。14 日，在日内瓦举行的一次记者招待会上，阿拉法特又一次重申，巴解组织接受“中东冲突中所涉及的各方在和平与安全的环境中生存的权利，就像我们所提到的那样，其中包括巴勒斯坦国、以色列和其他邻国”。

1988 年 12 月 14 日，里根发表声明，授权国务院同巴解组织举行对话。16 日，美国驻突尼斯大使罗伯特·佩利特鲁同巴解组织代表亚西尔·阿比德·拉布在突尼斯首都郊区举行首次官方直接会谈，讨论了恐怖主义及和平进程等问题。这次会谈被美巴双方描述为“实践性和建设性的”会谈，标志着双方关系进入了一个新时期。虽然巴解组织完全满足了美国政府处理与其关系的先决条件，但美国国务卿舒尔茨说，这并不表示美国的政策有任何改变。美国并没有公开、明确承认巴解组织，也没有让巴解组织在华盛顿设立办事处，更谈不上承认巴解组织是巴勒斯坦人民的唯一合法代表。此后不久，美国以一起巴解组织宣布与己无关的恐怖事件为理由，中断了双方的对话，美巴关系出现波折。

二　与阿拉伯国家的关系

1982 年 9 月 1 日“里根方案”的提出在阿拉伯世界引起强烈反响，9

月7日，第12届阿拉伯国家首脑会议在摩洛哥非斯紧急复会，巴解组织和20个国家的首脑或代表出席。非斯会议最初是在1981年11月召开的，主要议题是讨论沙特阿拉伯法赫德王储提出的“实现中东和平的八点建议”。利比亚、叙利亚和伊拉克等激进国家在会上坚决反对八点建议中的第七点，即“承认本地区一切国家和平相处的权利”，认为这事实上承认了以色列的合法存在。大会终因意见分歧而休会。复会后的非斯会议气氛大为改观，激进国家的立场在巴解组织撤出黎巴嫩以后趋于务实；法赫德也做了让步，将原建议中的第七点修改为“安理会保证这一地区各国间的和平，其中包括独立的巴勒斯坦国”。1982年9月9日，会议最终通过《非斯宣言》。修改后的第七点虽不如原建议那样明确，但仍然掩盖不住承认以色列的事实。《非斯宣言》增加了巴勒斯坦建国的内容，这表明阿拉伯国家反对“里根方案”中拒绝建立独立巴勒斯坦国家的立场。

1. 与约旦的关系

当巴解组织处于被迫撤离贝鲁特的困境时，约旦做出了积极和解的姿态，允许拥有约旦护照的巴解组织战士返回约旦。巴解组织在力量受到严重削弱、丧失开展武装斗争基地的情况下，也需要同约旦接近。以阿拉法特为首的巴解组织主流派同侯赛因国王通过谈判解决巴勒斯坦问题的主张渐趋一致，从而消除了双方关系发展中的一个主要障碍。

“里根方案”一个极其重要的内容就是提出约旦河西岸和加沙地带的巴勒斯坦人与约旦人一起进行自治。受“里根方案”影响，约巴双方表现出建立邦联的意愿。1982年10月10日，阿拉法特受侯赛因国王邀请访问安曼，讨论约巴邦联问题，双方同意建立巴勒斯坦－约旦委员会以加强联系。12月，阿拉法特再次访问安曼，双方发表的联合公报宣布，同意建立“约旦和一个获得解放的巴勒斯坦之间的特殊的与众不同的关系”。1983年2月，巴勒斯坦全国委员会第16次会议通过的政治宣言声称，加强约旦人民和巴勒斯坦人民之间现有的特殊关系，未来同约旦的关系应该建立在两个独立国家之间的邦联基础上。

1983年3月底4月初，阿拉法特多次到安曼和侯赛因国王秘密会谈，中心议题是约旦、巴勒斯坦能否组成联合代表团参加中东和谈，但未能达成共识。双方在对待“里根方案”和中东和谈的态度上存在原则性分歧，约旦同意参加以“里根方案”为基础的中东和谈，巴解组织提出以阿拉伯国家的“非斯方案”作为解决中东问题的最低行动纲领。而巴解组织内部的反对派认为《非斯宣言》承认以色列的存在是不能接受的，坚持反对约巴会谈。在这种情况下，阿拉法特不得不中断与侯赛因国王的会谈，但这并不意味着约巴关系的破裂和协调立场行动的最终失败。

1983 年 5 月至 11 月，法塔赫发生成立以来的最大分裂。在此期间，约旦政府多次发表声明，支持以阿拉法特为首的巴解组织的合法性，反对分裂巴解组织的行径，指责外部势力对巴解组织内部事务的干涉。同时，约旦还积极支持巴解组织组织同埃及恢复关系，试图将巴解组织同埃及、沙特阿拉伯等温和国家联合起来，以加强中东和谈的力量。在此背景下，1984 年 2 月 26 日，阿拉法特来到安曼，恢复了与约旦国王侯赛因之间的会谈。11 月，约旦促成巴勒斯坦全国委员会第 17 次会议在安曼召开，会议特别突出了巴约特殊关系，并决定在执行委员会中成立专门委员会负责约巴对话。这是巴解组织成立 20 年来在约旦首都安曼举行的唯一一次会议。

1985 年 2 月 11 日，阿拉法特和侯赛因国王在安曼签署《约巴协议》。协议明确提出：以色列撤出 1967 年占领的全部阿拉伯领土，以实现全面的和平；一旦约旦和巴勒斯坦能够建立约巴国家邦联，在约巴邦联范围内，巴勒斯坦行使不可剥夺的自决权；根据联合国决议规定的原则解决巴勒斯坦难民问题；解决巴勒斯坦问题的一切方面；举行由联合国安理会 5 个常任理事国和有关冲突各方参加的国际会议，巴勒斯坦人民唯一合法代表巴解组织与约旦组成联合代表团参加会议，在国际会议范围内进行和平谈判。

《约巴协议》遇到来自各方的阻力。美国和以色列坚持不承认巴勒斯坦人民自决权和拒绝同巴解组织谈判的立场。协议也遭到激进阿拉伯国家的反对。巴解组织内部的强硬派猛烈批评《约巴协议》，指责阿拉法特抛弃了巴解组织作为巴勒斯坦人民合法代表的身份。阿拉法特被迫要求修改《约巴协议》。更重要的是，巴解组织与约旦之间在一些重大问题上存在分歧，影响了双方的合作。首先，约巴双方对约旦河西岸地区的政治前途存在争议。协议虽然笼统地提到巴勒斯坦在约巴邦联范围内行使自决权，但没有明确规定成立“巴勒斯坦国”。约旦希望约旦河西岸地区成为约旦哈希姆王国的组成部分，巴解组织则把它作为建立“巴勒斯坦国”的主要基地。其次，双方对巴解组织是否无条件接受第242号与第338号决议存在明显的分歧。约旦主张巴解组织必须正式宣布接受第242号决议，以便通过和谈早日收回约旦河西岸土地，然后在约巴邦联的范围内解决巴勒斯坦的自决权问题；而巴解组织认为第242号决议没有规定巴勒斯坦人民的自决权，也不承认巴解组织是巴勒斯坦人民的唯一合法代表，坚持必须把第242号决议同巴勒斯坦自决权联系起来。与此同时，侯赛因国王与以色列总理佩雷斯于当年7月、10月两次在伦敦秘密会晤的消息传开后，巴解组织同约旦的矛盾越来越大。1986年2月，约旦宣布冻结约巴之间的政治协调行动。次年4月，阿拉法特宣布废除《约巴协议》。

提高约旦在约旦河西岸巴勒斯坦人中的形象、削弱巴解组织的影响，长期以来一直是约旦追求的目标之一。《约巴协议》被废止后，约旦采取一系列措施同巴解组织争夺对约旦河西岸的影响，约巴关系由此再度紧张。1986年7月7日巴解组织驻约旦的所有办公机构被关闭，法塔赫在约巴联合委员会的代表阿布·杰哈德及另外8位高级官员被驱逐出约旦。同时，约旦开始在约旦河西岸实行五年（1986～1990）发展计划，预计投入14亿美元发展当地的工业、农业、卫生以及教育事业。1987年12月巴勒斯坦人大起义提高了巴解组织的地位和影响，削弱了约旦在约旦河西岸地区的势力，对约巴关系产生巨大冲击。在国内外形势的巨大压力下，约旦国王侯赛因于1988年7月30日签署法令，解散了由约旦河两岸各30名议员组成的议会下院，并于次日宣布中断同约旦河西岸的法律、行政关系。8月1日，侯赛因国王明确表示，约旦对属于被占领土的巴勒斯坦人的约旦河西岸没有主权要求。约旦的决定消除了长期以来巴解组织对约旦在约旦河西岸起主导作用的担心，约巴关系发生根本性变化。1988年11月“巴勒斯坦国”成立后，约旦立即予以承认，1989年1月7日，约旦同意巴解组织驻约旦办事处升格为大使馆。同年，阿拉法特两次访问约旦，并出席巴勒斯坦民族基金会总部迁回安曼的仪式。

2. 与叙利亚的关系

叙利亚强烈反对“里根方案”，指责它是《戴维营协议》的翻版。叙利亚反对阿拉法特同约旦磋商约巴邦联问题。在1982年10月阿拉法特访问安曼的次日，叙利亚新闻部部长就发表谈话，批评阿拉法特的约旦之行，并指责他无权代表巴勒斯坦进行会谈。

1983年5月，法塔赫内部发生分裂，随着两派武装冲突的扩大，叙利亚同阿拉法特的关系也变得极其紧张。叙利亚公开发表公报，支持法塔赫反对派改组巴解组织领导机构的要求。阿拉法特也公开批评叙利亚坦克部队支援法塔赫反对派。6月24日，叙利亚要求阿拉法特限时离开叙利亚，并禁止他和巴解组织武装力量副总司令阿布·杰哈德进入由叙军控制的黎巴嫩东部和北部地区。法塔赫两派发生武装冲突后，巴解组织执行委员会派出调解代表团，同法塔赫反对派和叙利亚进行接触，但反对派态度十分强硬。叙利亚也提出叙巴和解的先决条件，要求阿拉法特公开拒绝“里根方案”并在政治、军事上与叙利亚保持一致。在反对派部队和叙军的步步进逼下，阿拉法特的部队处境艰难，被迫于1983年9月撤出贝卡的什陶拉（Chtaura）地区，向黎巴嫩北部转移。此后，叙利亚和法塔赫反对派部队又在黎巴嫩的黎波里一带向阿拉法特的部队发动猛攻。12月20日，阿拉法特和4000名巴解组织战士从海路撤离的黎波里，前往其他阿拉伯国家。法塔赫内部的武装冲突和叙巴对抗给巴解组织造成了严重困难，使巴解组织武装力量再次遭到沉重打击。

经过各阿拉伯国家的多次调解及双方的共同努力，1988年4月，阿拉法特访问叙利亚并同阿萨德总统进行了会晤，双方关系有所缓和。1989年5月，在阿尔及利亚总统的推动下，在卡萨布兰卡阿拉伯国家特别首脑会议期间，阿萨德总统与阿拉法特进行了两次会晤。6月，叙利亚释放了4000多名被关押的法塔赫人员。但是叙、巴关系完全恢复正常还存在一些障碍尚待克服。在关于巴勒斯坦斗争策略和斗争目标问题及处理同埃及、约旦和两伊关系问题上，叙巴双方存在不同的看法和分歧。特别是叙利亚对巴解组织反对派的支持，成为双方关系最终改善的障碍。

3. 与埃及的关系

埃及在 1983 年 12 月阿拉法特撤离的黎波里期间发挥了积极的作用。在撤离途中阿拉法特访问埃及，同穆巴拉克总统进行会谈。但阿拉法特的开罗之行受到法塔赫中央委员会的批评。“人阵”“民阵”等巴解组织中间派同反对派暂时联合起来，强烈反对这次访问，法塔赫处境更加孤立。

穆巴拉克原则上支持“里根方案”，但对个别细节持保留意见。1982 年 10 月，埃及和有关国家一起推动约旦和巴解组织修复关系。阿拉法特同约旦国王侯赛因的会谈失败后，穆巴拉克于 1983 年 11 月呼吁再次考虑“里根方案”，希望巴解组织同约旦继续磋商。在埃及的参与和帮助下，阿拉法特和侯赛因国王于 1985 年 2 月达成《约巴协议》。

1987 年 11 月，埃及宣布重新开放巴解组织驻开罗办事处。1988 年 11 月巴解组织宣布建国后，埃及立即给予承认，巴解组织驻开罗办事处随即升格为大使馆。1989 年 2 月，阿拉法特要求埃及居间斡旋以实现巴以高级会谈。埃及于 1989 年 5 月重返阿盟后，在促成巴以对话方面发挥了更大的作用。当年 8 月，穆巴拉克在访美期间提出“十点建议”，希望巴以以此为基础进行直接对话。建议中虽然没有要求以色列承认巴解组织和“巴勒斯坦国”，却要求双方承认“以土地换和平”原则。阿拉法特在与穆巴拉克会谈后接受了埃及的建议。

三 与以色列的关系

以色列强烈反对“里根方案”。1985 年 2 月《约巴协议》签订后，以色列立即做出强烈的反应。以色列工党领袖、政府总理佩雷斯认为，对阿拉伯世界来说，《约巴协议》虽然说是“向前迈进了一步”，但并不能构成和平谈判的“足够的基础”。他表示，有必要同巴勒斯坦人或者同约旦和巴勒斯坦人联合代表团直接谈判，但联合代表团中不得有巴解组织的成员，并多次重申决不与阿拉法特进行会谈。以色列利库德集团领导人、外长沙米尔的态度更加强硬，完全否定《约巴协议》，坚持以色列对包括约旦河西岸在内的整个巴勒斯坦拥有合法主权，主张在约旦河西岸建立更多的犹太人定居点，坚决反对巴勒斯坦建国。1988 年 11 月 8 日，以色列总理沙米尔在向右翼利库德集团的活动分子发表演讲时说，成立“巴勒斯坦国”将是行不通的，是走向灭亡的道路。①

20 世纪 80 年代末期，中东和平进程再度活跃。在有关方面的推动和压力下，1989 年 5 月 14 日，以色列内阁通过《关于在被占领土上举行巴勒斯坦人选举的计划》，也称沙米尔“选举计划”，主要内容有：在被占领土举行巴勒斯坦人自由选举；以色列与选出的巴勒斯坦代表团谈判，并开始实施 5 年的自治；在自治的第三年，以色列与巴勒斯坦代表团就巴勒斯坦最终地位问题进行谈判；邀请埃及、约旦两国代表参加第一阶段和第二阶段的谈判；在选举及谈判过程中被占领土要避免暴力、威胁和恐怖行动。“选举计划”还特别强调，以色列不会和巴解组织进行谈判；反对在加沙地带和以色列与约旦边境地区建立巴勒斯坦国；被占领土的地位不发生变动。“选举计划”仍然坚持不同意建立“巴勒斯坦国”、不撤出被占领土、不同巴解组织谈判的“三不政策”。随后，以色列政府又给“选举计划”附加了许多限制性条件，使之更加难以被巴解组织接受。以色列的僵硬立场给巴勒斯坦问题的解决增加了难度，使中东和平进程很难进入人们期望的理想状态。

四　与苏联的关系

“里根方案”出台后，苏联在进行激烈攻击的同时，提出解决中东问题的六项原则，即“勃列日涅夫方案”，要求召开有苏、美和包括巴勒斯坦在内的阿、以冲突各方参加的国际会议，在苏、美主持下讨论中东和平问题。苏联以此与“里根方案”相抗衡，力图打破美国独揽中东和谈的局面。但巴解组织内部以阿拉法特为首的一批领导人认为“里根方案”有积极的因素。鉴于阿拉法特的态度，苏联改变了以往对他的支持立场，加强了与“人阵”“民阵”“闪电”等巴解组织左翼派别的联系。1983 年苏联分别邀请“人阵”总书记乔治·哈巴什和“民阵”总书记纳耶夫·

① 尹崇敬主编《中东问题 100 年》，第 162 ~ 163 页。

哈瓦特迈赫访问莫斯科。在阿拉法特的部队遭受反对派武装围攻期间，苏联没有积极进行干预，最终导致阿拉法特与苏联关系疏远。伴随着巴勒斯坦抵抗运动两派冲突的扩大，叙利亚与阿拉法特的关系也不断恶化。苏联虽多次派代表团前往中东进行调解，但由于叙利亚在苏联中东战略中占有重要地位，苏联在调解中明显偏向叙利亚，导致调解没有获得成功。苏联的态度使阿拉法特在解决巴勒斯坦问题上加强了与埃及和约旦的联系，这等于是间接地增加了美国的影响。苏联反对“约巴邦联方案”，认为这是用约巴邦联来代替巴勒斯坦人自治或建立主权国家的思想，是与《戴维营协议》类似的新的分裂主义的交易。1985 年 3 月戈尔巴乔夫上台后，苏联推行“中东政策新思维”，采取从中东“脱身战略”，对中东国家和巴解组织的支持弱化，双方关系处于低潮。

五　与欧洲国家的关系

1982 年 9 月 20 日，欧共体十国“布鲁塞尔声明”对“里根方案”表示欢迎，认为它给“巴勒斯坦问题取得和平进展提供了一个重要机会”。声明同时还强调阿拉伯国家的“非斯方案”的重要性，认为它表达了包括巴解组织在内的与会者为实现这个地区包括以色列在内的所有国家的公正的和平而进行努力的一致意愿。1985 年《约巴协议》签订后，欧共体对此表示欣赏，认为协议为和平谈判进程引进了一个新因素。

1988 年 11 月巴勒斯坦《独立宣言》发表后，欧共体认为巴勒斯坦国未确定边界，且无政府，故在法律上未承认巴勒斯坦国。但不少国家一直与巴解组织保持着各种形式的联系，并不断向被占领土的巴勒斯坦人提供物质援助。在巴解组织代表团同欧共体代表的各种会谈中，欧共体表示愿意加强双方在政治、经济、社会和文化等方面的合作。1989 年 1 月 13 日，英国外交国务大臣威廉·沃尔德格雷在突尼斯会见阿拉法特，这是英国高级官员首次与阿拉法特面谈。英国明确宣布，巴解组织应该参加中东和会。1989 年 1 月 5 日，法国将巴解组织驻法办事处升格为巴勒斯坦驻法国总代表团。希腊总理帕潘德里欧在 1989 年 1 月 11 日与阿拉法特会谈后说，希腊将致力于“巴勒斯坦国的最终确立”。

六 与中国的关系

“非斯方案”获得通过后，中国表示，支持巴勒斯坦、阿拉伯人民通过一切方式，包括政治谈判在内实现自己的民族权利。1985 年 12 月，中国常驻联合国代表在联大审议巴勒斯坦问题会议上发言说，中国认为和平方式是解决巴勒斯坦问题的最好办法。

中国支持阿拉法特在法塔赫和巴解组织中的领导地位。1984 年 5 月，阿拉法特访华。中共中央顾问委员会主任邓小平在同阿拉法特的会谈中强调了巴勒斯坦团结的重要性，赞扬了阿拉法特的领导。同年 11 月，以阿拉法特为首的巴解组织在安曼召开巴勒斯坦全国委员会第 17 次会议。中国致电表示祝贺，并且派中国驻约旦大使作为政府代表参加会议。阿拉法特在会议开幕和闭幕式的讲话中特别感谢中国对巴勒斯坦事业的一贯支持，表示巴解组织同中国的关系是真正的盟友关系。

1985 年 5 月，巴解组织执行委员会主席阿拉法特率领约旦－巴勒斯坦联合代表团访华，通报《约巴协议》及中东形势的最新发展。中方重申，中国政府支持巴解组织、约旦和其他阿拉伯国家为公正、合理地解决中东问题而做出的任何努力。

1987 年 12 月开始，约旦河西岸和加沙地带的巴勒斯坦人进行了较大规模的反占领起义。中国工会、青联、学联、妇联、伊斯兰教协会、对外友协等组织致电巴勒斯坦有关方面声援起义，中国政府还向被占领土的巴勒斯坦居民提供紧急物资援助。

1988 年 11 月 16 日，即巴勒斯坦国《独立宣言》发表后的第二天，中国外交部发言人指出，“这是巴勒斯坦人民的历史性选择，是巴勒斯坦人民斗争史上的重大事件，它标志着革命进入了一个新的历史时期”。“我们认为巴勒斯坦全国委员会所采取的积极步骤将有利于推动中东和平进程，以色列应当顺应历史潮流，放弃侵略扩张政策，以早日实现中东问题的公正、全面解决。”① 11 月 20 日，中国外交部发表声明，承认“巴

① 尹崇敬主编《中东问题 100 年》，第 497 页。

勒斯坦国”。1989 年 10 月 5 日，阿拉法特总统访华，受到中央军委主席邓小平的接见。1990 年 7 月 5 日起，中国驻突尼斯大使兼驻巴勒斯坦国特命全权大使。

第五节 海湾战争后的巴勒斯坦外交

在海湾危机中，巴解组织采取支持伊拉克入侵科威特的错误立场，被海湾六国孤立，沙特阿拉伯和科威特等国完全停止了对巴解组织的经济援助，使其陷入有史以来最困难的境地。伊拉克在海湾战争中惨败后，巴解组织更陷于孤立无援的地步。面对于己不利的国际形势，巴解组织在美国的积极斡旋下，最终走上与以色列和平谈判的道路。

一 与以色列的关系

在美国的积极斡旋下，马德里中东和会于 1991 年 10 月召开。以色列总理沙米尔和以约旦－巴勒斯坦代表团成员身份参加和会的巴解组织代表终于坐在了同一张桌子前，这标志着巴以关系进入了以和谈为主旋律的新时代。在 1992 年 4 月底之前和谈没有取得任何进展。1992 年 5 月以拉宾为首的工党联盟在以色列执政后，积极贯彻“以土地换和平”原则，冻结了被占领土的犹太人移民点扩建活动。1993 年 1 月，以色列议会废除了 1986 年通过的《关于禁止任何以色列人与巴解组织人员接触的法令》，松动了与巴解组织的关系，创造了与巴解组织直接谈判的条件。1993 年 3～4 月，拉宾总理首次认为巴勒斯坦人有权建立国家，并表示愿意在领土问题上做出让步。拉宾政府的政策冲破了以色列历届政府长期坚持的“不承认巴解组织，不同意建立巴勒斯坦国，不撤出被占领土”的三不政策限制，为巴以和平谈判创造了机会。

1.《奥斯陆协议》与巴以第一阶段谈判

自 1993 年 2 月起，在挪威外交大臣霍尔斯特的安排下，巴以双方代表在奥斯陆进行了长达半年的 14 轮秘密谈判，取得了重大突破。9 月 9 日，巴解组织主席阿拉法特与以色列外长佩雷斯交换了“相互承认”的信函。巴方承诺，承认以色列国的和平生存权；放弃恐怖活动和其他暴力活动，并担负管理巴解组织一切分支机构和人员的责任，确保其遵守承诺；确认《巴勒斯坦国民宪章》中的反以条款永久失效。作为交换，以方承认巴解组织为和平谈判中巴勒斯坦人民的代表。相互承认信函为双方进行对等有效的谈判提供了法律依据。9 月 13 日，巴勒斯坦和以色列在华盛顿正式签署《临时自治安排原则宣言》，这标志着双方在联合国安理会第 242 号和第 338 号决议的基础上正式启动了“以土地换和平”原则为核心内容的巴以和平进程。《临时自治安排原则宣言》的核心内容是：建立经选举产生的巴勒斯坦自治机构；以色列将首先撤出加沙和杰里科，并开始为期 5 年的自治过渡期；巴勒斯坦最终地位问题谈判最迟于过渡期第三年开始；巴勒斯坦组成负责内部安全的警察部队，外部安全由以色列负责。1994 年 5 月，巴以双方在开罗正式签署《临时自治安排原则宣言》的实施协议——《开罗协议》，即《加沙 - 杰里科协议》，明确了首次移交土地的范围，同时还涉及民事权利交接、安全安排、巴勒斯坦司法管辖范围以及双方的经济关系等。

1995 年 9 月 24 日，巴以双方代表草签了《约旦河西岸和加沙地带过渡协议》，28 日双方在华盛顿正式签署协议。《约旦河西岸和加沙地带过渡协议》涉及约旦河西岸和加沙地带实行自治的全部问题（除了第二阶段谈判需要解决的巴勒斯坦最终地位问题之外的巴以间所有问题），核心内容是巴勒斯坦自治机构的选举及其权限；安全安排与以色列军队重新部署。至此，《临时自治安排原则宣言》规定的巴以第一阶段谈判圆满完成。为实施该协议，以军先后撤出了杰宁、图勒凯尔姆、纳布卢斯、盖勒吉利耶、伯利恒和拉姆安拉 6 个约旦河西岸城市。

1996 年 5 月底，以色列强硬势力代表人物内塔尼亚胡当选总理，宣布了不同意建立巴勒斯坦国、不讨论耶路撒冷问题、不从戈兰高地撤军的“三不政策”，巴以谈判被迫中断。1996 年 9 月，以方打通位于耶路撒冷旧城阿克萨清真寺地下的考古隧道，双方发生大规模流血冲突。

2.《希伯伦协议》与《怀伊协议》

巴以和谈在停滞了 5 个月后重新恢复。1997 年 1 月，巴以双方签署了《在希伯伦重新部署军队的议定书》，即《希伯伦协议》，规定以色列在 10 天内撤出希伯伦 80% 的地区，使巴勒斯坦完全控制区域和部分控制区域面积达到约旦河西岸总面积的 27%。在协议的附件里，以色列承诺分三个阶段撤离约旦河西岸农村地区，撤离工作应在 1998 年年中完成；希伯伦撤军两个月后开始巴勒斯坦最终地位问题谈判。巴勒斯坦方面承诺，将完成《巴勒斯坦国民宪章》的修改；加强安全合作，防止煽动性和敌对性宣传，系统有效地打击恐怖组织。

希伯伦撤军完成后，双方就第一阶段撤军幅度发生严重分歧，拟议中的撤军未能执行。为了满足国内强硬势力的要求，内塔尼亚胡于 1997 年 2 月 26 日批准了在东耶路撒冷霍马地区兴建犹太人定居点的计划。巴以关系骤然紧张，在接连发生的恶性自杀式炸弹袭击的影响下，恢复和谈的努力多次失败。经过一年多的反复较量，在华盛顿、伦敦和纽约的谈判始终未能取得突破。受利库德集团内部斗争的牵制，以色列始终坚持只撤出其所占领的 9% 的约旦河西岸土地。

在美国总统克林顿亲自主持下，阿拉法特与内塔尼亚胡经过艰苦谈判，于 1998 年 10 月签署《怀伊协议》，协议规定：以色列分三次向巴勒斯坦移交约旦河西岸 13% 的土地；尽快恢复巴勒斯坦最终地位谈判；尽快使加沙地带和约旦河西岸之间的通道和加沙机场投入使用；巴勒斯坦将颁布法令，决不宽容恐怖和暴力活动；巴勒斯坦重申修改《巴勒斯坦国民宪章》，收缴非法武器。1998 年 11 月 20 日，以色列完成《怀伊协议》安排的第一阶段撤军后，内塔尼亚胡以巴方没有停止反以宣传和没有发表放弃单方面建国声明而中止执行协议。

3.《沙姆沙伊赫备忘录》与阿克萨起义

1999 年 5 月以色列工党领袖巴拉克上台执政后，中东和平进程出现转机，巴以和谈恢复。经过巴拉克与阿拉法特多次公开和秘密会晤，巴以双方于当年 9 月就实施《怀伊协议》和启动巴勒斯坦最终地位问题谈判签署了《沙姆沙伊赫备忘录》，要求双方不迟于 1999 年 9 月 13 日恢复巴勒斯坦最终地位问题谈判，并于 2000 年 2 月 15 日前达成框架协议，9 月 13 日前达成最终协议；分三阶段在 2000 年 1 月 20 日完成《怀伊协议》

规定的撤军；限期开通连接加沙地带和约旦河西岸的通道；继续释放被关押的巴勒斯坦人。1999 年 9 月 13 日，即《临时自治安排原则宣言》签署 6 周年纪念日当天，巴以在埃雷茨检查站宣布正式启动巴勒斯坦最终地位问题谈判。10 月 5 日双方签署开通加沙至希伯伦的《安全通道议定书》，并于当月 25 日正式开放此通道。但由于双方在以色列撤军的具体地域上争执不下，直至 2000 年 3 月 21 日第三阶段撤军才得以执行。

2000 年 7 月 3 日，在巴勒斯坦最终地位问题谈判没有取得任何进展、过渡期面临再次延长的情况下，巴解中央委员会宣布以耶路撒冷为首都的巴勒斯坦国将于 2000 年 9 月 13 日预定过渡期结束时成立。和平进程面临崩溃的危险。7 月 11 日，在巴以确定的达成最后框架协议的期限和巴解组织宣布建国的日期迫近之际，巴以双方代表团被美国拉到戴维营举行封闭式的密集谈判。由于双方在耶路撒冷地位、边界划分、犹太人定居点前途、难民永久安置以及水资源分配等关键问题上均不能达成妥协，会谈被迫收场。随后巴以在 8 月举行了多次部长级会晤，试图重开谈判，避免巴勒斯坦单方面建国的事情发生。以色列利库德强硬派领导人沙龙等人则发出威胁，如果巴勒斯坦单方面宣布建国，以色列将永久吞并尚未移交的约旦河西岸领土。9 月 10 日，巴解组织中央委员会做出了再次推迟宣布建国的决定。

2000 年 9 月 25 日，巴拉克邀请阿拉法特到自己家中举行私下会晤，双方都表示要继续争取早日达成全面解决。两天后，巴拉克首次宣布耶路撒冷可以同时作为以色列和巴勒斯坦的首都，这是以色列领导人在耶路撒冷问题上的一次突破性表态。次日，沙龙突然造访东耶路撒冷阿克萨清真寺的举动引发了旷日持久的“阿克萨起义”，巴以和谈形势急转直下，冲突不断升级。10 月 22 日，以色列总理巴拉克宣布暂停巴以和平谈判。

4. 巴以关系恶化与以色列撤出加沙地带

沙龙于 2001 年 3 月就任以色列总理后，在巴勒斯坦问题上采取强硬政策，对巴勒斯坦实行军事封锁和打击，坚持先停火后和谈。沙龙政府拒绝承认阿拉法特的领导权，一再指责阿拉法特是恐怖主义的幕后主使，拒绝与他接触，并多次表示阿拉法特退出决策层是以巴恢复和谈的前提之一。从 2001 年底开始，以色列将阿拉法特软禁在拉姆安拉官邸内，并多次围困阿拉法特官邸，摧毁大部分建筑。巴勒斯坦的一些激进组织则不断通过自杀式炸弹袭击以色列，巴以关系更加恶化。

2002 年 6 月，以色列政府以有效防止巴勒斯坦人进入其境内制造爆炸袭击为由，开始实施安全隔离墙计划。根据该计划，以色列将沿 1967 年停火线“绿线”在约旦河西岸巴控地区与以交界地带修建总长约 350 公里的隔离墙。隔离墙大部分地段将向“绿线”以东拓展，一部分巴勒斯坦领土将被划入隔离墙内。此外，隔离墙全部建成后还将把约旦河西岸与巴勒斯坦人视为未来“巴勒斯坦国”首都的东耶路撒冷隔离开来。以色列的安全隔离墙计划遭到巴勒斯坦方面的强烈反对。阿拉法特谴责以色列是在奉行犹太种族主义，赤裸裸地侵略巴勒斯坦控制的领土。

2003 年 4 月中东和平“路线图”计划出台后，巴以局势一度出现缓和。5 月 19 日，巴勒斯坦总理阿巴斯与以色列总理沙龙进行了自阿克萨起义爆发以来的首次高层会谈。但以色列坚持其强硬政策，继续修建安全隔离墙，并对巴勒斯坦激进组织实施“定点清除”，中东和平“路线图”计划搁浅。在这种情况下，沙龙政府出台单边行动计划，宣布单方面从 1967 年中东战争中夺取的部分土地上撤出，重新部署国防军，并重新确定部分犹太人定居点的位置，建立一条以色列更容易防守的“安全边境线”。计划核心是通过撤出所有加沙地带的定居点和部分约旦河西岸地区的定居点来实现以巴分离，然后再根据以色列的主张界定一个巴勒斯坦国。根据这一计划，巴勒斯坦将失去大片在 1967 年中东战争前所拥有的土地，同时巴勒斯坦难民的回归权也被以色列单方面剥夺。2004 年 3 月 15 日，沙龙提出的单边行动计划在以色列议会获得通过。从 2005 年 8 月 15 日撤离开始到 9 月 21 日单边行动计划正式宣告结束，以色列撤出加沙地带全部 21 个定居点以及约旦河西岸北部 4 个相对孤立的定居点。

二　与阿拉伯国家的关系

阿拉伯国家坚持以两国方案解决巴以冲突，是巴勒斯坦独立建国的坚定支持者。2002 年贝鲁特阿拉伯国家首脑会议提出“阿拉伯和平倡议”

（Arab Peace Proposal），作为与以色列和谈的基础原则。倡议要求以色列撤出1967年以来占领的所有领土，建立以东耶路撒冷为首都的独立的巴勒斯坦国，根据联合国第194号决议公正解决巴勒斯坦难民问题。

1. 与埃及的关系

海湾危机期间，由于立场不同，巴解组织同埃及关系再度跌入低谷。但埃及仍坚持巴解组织是巴勒斯坦人民的唯一合法代表。海湾战争后，埃巴双方逐步恢复高层往来。1991年10月马德里中东和会后，双方关系再度趋于密切。埃及积极推动巴以达成《加沙-杰里科协议》和《塔巴协议》，为推动巴以和谈取得积极进展发挥了独特而重要的作用。阿拉法特和巴解组织其他领导人曾多次访问埃及，就中东和平进程有关问题与埃及领导人进行磋商，交换意见，协调双方立场。

2001年4月，埃及与约旦联合提出旨在停止以巴暴力冲突、恢复和谈的埃约倡议。12月，埃及外长马希尔访问巴勒斯坦，同阿拉法特进行了会谈。2002年初以来，以色列沙龙政府多次扬言要推翻阿拉法特，遭到埃及的坚决反对。2002年4月，埃及外长马希尔访问约旦河西岸地区并会晤被以军围困在拉姆安拉官邸的阿拉法特，成为阿拉法特被困期间来访的最高级别的阿拉伯国家官员。同月，埃及总统穆巴拉克的夫人苏珊·穆巴拉克代表埃及政府和人民，向巴勒斯坦捐赠了人道主义救援物资。2004年5月，穆巴拉克总统提出“劝谈促和”新倡议，多次派外长盖特、情报局局长苏莱曼等人访问巴勒斯坦，以促进和谈。2004年，巴总理库赖五次访埃。11月，埃及在开罗为阿拉法特举行隆重葬礼，各国政要出席，埃及外长盖特和情报局局长苏莱曼随后护送其灵柩返回拉姆安拉。12月，埃及外交官代表团赴巴勒斯坦监督大选。

2005年3月，在埃及的主持下，哈马斯与法塔赫等巴勒斯坦13个主要武装派别达成《开罗宣言》，与以色列实现有条件的停火。

2. 与叙利亚的关系

1990年5月，阿拉法特的政治顾问哈尼·哈桑率领巴解组织代表团访问叙利亚。但伊拉克入侵科威特以后，由于对海湾危机的立场不同，双方关系正常化谈判中断。1991年5月，巴解组织政治部主任卡杜米访问叙利亚，双方恢复关系正常化谈判。10 月，阿拉法特访问叙利亚，与阿萨德会谈，巴叙关系终于恢复正常。1993 年，卡杜米三次访叙，同叙利亚领导人就中东和平进程问题交换意见，协调立场。但叙利亚对巴勒斯坦单独同以色列签署协议表示不满，默许巴勒斯坦激进组织以叙利亚为基地从事反对巴以协议的活动。1999 年，在叙利亚的鼓励与支持下，叙利亚境内的巴勒斯坦反对派组织开始与巴勒斯坦民族权力机构进行对话。

2000 年 2 月，巴勒斯坦外长、巴解组织政治部主任卡杜米访问叙利亚。6 月，阿拉法特赴叙利亚参加阿萨德总统的葬礼，与新总统巴沙尔会晤。7 月，巴勒斯坦全国委员会主席扎农率代表团参加了纪念阿萨德总统的活动。8 月，卡杜米再次访叙，会见了沙雷外长，双方讨论了中东和平进程有关问题。2001 年 3 月，在约旦举行阿拉伯首脑会议期间，阿拉法特与巴沙尔总统举行会晤。8 月，巴解组织执行委员会秘书长阿巴斯访叙。8 月，巴勒斯坦计划与合作部部长沙阿斯访叙。

3. 与黎巴嫩的关系

20 世纪 80 年代末期，巴解组织的军事人员逐渐返回位于黎巴嫩南部的巴勒斯坦难民营。1990 年 11 月，巴解组织各派在黎巴嫩开会，决定支持黎巴嫩合法政府领导的民族和解进程；致力于巴、黎直接对话；保护巴勒斯坦难民营的安全和巴勒斯坦人在黎巴嫩的工作、旅行、迁徙及从事政治、新闻工作和武装反以斗争的权利；呼吁加强巴解组织与黎巴嫩各爱国力量之间的关系，共同反对以色列占领。

1991 年 7 月，黎巴嫩政府在其南部行使主权，收缴当地巴解组织人员的武器。目前，巴解组织武装在黎巴嫩已经不存在。2000 年 2 月，巴勒斯坦外长、巴解组织政治部主任卡杜米访问黎巴嫩。5 月，阿拉法特总统对以色列从黎巴嫩南部撤军表示欢迎，祝贺黎巴嫩收回领土主权。8 月，卡杜米再次访问黎巴嫩，会见了黎巴嫩总理胡斯。

4. 与约旦的关系

1990 年海湾危机发生后，巴约双方对解决危机的立场、主张相同，来往密切，阿拉法特总统多次赴约旦会见侯赛因国王。1991 年，随着中东和平进程的推进，巴约关系进一步密切，双方决定组成约巴联合代表团出席中东和会。为此，双方经常协调磋商，阿拉法特总统多次访问约旦。1992 年 6 月 21 日，侯赛因国王向阿拉法特总统颁发“复兴勋章”。1993 年，阿拉法特和巴解组织其他领导人多次访问约旦，协调对以谈判的立场。1995 年 11 月 15 日，约旦与巴勒斯坦正式通邮，成为第一个与巴勒斯坦进行邮政合作的国家。1997 年 1 月，侯赛因国王自 1967 年以来首次访问加沙，与阿拉法特就巴以希伯伦撤军谈判进行会谈。1998 年 10 月，在美国治病的侯赛因国王参与美对巴以和谈的调解，促成巴以达成《怀伊协议》。

1999 年 2 月阿卜杜拉二世执政后，继续大力推进巴以和谈。巴约领导人互访频繁，阿卜杜拉二世多次访问巴勒斯坦，阿拉法特也多次访问约旦。2005 年初，阿巴斯当选巴勒斯坦民族权力机构主席后访问约旦。约旦是阿拉伯世界唯一给予巴勒斯坦人国籍的国家，目前巴勒斯坦人占约旦总人口的 60%。

5. 与沙特阿拉伯等海湾阿拉伯国家的关系

沙特阿拉伯、科威特等海湾国家同巴解组织关系良好，长期向其提供巨额财政援助。海湾国家也一直支持巴勒斯坦人民为行使民族自决权、建立独立国家而进行的斗争。1990 年伊拉克侵入科威特后，巴解组织在海湾危机中的立场使沙特阿拉伯等海湾国家非常不满，双方关系恶化。原在海湾国家的 50 万巴勒斯坦人大部分离去。1991 年 3 月 31 日，海湾合作委员会秘书长比沙拉宣布中断对巴解组织的财政援助。

在巴解组织决定出席马德里中东和会后，沙特阿拉伯等海湾国家与其关系开始缓和，官方往来逐渐恢复，沙特阿拉伯还部分恢复了对巴勒斯坦的援助。1992 年 6 月，巴解组织执行委员会委员阿巴斯率团访问阿曼苏丹国。从 1993 年起，巴解组织同海湾国家关系不断改善，6 月，阿巴斯率团访问阿联酋（海湾战争后首次）；9 月，阿拉法特访问阿曼；10 月，在华盛顿召开的国际援助巴勒斯坦会议上，沙特阿拉伯宣布在未来 5 年里为巴勒斯坦重建提供 1 亿美元援助。1994 年 1 月和 7 月，阿拉法特两次访问沙特阿拉伯，沙特阿拉伯等海湾国家答应向巴勒斯坦提供约 7000 万美元的援助。在 1998 年 11 月第二次华盛顿援助巴勒斯坦会议上，沙特阿拉伯等海湾国家允诺再提供2.3亿美元的援助。2000年阿拉法特总统先后访问了沙特阿拉伯、也门、卡塔尔、巴林、阿联酋、阿曼等国。4月，阿曼外交大臣访巴。2000年11月，在阿拉伯国家特别首脑会议上，海湾国家承诺向巴勒斯坦提供10亿美元的援助。2001年，阿拉法特先后访问了沙特阿拉伯、卡塔尔、巴林、阿联酋、阿曼等国。阿克萨基金和耶路撒冷基金成立后，海湾国家是捐款大户。2003年8月，巴勒斯坦总理阿巴斯访问沙特阿拉伯；12月，巴勒斯坦总理库赖访问沙特阿拉伯。2004年12月，巴解组织执行委员会主席阿巴斯率团访问科威特，并就巴勒斯坦支持伊拉克1990年入侵科威特向科威特人民表示道歉。阿巴斯是1990年以来首位访问科威特的巴勒斯坦高级领导人。

三　与美国的关系

海湾危机爆发后，巴解组织一再抨击美国在处理海湾危机问题和巴勒斯坦问题上实行“双重标准”，要求美国以同样的标准执行联合国和安理会关于解决巴勒斯坦问题的决议。美国则指责巴解组织支持伊拉克。

海湾战争后，美国为维护并扩大在中东的优势和利益，调整了中东政策，在“以土地换和平”原则下积极推动阿以和谈。经过美国国务卿贝克的积极斡旋，最终促成了中东和会于1991年10月在西班牙首都马德里召开。但巴解组织只是作为被占领土的巴勒斯坦人代表与约旦组成联合代表团参加会谈。1993年1月克林顿入主白宫之后仍把实现中东和平作为优先考虑的事项，并宣布以“正式伙伴”身份参加阿以谈判。1993年9月13日克林顿总统主持了在白宫举行的巴以《临时自治安排原则宣言》的签署仪式。随后美国政府宣布恢复同巴解组织的对话，在华盛顿设立巴解组织办事处，并积极为加沙－杰里科自治计划筹措援助资金。

1994年6月，美国将巴勒斯坦驻美办事处升格为官方使团。当年，阿拉法特在开罗、卡萨布兰卡和加沙等地6次会见美国国务卿克里斯托弗，并于同年10月26日在开罗会见美国总统克林顿。1997年、1998年，阿拉法特多次访问美国，就以色列继续从约旦河西岸撤军问题与克林顿总统举行会谈。1998年10月，巴以领导人在美国白宫正式签署《怀伊协议》，美国总统克林顿作为见证人也在协议上签字。为推动巴以双方贯彻协议，美国在赞扬巴勒斯坦为打击恐怖主义活动做出的努力的同时，倡议召开了有 40 多个国家参加的支持中东和平与发展会议，为巴勒斯坦募捐。1998 年 12 月，克林顿总统访问巴勒斯坦，这是美国总统第一次访问巴勒斯坦。2000 年 7 月，克林顿推动巴以双方在美国戴维营就巴勒斯坦最终地位问题进行会谈，未能达成协议。2001 年 1 月初，克林顿和阿拉法特在白宫举行了两轮会谈，也没有取得任何突破。

2002 年 4 月，美国中东特使津尼在拉姆安拉会见了阿拉法特。8 月，巴勒斯坦首席谈判代表埃雷卡特访问美国。这是自 1989 年 1 月布什总统上台后巴勒斯坦高级官员首次访美。在美国的压力下，巴勒斯坦民族权力机构巴自治政府进行改革，设立总理职位。2003 年 4 月 30 日，以阿巴斯总理为首的巴勒斯坦新内阁宣誓就职。同日，酝酿已久的中东和平“路线图”计划终于由美国、联合国、欧盟和俄罗斯四方正式公布。但 2004 年乔治·沃克·布什总统公开支持以色列单边行动计划，导致中东和平“路线图”计划倡导的巴以和平进程搁浅。阿拉法特执政后期，美国政府拒绝同阿拉法特接触，双方关系变得紧张。

阿巴斯于 2005 年 1 月当选为巴勒斯坦民族权力机构主席后，美巴关系有所改善，美国国务卿赖斯于当年 2 月访问巴勒斯坦并会晤阿巴斯。2005 年 5 月，阿巴斯访问美国，并与布什总统会谈，布什总统宣布美国将向巴勒斯坦提供 5000 万美元的直接经济援助。

四 与欧洲国家的关系

1990 年 8 月海湾危机发生后，西欧国家谴责巴解组织支持伊拉克入侵科威特。1991 年 2 月 6 日，欧共体 12 国外长宣布冻结与巴解组织和阿拉法特的接触。海湾战争结束后，双方关系有所恢复。1991 年 4 月，法国外长迪马在黎巴嫩的黎波里会晤阿拉法特，这是海湾战争后第一位与巴解组织领导人进行会晤的西方国家外长。

西欧国家坚持巴解组织是巴勒斯坦人民的代表，不应把巴解组织排除在一切和平谈判之外。1993 年巴解组织和以色列签署《奥斯陆协议》后，欧共体对此表示支持，并提出5年内向被占领土的巴勒斯坦人提供6亿美元的经济援助。英国赞扬巴以相互承认，认为《奥斯陆协议》的签署是向前迈出的“决定性的一步”。德国称，这是“历史性的重要里程碑”，是“建立更好、更和平的世界的又一次巨大机会”，并许诺要向巴勒斯坦、以色列提供经济援助；表示将尽一切可能为实现未来的中东和平进程做出贡献。欧盟、德国、意大利、丹麦、挪威、荷兰、瑞士等率先在巴勒斯坦设立代表处，英国、法国由其驻耶路撒冷总领馆与巴勒斯坦自治政府进行联系。

巴解组织重视发展与欧洲国家的关系，已向10多个西欧国家派驻代表。阿拉法特1993年先后访问奥地利、比利时、葡萄牙、希腊、丹麦、瑞典、德国、西班牙、荷兰和欧洲议会；1994年，阿拉法特访问了瑞士、荷兰、德国、挪威、法国、西班牙和比利时；1997年，阿拉法特又先后访问法国、比利时、荷兰等西欧国家。

2000年1月，由葡萄牙外长率领的欧盟代表团访问巴勒斯坦，阿拉法特也于同月访问西班牙，会见欧盟各国外长。当年，法国总理，意大利外长，德国总统、国防部长、总理及外长，荷兰首相，欧盟外交委员会主席，欧盟理事会秘书长索拉纳以及英国外交国务大臣库克先后访问巴勒斯坦。阿拉法特相继访问德国、法国、英国。巴勒斯坦计划与国际合作部长沙阿斯访问意大利。

2001年3月，瑞典外交大臣率欧盟代表团访问巴勒斯坦；5月，欧盟中东特使莫拉蒂诺斯访巴；6月，德国外长费舍尔、瑞典首相佩尔松分别访巴。这一年，阿拉法特分别访问了奥地利、希腊、法国、丹麦、比利时。

欧盟负责外交安全政策的高级代表索拉纳分别于2002年2月和4月访问巴勒斯坦，并会见了阿拉法特。

五 与苏联及俄罗斯等独联体国家的关系

1990年1月，苏联宣布将巴解组织驻苏办事处升格为大使馆。海湾战争后，苏联积极参与中东和平进程，1991年10月，与美国一起主持召

开了马德里中东和会。苏联解体后，巴解组织重视与独联体国家发展关系，宣布承认苏联 15 个加盟共和国独立，并与阿塞拜疆、土库曼斯坦、乌兹别克斯坦等国建立大使级外交关系。

俄罗斯是中东和平进程主席国之一，多次派特使、外长等会见巴、以领导人，努力参与中东事务，恢复其在中东地区的影响。1994 年 2 月希伯伦惨案发生后，俄罗斯在安理会草拟谴责希伯伦事件的决议和外交调停中支持巴解组织的要求；3 月，俄罗斯第一副外长、总统特使、外交部部长先后穿梭于中东各国，并提出召开第二次马德里中东和会的主张，以此来打破美国独揽中东事务的局面，扩大在中东地区的影响。

1994 年 4 月，阿拉法特正式访问俄罗斯，双方签订了科技、文化合作协定，并商讨了俄罗斯帮助巴勒斯坦训练安全警察的问题。叶利钦表示，俄罗斯将在政治、经济等领域支持巴勒斯坦。此后，阿拉法特多次访问俄罗斯。

2000 年 1 月，俄罗斯前总统叶利钦及多位东欧国家领导人在伯利恒庆祝东正教的圣诞节。当年，哈萨克斯坦总统、俄罗斯内政部部长访巴，俄罗斯外长两次访巴。2001 年，俄罗斯中东特使费多温两次访巴。

2005 年 4 月，俄罗斯总统普京访问巴勒斯坦，并宣布向以阿巴斯为首的巴勒斯坦新政府提供包括直升机在内的各种装备，帮助训练巴勒斯坦安全部队人员，帮助巴勒斯坦在以色列单方面撤军行动结束后重建当地遭到破坏的基础设施。

六　与中国的关系

在巴勒斯坦人民恢复民族权利的事业中，中国是阿拉伯世界之外最早、最坚持不懈地支持巴勒斯坦人民的国家。不论巴勒斯坦人民是采取以武装斗争为主还是采取政治解决的方式，中国都将给予大力支持，并向其提供包括经济、军事等方面在内的各种援助。

1. 支持马德里中东和会及《奥斯陆协议》

中国高度评价马德里中东和会的召开。1991 年 11 月 21 日，中国外交部发言人说，中国认为在马德里召开的中东和会是朝全面、公正、合理解决方向迈出的积极的一步。中国外交部副部长杨福昌率代表团参加了1992年1月在莫斯科举行的多边谈判，他在会上重申中国政府的主张：中东问题应在联合国安理会第242号和第338号等有关决议基础上寻求政治解决；实现中东问题的全面、公正解决应包括以下三项基本要素，即阿拉伯被占领土应予以归还，巴勒斯坦人民合法民族权利应当恢复，包括以色列在内的中东所有国家的主权和安全都应得到尊重和保障。此外，中国还派团参加了中东和谈各多边专题工作小组会议，并于1993年10月在北京成功地举办了中东和会水资源多边工作小组第四次会议。

中国积极支持《奥斯陆协议》，对巴以相互承认表示“欢迎和赞赏”，认为巴以相互承认是实现全面和解的首要条件，是朝着全面解决巴勒斯坦问题迈出的主要步骤。1993年9月22日《奥斯陆协议》签订当日，阿拉法特应江泽民主席邀请访华。阿拉法特说，他在协议签署之后首先到中国进行正式访问，具有重要意义。他说，巴勒斯坦人民在争取解放的斗争中得到了中国政府和人民的全面支持和慷慨援助，希望今后进一步发展巴中友好合作关系。江泽民主席对以阿拉法特为首的巴解组织所奉行的灵活、务实路线取得的成果表示赞赏和祝贺。[①] 巴勒斯坦实现自治后，1995年12月中国在加沙设立驻巴勒斯坦民族权力机构办事处。1999年8月，新华社在加沙建立分社，以示对巴勒斯坦人民的支持。2004年6月，中国驻巴勒斯坦办事处迁往拉姆安拉。

2. 双边往来频繁

中巴双边关系平稳发展，互访增多。1996年10月，巴勒斯坦外长、巴解组织政治部主任卡杜米第10次访华。1997年，巴勒斯坦民族权力机构计划与国际合作部部长沙阿斯访华，中联部部长李淑铮和国务院副总理兼外长钱其琛先后访问巴勒斯坦。1998年，巴勒斯坦地方管理部部长埃雷卡特访华。1999年，阿拉法特、巴勒斯坦立法委员会主席库赖、巴解组织执行委员会秘书长阿巴斯先后访华；中联部部长戴秉国、全国人大常委会委员长李鹏先后访巴。2000年4月，应阿拉法特的邀请，中国国家

① 王泰平主编《新中国外交50年》上册，第561~562页。

主席江泽民对巴勒斯坦进行国事访问。这是中国国家元首首次访问巴勒斯坦。2001 年，巴勒斯坦全国委员会主席扎农访华，阿拉法特第 14 次访华。2002 年，中国外交部副部长杨文昌、中东特使王世杰访问巴勒斯坦。2003 年，巴勒斯坦外交事务部部长沙阿斯访华。2004 年，巴勒斯坦文化部部长叶海亚、前总理阿巴斯、社会事务部部长瓦齐尔相继访华。

2004 年 11 月 11 日，中国国务院副总理回良玉作为中国国家主席胡锦涛的特使出席在开罗举行的巴勒斯坦领导人阿拉法特的葬礼。12 月，国务委员唐家璇率领高级代表团访巴，在拉姆安拉与巴勒斯坦自治政府总理库赖举行会谈，唐家璇表示，中国领导人、中国政府和人民对阿拉法特主席不幸病逝深感悲痛，并愿为巴勒斯坦大选提供支持和帮助。

2005 年 3 月，外交部副部长戴秉国在英国出席“支持巴勒斯坦民族权力机构”伦敦会议期间，会见了巴勒斯坦民族权力机构主席阿巴斯。5 月，阿巴斯访华，受到胡锦涛主席接见。2005 年 6 月，中国外长李肇星访问巴勒斯坦，巴勒斯坦民族权力机构主席阿巴斯、总理库赖分别会见了李肇星，巴勒斯坦外交事务部部长基德瓦与李肇星举行会谈。

3. 经济技术援助及合作①

中国长期以来支持巴勒斯坦人民的正义事业，为巴勒斯坦自治区建设提供援助，并向近东救济工程处捐款。中国每年向巴勒斯坦提供 80 个奖学金名额，截至 2010 年，共接收 600 余名巴勒斯坦留学生。1993 ~ 1998 年，中国政府共向巴勒斯坦自治政府提供约 1.33 亿元人民币的无偿援助或无息贷款。2004 年，中巴签署文化教育合作协定。2005 年，中国政府决定援建巴勒斯坦外交部新大楼，帮助巴勒斯坦修建被毁民居，并为巴方人员提供进一步的培训。

20 世纪 90 年代以来，中巴关系开始从政治领域向经济领域发展。1993 年 9 月，江泽民主席在同来访的阿拉法特主席会谈时说：中国对发展中巴双边经贸合作持积极态度，愿意积极参加巴勒斯坦的重建；中国愿意在平等互利的基础上与巴方共同探索开展多种合作的途径。在这次访问

---

① 中华人民共和国外交部网站，http://www.fmprc.gov.cn。

期间，双方签署了经济技术合作协定，中国向巴勒斯坦提供了 3000 万元人民币无偿援助，还签署了中国向巴勒斯坦捐赠大米、白糖等物资以及 1 所学校的换文。1996 年 6 月，阿拉法特访华，中国和巴勒斯坦签署了经济技术合作协定和两国经济技术合作协议的银行协议，双方经济合作关系继续深入发展。2000 年，中巴签署《中华人民共和国政府和巴勒斯坦国政府经济技术合作协定》和《关于中国政府援建巴勒斯坦盖勒吉利耶医院项目的换文》。2002 年，中巴签署两国《中华人民共和国政府和巴勒斯坦国政府经济技术合作协定》。2005 年，中巴签署《中华人民共和国政府和巴勒斯坦国政府经济技术合作协定》《中华人民共和国政府和巴勒斯坦国政府经济、贸易和技术合作协定》等 5 个文件，并成立经济贸易联合委员会（简称“经贸联委会”）。

中巴之间的贸易也开始发展。1996 年，中巴贸易总额为 286 万美元，其中中方出口 283.2 万美元，进口 2.8 万美元；1998 年为 865.6 万美元，其中中方出口 865 万美元，进口 0.6 万美元；2001 年为 494 万美元，其中中方出口 489 万美元，进口 5 万美元；2004 年为 992 万美元，其中中方出口 985 万美元，进口 7 万美元。

第六节 2006 年以来的巴勒斯坦外交

2006 年哈马斯赢得巴勒斯坦立法委员会选举以来，以色列对巴勒斯坦奉行强硬政策，巴以和谈多次反复。在无法通过与以色列和谈建立独立国家的情况下，巴勒斯坦开始寻求联合国成员国身份。2011 年 9 月 23 日，阿巴斯正式向联合国递交入联申请。由于美国和以色列的强烈反对，巴勒斯坦未能成为联合国成员国，但取得了一些外交突破，在联合国的地位有所提升。2012 年 11 月 29 日，第 67 届联合国大会以 138 票赞成、9 票反对、41 票弃权通过决议，将巴勒斯坦从联合国观察员实体升格为观察员国。

成为联合国观察员国，不仅使巴勒斯坦在道义上得到更多国际支持，也使其能够参加国际条约和联合国专门机构。早在 2011 年 10 月 31 日，联合国教科文组织就同意巴勒斯坦以成员国身份加入。这也是巴勒斯坦首次获准以成员国身份加入联合国机构。

2014 年 4 月底巴以和谈再次陷入僵局，巴勒斯坦重启加入国际组织和公约的程序。2015 年 1 月初，巴勒斯坦向联合国递交了加入《国际刑事法院罗马规约》等 20 个国际条约和联合国机构的申请。1 月 6 日，联合国批准巴勒斯坦加入国际刑事法院等机构。2015 年 4 月 1 日，国际刑事法院正式接纳巴勒斯坦为成员。截至 2015 年 9 月，联合国 193 个成员国中，已经有 136 个成员国承认巴勒斯坦国。巴勒斯坦以国家或观察员国身份加入 50 多个国际公约和组织。

一　与以色列的关系

1. 巴以和谈进程

2006 年哈马斯执政后，以色列要求哈马斯承认以色列、放弃暴力、遵守巴以双方已达成的协议，并对巴进行政治孤立和经济封锁。2007 年 6 月联合政府解散后，以色列恢复同阿巴斯的对话，成立了谈判工作组；11 月 26 日，巴以双方参加美国主持召开的安纳波利斯中东问题国际会议，在会上发表“共同谅解文件”，开始就巴勒斯坦最终地位问题进行谈判。2008 年 12 月，以色列对加沙地带发动大规模军事行动，巴以和谈中止。

2009 年 3 月，内塔尼亚胡组成新一届政府，表示愿根据中东和平“路线图”计划与巴勒斯坦进行谈判。巴以双方在美国主持下于 2010 年 5 月开始间接谈判，9 月初重启直接谈判。由于以色列坚持在被占领土上修建犹太人定居点，10 月 8 日巴方宣布暂停和谈。

2012 年初，在中东问题“四方机制”、约旦等方面推动下，巴以双方就恢复和谈问题进行接触。4 月和 5 月，双方领导人互换信件，内塔尼亚胡首次公开表示，支持巴勒斯坦人建立“领土连贯”的国家。但在犹太人定居点等关键问题上，双方始终存在严重分歧。以色列强烈反对巴勒斯坦加入联合国及其机构和组织。在巴勒斯坦获得联合国观察员国地位后，以色列采取新建定居点住宅、停止向巴方移交代征税款等措施，对巴勒斯坦进行报复。

在美国的推动下，2013 年 3 月，巴以双方就恢复和谈进行接触，并于 7 月底重启和谈；11 月 13 日，为抗议以色列继续在被占领土上新建犹太人定居点，巴勒斯坦谈判团队宣布集体辞职。2014 年 4 月底，法塔赫与哈马斯达成和解协议。巴以和谈再次陷入僵局，关系急剧恶化。2017 年 1 月 15 日，在法国倡议下，约 70 个国家和国际组织的代表集聚巴黎，召开中东和平会议。会议遭到以色列的反对。

2. 巴以冲突

2005 年 8 月以色列撤出加沙地带后，巴勒斯坦激进组织经常从加沙地带北部向以色列南部地区发动火箭袭击。以色列先后在 2005 年 12 月底、2006 年 6 月底、2006 年 11 月初，对加沙地带发动代号分别为“蓝天”“夏雨”“秋云”的军事行动，导致巴勒斯坦安全和经济状况不断恶化。

2007 年 6 月，哈马斯夺取加沙地带控制权后，以色列开始对加沙地带实施严密封锁。9 月 19 日，以色列安全内阁宣布哈马斯控制的加沙地带为敌对实体。2008 年 12 月 26 日至 2009 年 1 月 18 日，以军对加沙地带实施代号为“铸铅行动”的大规模军事行动。

2012 年 11 月 14 日至 21 日，为报复哈马斯等武装组织持续向以境内发射火箭弹，以色列对加沙发动代号为“防务之柱”的大规模空袭。2014 年 7 月 8 日，以色列对加沙地带发动代号为“保护边境”的军事行动，持续 51 天打击加沙地带。以色列对加沙地带的多次军事行动，造成巴方重大人员伤亡和财产损失；当地基础设施遭到严重破坏，经济陷入困境，面临严重的人道主义危机。

2015 年 9 月中旬以来，巴以双方不断在各地发生零星冲突，导致大量人员伤亡。

二 与阿拉伯国家的关系

阿拉伯国家坚定支持巴勒斯坦独立建国。2007 年，阿拉伯国家重启阿拉伯和平倡议，出席安纳波利斯会议，表明了支持巴以重启和谈的统一立场。阿拉伯国家也是巴勒斯坦内部分歧的主要调节者。

1. 与埃及的关系

埃及积极调解巴勒斯坦的内部分歧。在埃及的努力下，2009 年 2 月，巴勒斯坦所有派别在开罗举行内部和解对话，为巴勒斯坦民族和解奠定了良好基础。2011 年 4 月，阿巴斯访埃并与埃及总统穆巴拉克商谈巴勒斯坦内部和解方案。5 月 4 日，在埃及的推动下，包括法塔赫和哈马斯在内的巴勒斯坦多个政治派别代表在开罗正式签署和解协议。2013 年 1 月，在埃及调解下，法塔赫和哈马斯领导人在开罗就民族和解事宜举行会晤。2014 年 4 月底，埃及促成哈马斯与法塔赫达成和解协议，6 月成功组建联合政府。

2013 年 7 月底政局剧变后，埃及与哈马斯关系恶化。埃及封锁加沙地带，关闭拉法口岸，摧毁边境地下隧道。2014 年 3 月，埃及开罗紧急事务法院裁决，关闭哈马斯位于埃及的总部，禁止哈马斯在埃及的一切活动。2015 年 1 月 31 日，开罗紧急事务法院又裁定哈马斯下属武装派别“卡桑旅”为恐怖组织，2 月 28 日进一步把哈马斯列为恐怖组织。但开罗紧急事务上诉法院在当年 6 月 6 日以开罗紧急事务法院缺乏司法管辖权为由取消了 2 月的裁决。

埃及努力斡旋巴以冲突。2011 年 10 月，埃及促成哈马斯与以色列成功换俘。2012 年 11 月加沙冲突爆发后，埃及明确支持巴勒斯坦，同时积极斡旋，力促巴以双方实现停火。2014 年 7 月以色列对加沙地带发动大规模军事行动期间，埃及多次提出停火倡议，并表示愿意对停火进行监督，以确保停火协议得到执行。在埃及的成功斡旋下，以色列和哈马斯在 8 月底达成了长期停火协议。埃及在 2014 年 10 月与挪威共同发起国际捐助大会，在开罗为遭到战争破坏的加沙地带募集重建资金。埃及总统塞西在开幕式演讲中再次呼吁，以“阿拉伯和平倡议”为基础，实现巴勒斯坦和以色列和平共存。

2. 与叙利亚的关系

哈马斯执政后，叙利亚表示支持巴勒斯坦人民自主选择的政府，反对封锁巴勒斯坦，主张巴勒斯坦各政治派别通过对话解决分歧。2008 年 7 月和 10 月，阿巴斯两次访问叙利亚。2010 年 3 月和 11 月，在叙利亚的调解下，哈马斯与法塔赫在大马士革举行新一轮谈判。2011 年初叙利亚危机爆发后，哈马斯支持叙利亚政府反对派，公开要求叙利亚总统巴沙尔下台。叙利亚政府于 2012 年 11 月封闭哈马斯在叙利亚的办公室，与哈马斯决裂。

3. 与约旦的关系

约旦支持巴以和谈，多次呼吁国际社会推动巴以和平进程，敦促美国在中东问题上发挥重要作用。2012 年 1 月，约旦同中东问题“四方机制”一起，推动巴以双方在安曼就重启和谈进行接触。同月，阿巴斯及哈马斯领导人迈沙阿勒分别两度访问约旦。12 月，阿卜杜拉二世访问拉姆安拉。2013 年 3 月，阿巴斯访约，双方签署了共同保护“圣城”耶路撒冷及阿克萨清真寺等圣迹的协议，确认哈希姆王室对耶路撒冷圣迹的监护权。2014 年 1 月、7 月，阿巴斯访约。4 月，约旦首相恩苏尔访巴。2015 年 5 月，阿巴斯出席在约旦举办的 2015 年世界经济论坛中东北非峰会，会见约旦国王阿卜杜拉二世。2017 年 8 月 7 号，约旦国王阿卜杜拉二世访问拉姆安拉，与巴勒斯坦总统阿巴斯举行闭门会谈。阿卜杜拉二世在会谈时强调，约旦全面支持巴勒斯坦人民及巴勒斯坦领导层。

4. 与海湾国家的关系

海湾国家积极调解巴勒斯坦内部冲突。2007 年 2 月，沙特邀请阿巴斯与哈马斯领导人迈沙阿勒、哈尼亚在麦加会晤，斡旋双方签署《麦加协议》，直接促成了巴勒斯坦联合政府的成立。2008 年 2 月，也门总统萨利赫提出“也门倡议”，得到哈马斯与法塔赫的积极回应。2012 年 2 月，在卡塔尔的推动下，法塔赫与哈马斯达成多哈协议，同意组建由阿巴斯领导、具有独立职能的联合过渡政府。2012 年 10 月，卡塔尔埃米尔哈马德访问加沙，成为 2007 年 6 月以来访问加沙的第一位外国元首。卡塔尔决定向巴勒斯坦提供 2.54 亿美元援助，用于加沙地带经济重建。2015 年 7 月，沙特国王萨勒曼会见赴沙特朝觐的哈马斯政治局主席迈沙阿勒。

2007 年 3 月，在沙特阿拉伯等国推动下，第 19 届阿盟首脑会议重申“阿拉伯和平倡议”，并确定相关工作机制。2013 年 4 月，卡塔尔首相兼外交大臣哈马德率阿拉伯国家代表团访美，表示愿在1967年边界基础上通过少量土地置换实现“两国方案”，受到美国和以色列的欢迎。

三　与美国的关系

哈马斯赢得大选上台，遭到美国的强烈反对。美国坚持认为哈马斯是“恐怖组织”，要求国际社会孤立哈马斯直至其改变立场，并停止对巴直接援助。2007年6月，随着巴勒斯坦联合政府解散和法塔赫重新执掌约旦河西岸，美国开始推动巴以和谈。同年11月，美国主导召开安纳波利斯中东问题国际会议，提出巴以“两个国家”和平共处的设想。2008年1月，美国总统布什访巴，宣布启动安纳波利斯会议确定的三方委员会机制，由美方监督巴以履行中东和平“路线图”计划情况。为推动和谈，美国国务卿赖斯多次访问巴勒斯坦和以色列。

2009年奥巴马任总统后，积极推动巴以和谈，最终与国际社会一道，在2010年5月和2013年7月底两次推动巴以重启和谈。因巴以双方立场悬殊，谈判均无果而终。奥巴马时期，美国主张以“两国方案”推动巴以和平进程，提出以1967年的边界线为基础确立以色列和巴勒斯坦的边界，要求以色列停止扩建定居点，敦促巴勒斯坦停止对以色列的暴力活动。美国坚决反对巴方将独立建国问题诉诸联合国的做法。2012年11月第67届联大表决授予巴勒斯坦联合国观察员国地位的决议草案时，美国投了反对票。2013年3月，奥巴马访问巴勒斯坦、以色列等国家，提出在“两国方案”基础上建立具有完整主权的独立的“巴勒斯坦国”。2016年，在联合国安理会关于要求以色列停止定居点活动的表决中，美国投了弃权票，使决议得以通过。

美国国务卿克里多次访问中东地区国家，推动巴以重启和谈，并提出加强巴勒斯坦经济能力、改善巴勒斯坦民众生活、设立40亿美元援助基金等设想。2015年底，巴以零星冲突持续升级，克里访问巴以进行斡旋。

2017年特朗普上台后，先后邀请以色列总理和巴勒斯坦总统访问美国。2017年2月内塔尼亚胡访美时，特朗普表态称，他对是以“一国方案”还是以“两国方案”实现以巴和平都能接受，背离了此前美国政府一贯支持“两国方案”的立场。在5月初与到访的阿巴斯会谈时，特朗普表示将全力促成巴以之间达成和平协议，但并没有阐述具体的措施。2017年5月23日，特朗普访问巴勒斯坦。

四 与欧洲国家的关系

哈马斯上台后，欧盟要求哈马斯承认以色列、放弃暴力、遵守巴以双方已达成的协议。在2006年6月的中东问题四方会谈中，欧盟提出的援助巴勒斯坦方案获得通过，重新向巴勒斯坦提供经济援助。2007年6月阿巴斯解散联合政府后，欧盟表示支持阿巴斯。

欧盟支持巴勒斯坦建国。2009年12月，欧盟理事会通过一系列关于巴以冲突的结论，重申了两国解决方案的目标，强调“不会承认任何对包括耶路撒冷在内的1967年以前边界的改变”。这些结论成为欧盟对巴以问题政策的基础。2010年12月，欧盟理事会宣布将在适当时候承认巴勒斯坦国。

2010年以来，阿巴斯多次访问英国、法国、德国、西班牙、比利时、希腊等国，寻求欧盟支持巴勒斯坦独立建国。2011年以来，英国、法国、西班牙、意大利等国先后宣布将巴勒斯坦驻本国代表机构级别升格为外交使团。2014年10月30日，瑞典政府正式宣布承认巴勒斯坦国，并将巴勒斯坦驻瑞典代表处升格为使馆，成为第一个承认巴勒斯坦国的欧盟国家。而捷克、匈牙利、波兰、保加利亚、罗马尼亚、马耳他和塞浦路斯等国则在加入欧盟前就承认了巴勒斯坦国。2014年12月，欧洲议会投票通过决议，同意“原则上”承认巴勒斯坦的国家地位。法国、英国、比利时、意大利等国议会也投票支持政府承认巴勒斯坦的国家地位。

2011年11月29日，冰岛宣布承认巴勒斯坦为主权国家。2015年6月，梵蒂冈正式承认巴勒斯坦国。

欧盟成员国对巴勒斯坦加入联合国等国际组织的立场不一。2011年9月21日，法国总统萨科齐在联大一般性辩论发言时，提出给予巴勒斯坦“非会员国家”地位的建议，并呼吁巴以在1年内达成“决定性协议”。法国的提议被认为是一种“中间道路”。

欧盟谴责以色列在被占领土修建定居点的行为。2011 年 12 月，欧盟的 4 个联合国安理会成员国英国、法国、德国、葡萄牙发表谴责以色列定居点活动的联合声明。2013 年 7 月，欧盟出台新的规定，即自 2014 年起，位于犹太人定居点内的机构不能获得欧盟拨款、馈赠、金融工具等方面资助。

2015 年 6 月，法国外长法比尤斯访问巴、以。7 月，意大利总理伦齐访问巴勒斯坦、以色列。2016 年 6 月和 2017 年 1 月，法国两次组织召开巴勒斯坦问题外长会议。

五　与俄罗斯的关系

2007 年阿巴斯解散联合政府后，俄罗斯表示支持阿巴斯，同时呼吁巴勒斯坦各派通过对话解决分歧。此后，阿巴斯在 2008 年 4 月、2008 年 12 月、2010 年 1 月、2013 年 3 月、2015 年 4 月、2017 年 5 月五次访问俄罗斯。2011 年 5 月，巴勒斯坦各派实现和解后，俄罗斯政府邀请巴勒斯坦各派在莫斯科就落实和解协议进行磋商。2012 年 6 月，俄罗斯总统普京访问巴勒斯坦。

俄罗斯倡议在莫斯科召开中东问题国际会议，以全面推动中东和平进程。2011 年 2 月俄罗斯总统梅德韦杰夫访巴期间，公开表示支持建立以东耶路撒冷为首都的独立的巴勒斯坦国。2012 年 11 月，第 67 届联大表决授予巴勒斯坦联合国观察员国地位的决议草案时，俄罗斯投了赞成票。2017 年，俄罗斯总统普京表示，只能通过政治和谈判的方式解决巴以冲突，俄罗斯将同联合国、美国、欧盟一道，继续支持巴以恢复直接对话。

六　与中国的关系

1. 中国解决巴勒斯坦问题的主张

2013 年 5 月 6 日，中国国家主席习近平在会见到访的巴勒斯坦总统阿巴斯时提出推动解决巴勒斯坦问题的四点主张：第一，应该坚持巴勒斯坦独立建国、巴以两国和平共处这一正确方向；第二，应该将谈判作为实现巴以和平的唯一途径；第三，应该坚持“以土地换和平”等原则不动摇；第四，国际社会应该为推进和平进程提供重要保障。

2016 年 1 月 21 日，中国国家主席习近平在开罗阿盟总部发表演讲时，专门就巴勒斯坦问题阐述中方立场：中国坚定支持中东和平进程，支持建立以 1967 年边界为基础、以东耶路撒冷为首都、享有完全主权的巴勒斯坦国。

2017 年 7 月 18 日，中国国家主席习近平在同来访的阿巴斯总统会谈时，提出解决巴勒斯坦问题新的“四点主张”。第一，推进以“两国方案”为基础的政治解决。中方坚定支持“两国方案”，支持建立以 1967 年边界为基础、以东耶路撒冷为首都、拥有完全主权的独立的巴勒斯坦国，将一如既往地为解决巴勒斯坦问题发挥建设性作用。第二，坚持共同、综合、合作、可持续的安全观。中方呼吁切实落实联合国安理会第 2334 号决议，立即停止在被占领土上的一切定居点活动，立即采取措施，防止针对平民的暴力行为。尽快复谈，加快政治解决巴勒斯坦问题，从根本上实现共同持久的安全。第三，进一步协调国际社会的努力，壮大促和合力。国际社会应进一步协调，尽快推出共同参与的促和举措。中方愿参与和支持一切有利于巴勒斯坦问题政治解决的努力，拟于年内召开巴以和平人士研讨会，为解决巴勒斯坦问题启智献策。第四，综合施策，以发展促进和平。在推进政治谈判的同时，应高度重视发展问题，推进巴以合作。中国视巴以双方为“一带一路”沿线上的重要伙伴，愿本着发展促和平的理念，开展互利合作，继续支持巴勒斯坦加快发展。中方倡议启动中巴以三方对话机制，协调推进援助巴勒斯坦的重点项目。

2. 双边往来频繁

2006 年以后，巴勒斯坦总统阿巴斯在 2010 年 5 月、2013 年 5 月、2017 年 7 月 3 次访华。2006 年，巴勒斯坦外长马哈茂德 · 扎哈尔到北京出席中阿合作论坛第二届部长级会议。巴勒斯坦文化部长萨巴赫访华。2007 年，巴外长阿姆鲁访华。2010 年，阿巴斯访华并出席上海世博会开幕式。巴勒斯坦国民经济部部长艾布鲁布代出席上海世博会巴勒斯坦国家馆日活动。巴勒斯坦外长马利基访华，出席中阿合作论坛部长级会议。巴勒斯坦民族权力机构主席府秘书长塔伊布访华并出席广州亚运会闭幕式。

2011 年，巴勒斯坦总统特使艾哈迈德访华。2012 年，巴勒斯坦总统特使、巴勒斯坦人民党总书记萨利希访华。2014 年，巴勒斯坦外长马利基访华，分别出席第四届亚信峰会和中阿合作论坛第六届部长级会议。同年，巴勒斯坦总统特使、巴解组织执行委员会委员拉法特访华。2015 年，巴勒斯坦外长马利基随伊斯兰合作组织代表团访华。2016 年，巴勒斯坦外长马利基访华，出席亚洲相互协作与信任措施会议第五次外长会议。2017 年 4 月，巴勒斯坦外长马利基再次访华。2017 年 5 月，巴勒斯坦总统府秘书长塔伊布赴华出席“一带一路”国际合作高峰论坛。

2006 年，外交部部长助理翟隽访巴。2008 年，中共中央政治局委员、书记处书记、中宣部部长刘云山访巴。2009 年，外长杨洁篪访巴。2010 年，国务院副总理回良玉，全国政协副主席、中央统战部部长杜青林，中共中央政治局委员、天津市委书记张高丽分别访问巴勒斯坦。2011 年，商务部部长陈德铭访巴。2013 年，王毅外长访巴。2015 年，中共中央政治局委员、国务院副总理汪洋访巴。2016 年，中共中央政治局常委、全国人大常委会委员长张德江，中共中央政治局委员、国务院副总理刘延东访巴。

3. 经济技术文化援助与合作①

2007 年 12 月，在巴黎举行的援助巴勒斯坦国际会议上，中国外交部部长助理翟隽宣布中方将在 2008 ~2010 年向巴勒斯坦提供 8000 万元人民币的无偿援助，以支持巴勒斯坦经济重建和发展。2008 年 10 月，中巴双方在拉姆安拉签署《中国政府援建巴勒斯坦外交部大楼项目的委托实施协议》等文件并举行项目奠基仪式。2008 年底加沙冲突爆发后，中国政府向巴勒斯坦提供了 100 万美元紧急人道主义现汇援助，孙必干特使出访包括巴勒斯坦在内的中东地区。在埃及召开的加沙重建捐助国会议上，中国宣布向巴勒斯坦提供 1500 万元人民币无偿援助。2015 年，中巴签署援助换文，中方向巴勒斯坦提供 22 个体育场人工草坪及球门架等物资，以帮助巴勒斯坦发展体育事业和开展青少年体育运动。2016 年 1 月，中国决定向巴勒斯坦提供 5000 万元人民币无偿援助，并为巴勒斯坦太阳能电

① 中华人民共和国驻巴勒斯坦国办事处网站，http：//ps. chinacommercialoffice. org/chn/。

站建设项目提供支持。

2006 年、2008 年、2009 年、2011 年，中巴两国均签署《中华人民共和国政府和巴勒斯坦国民族权力机构经济技术合作协定》。2013 年和 2017 年，两国政府均签署了《中华人民共和国政府和巴勒斯坦国政府经济技术合作协定》。2007 年，中巴双边贸易总额为 3800 万美元，同比增长 34.3%，均为中方出口；2009 年为 2000 万美元，同比下降 40.6%；2016 年为 6407 万美元，同比下降 14.4%，其中巴勒斯坦主要从中国进口机电产品、农产品和高新技术产品，中国主要从巴勒斯坦进口皮革、石材等。

中国长期为巴勒斯坦培训各类人才，支持巴勒斯坦能力建设。中国每年向巴勒斯坦提供 100 个政府奖学金名额。截至 2015 年，中国通过政府间渠道共接受 615 名巴勒斯坦留学生。2004 年 9 月，两国政府签署《中华人民共和国政府和巴勒斯坦国政府文化教育合作协定》。2013 年 5 月，两国政府签署《中华人民共和国政府和巴勒斯坦国政府文化教育合作协定 2013 年至 2016 年执行计划》。截至 2016 年，中国已为巴勒斯坦培训 3000 余名各领域人才。

2017 年 7 月，中巴两国先后签署《中华人民共和国商务部和巴勒斯坦国外交和侨民事务部关于人力资源开发合作谅解备忘录》《中华人民共和国政府和巴勒斯坦国政府文化教育合作协定 2017 年至 2021 年执行计划》，两国的关系进一步深化。

大事纪年

公元前14000～前8000年左右	处于中石器时代
公元前8000～前6000年	处于新石器时代，农业和畜牧业有所发展
公元前6000～前5000年左右	处于铜石并用时代
公元前4000～前1200年	处于青铜器时代
公元前22世纪	迦南人有了最初的本土文字
公元前3000～前2500年左右	闪族人从阿拉伯半岛迁入巴勒斯坦
公元前2000年前后	希伯来人从两河流域移居迦南，后迁徙到埃及
公元前12世纪左右	希伯来人在摩西带领下重返迦南
公元前1025年	犹太人建立统一的希伯来王国，定都耶路撒冷
公元前586年	新巴比伦王国征服犹大王国，“第一圣殿”被毁，部分犹太人被掳往巴比伦
公元前538年	犹太人从巴比伦返回巴勒斯坦，进入第二圣殿时期
公元前332～前142年	巴勒斯坦处于希腊统治之下
公元前63年	庞培率罗马大军攻陷耶路撒冷
1世纪	基督教在巴勒斯坦地区诞生
132年	巴尔·科赫巴起义爆发，三年后失败，犹太人进入流散时期
636年	阿拉伯军队在雅穆克战役中打败拜占庭

	军队
1099 年	十字军攻陷耶路撒冷，继而控制了巴勒斯坦大部分地区
1187 年	埃及阿尤布王朝苏丹萨拉丁在海廷战役中大败十字军，收复耶路撒冷
1516 年	奥斯曼帝国苏丹谢里姆一世率军打败埃及马木鲁克王朝军队，占领巴勒斯坦地区
1882～1903 年	第一次犹太复国主义移民浪潮，来自东欧的犹太人大批迁往巴勒斯坦
1887 年	耶路撒冷地区被奥斯曼帝国列为独立的行政单位，直属中央政府管理
1897 年	第一届犹太复国主义者代表大会在瑞士巴塞尔召开，犹太复国主义组织成立
1911 年	青年阿拉伯协会成立
1915～1916 年	麦克马洪与侯赛因通信
1916 年	阿拉伯大起义爆发
	英法签订《赛克斯－皮科协定》
1917 年	英国发表《贝尔福宣言》，支持犹太人在巴勒斯坦建立“民族之家”
	英国占领巴勒斯坦大部分地区
1918～1920 年	英国对巴勒斯坦实行军事统治
1918 年	穆斯林－基督教徒联合会成立
1919 年	美国金－克兰委员会访问巴勒斯坦
1920 年	协约国圣雷莫会议召开
	巴勒斯坦成为英国委任统治地
1921 年	外约旦与巴勒斯坦分离
	雅法发生阿拉伯人与犹太人冲突
1922 年	国际联盟正式授权英国对巴勒斯坦进行委任统治

	英国承认外约旦为独立的政治实体
	阿明·侯赛尼出任耶路撒冷穆夫提
	穆斯林最高委员会成立
1929 年	巴勒斯坦爆发大规模的阿拉伯人与犹太人冲突
1930 年	英国发表帕斯菲尔德白皮书，建议限制犹太人移民巴勒斯坦
1936～1939 年	巴勒斯坦阿拉伯人大起义爆发
1936 年	阿拉伯最高委员会成立
1937 年	皮尔调查报告发表，建议将巴勒斯坦分为“阿拉伯国”和“犹太国”
1939 年	英国发表关于巴勒斯坦问题的白皮书，严格限制犹太人移居巴勒斯坦和购买土地
1942 年	犹太复国主义组织提出《比尔特莫尔纲领》
1945 年	阿拉伯国家联盟成立
1946 年	英美调查委员会提出调查报告
1947 年	联合国大会通过《巴勒斯坦将来治理（分治计划）问题的决议》，即联大第181（二）号决议
1948 年	英国结束对巴勒斯坦的委任统治
	以色列宣布建国
	巴勒斯坦战争爆发
	“全巴勒斯坦政府”在加沙地带成立
1949 年	埃及、叙利亚、约旦、黎巴嫩分别与以色列签订停战协议
1950 年	外约旦正式宣布同约旦河西岸合并，国家更名为“约旦哈希姆王国”
1956 年	苏伊士运河战争爆发

1959 年	法塔赫正式成立
1964 年	第一届巴勒斯坦国民大会召开，巴解组织成立
1965 年	法塔赫开始反对以色列的武装斗争
1967 年	“六五”战争爆发
	以色列占领约旦河西岸、加沙地带、西奈半岛和戈兰高地
	联合国安理会通过第 242 号决议
1968 年	法塔赫游击队取得“卡拉迈大捷”
1969 年	阿拉法特当选巴解组织执行委员会主席
1970 年	“黑九月事件”发生，约旦军队与巴解组织游击队爆发冲突
1971 年	巴解组织被驱逐出约旦
1973 年	“十月战争”爆发
	联合国安理会通过第 338 号决议
1974 年	阿拉伯国家首脑会议承认巴解组织为巴勒斯坦人民唯一合法代表
	巴解组织成为联合国观察员
1976 年	巴解组织成为阿盟正式成员
1977 年	埃及总统萨达特访问以色列
	埃、以举行和平谈判
1978 年	埃及与以色列在美国主持下达成《戴维营协议》
	以色列发动“利塔尼行动”报复巴解组织，由此占领黎巴嫩南部地区
1979 年	埃及与以色列在华盛顿签署和平条约，阿拉伯国家随后与埃及断交
1982 年	以色列发动“加利利行动”，入侵黎巴嫩
	巴解组织撤出黎巴嫩

1985 年	以色列从黎巴嫩南部以外地区撤军
	巴解组织与约旦达成《约巴协议》
1987 年	被占领土爆发第一次“因提法达”起义
	哈马斯成立
1988 年	约旦宣布断绝与约旦河西岸的法律和行政联系
	巴解组织公布关于建立独立国家的文件
	巴勒斯坦全国委员会发表《独立宣言》
	中国宣布承认巴勒斯坦国，两国建交
1991 年	海湾战争爆发
	中东和会在西班牙首都马德里召开
1992 年	巴以谈判代表首次面对面会谈
1993 年	巴解组织和以色列签署《临时自治安排原则宣言》（又称《奥斯陆协议》）
1994 年	巴勒斯坦人实现对加沙和杰里科的自治
	约旦与以色列签署和平条约
1995 年	巴勒斯坦与以色列签署《约旦河西岸和加沙地带过渡协议》（亦称“奥斯陆第二协议”）
	以色列总理拉宾遇刺身亡。
1996 年	巴勒斯坦举行历史上首次大选，产生了巴勒斯坦立法委员会，阿拉法特当选巴勒斯坦民族权力机构主席
	利库德集团在以色列大选中获胜，内塔尼亚胡成为以色列新总理
1997 年	巴以达成《希伯伦协议》，以军撤出希伯伦大部分城区
1998 年	巴以在美国签署《怀伊协议》
1999 年	巴以签署《沙姆沙伊赫备忘录》

2000 年	以色列从黎巴嫩南部撤军
	巴以戴维营会谈无果而终
	巴勒斯坦爆发“阿克萨起义”
	巴以爆发大规模流血冲突
2002 年	贝鲁特阿拉伯国家首脑会议提出“阿拉伯和平倡议”
2003 年	中东和平“路线图”计划出台
2004 年	阿拉法特去世
2004～2005 年	巴勒斯坦举行第一次地方选举
2005 年	阿巴斯当选巴勒斯坦民族权力机构第二任主席
	埃及、约旦、巴勒斯坦和以色列四方首脑在沙姆沙伊赫会晤，宣布正式结束巴以暴力冲突
	以色列撤出加沙地带全部犹太人定居点
	以色列对加沙地带发动代号为“蓝天”的军事行动
2006 年	哈马斯赢得巴勒斯坦第二次立法委员会选举，组建自治政府，哈尼亚任总理
	被关押在以色列监狱中的巴勒斯坦多个派别领导人联名签署“狱中协议”
	以色列对加沙地带实施代号分别为“夏雨”“秋云”的两次军事行动
2007 年	法塔赫与哈马斯达成《麦加协议》
	巴勒斯坦民族联合政府成立，哈尼亚任总理
	哈马斯武装夺取加沙地带
	法耶兹任巴紧急政府总理
	阿巴斯宣布哈马斯为非法武装

	安纳波利斯国际和平大会召开
2008 年	也门总统萨利赫提出“也门倡议”
	以色列在加沙地带北部展开代号为“热冬”的军事行动
	以色列对加沙地带实施代号为“铸铅行动”的军事打击
2009 年	内塔尼亚胡再次当选以色列总理
	巴勒斯坦 13 个派别在开罗举行内部和解对话
	法塔赫召开第六次全国代表大会
2010 年	以色列军舰袭击国际加沙救援船队
	内塔尼亚胡与阿巴斯在华盛顿举行直接谈判
2011 年	法塔赫与哈马斯等巴勒斯坦 13 个派别在开罗达成和解协议
	巴勒斯坦成为联合国教科文组织成员
2012 年	法塔赫与哈马斯签署《多哈宣言》
	约旦河西岸举行地方选举
	卡塔尔埃米尔哈马德访问加沙地带
	叙利亚关闭哈马斯办公室
	以色列对加沙地带发起代号为“防务之柱”的军事行动
	埃及总理甘迪勒访问加沙地带
	巴勒斯坦取得联合国观察员国地位
2013 年	阿巴斯签署总统令，正式采用“巴勒斯坦国”名称
	哈姆达拉出任巴勒斯坦过渡政府总理
	巴勒斯坦首次参与联合国投票
2014 年	法塔赫和哈马斯组建民族联合政府

	以色列对加沙地带实施代号为“保护边境”的军事行动
2015 年	巴勒斯坦加入国际刑事法院等 16 个国际条约和联合国机构
	巴勒斯坦联合政府内阁集体辞职
	阿巴斯宣布辞去巴解组织执委会主席职务
2016 年	法塔赫召开第七次代表大会
	联合国安理会通过敦促以色列停止定居点活动的第 2334 号决议
2017 年	中东和平会议在巴黎召开
	以色列议会通过法案，将约旦河西岸非法定居点合法化
	哈马斯发表《纲领及政策文件》
	约旦河西岸举行地方选举
	阿克萨清真寺“安检门”事件引发巴以冲突
	巴勒斯坦正式加入国际刑警组织

参考文献

一 中文图书

巴勒斯坦解放组织驻京办事处编著《巴勒斯坦问题和巴解组织》。

〔巴勒斯坦〕阿布·伊亚德:《不回故乡,毋宁死亡》,西北大学中东研究所历史系资料室印,1983。

〔巴勒斯坦〕亨利·卡坦:《巴勒斯坦,阿拉伯人和以色列》,西北大学伊斯兰教研究所译,人民出版社,1975。

〔巴勒斯坦〕马哈茂德·阿巴斯:《奥斯陆之路——巴以和谈内幕》,李成文等译,世界知识出版社,1997。

〔巴勒斯坦〕穆罕默德·萨拉马·纳哈勒:《巴勒斯坦地理》,潘定宇、杨灏城译,北京出版社,1978。

〔以色列〕艾兰·佩普:《现代巴勒斯坦史(第二版)》,王健、秦颖、罗锐译,上海人民出版社,2010。

〔以色列〕摩西·马奥茨:《阿萨德传》,殷罡等译,世界知识出版社,1992。

〔以色列〕耶胡达·卡尔蒙等:《以色列地理》,北京大学地理系经济地理教研室译,北京出版社,1979。

〔英〕阿兰·哈特:《阿拉法特传》,吕乃君等译,中国社会科学出版社,1990。

〔英〕理查德·艾伦:《阿拉伯—以色列冲突的背景和前途》,艾玮生等译,商务印书馆,1981。

〔英〕西蒙·蒙蒂菲奥里：《耶路撒冷三千年》，张倩红、马丹静译，民主与建设出版社，2015。

〔美〕爱德华·W. 萨义德：《最后的天空之后：巴勒斯坦人的生活》，金玥珏译，中信出版社，2015。

〔美〕威廉·匡特：《中东和平进程：1967 年以来的美国外交和阿以冲突》，饶淑莹等译，华东师范大学出版社，2009。

〔美〕希提：《阿拉伯通史》，马坚译，商务印书馆，1979。

陈天社：《哈马斯研究》，人民出版社，2017。

郭应德：《阿拉伯史纲》，中国社会科学出版社，1991。

季国兴、陈和丰等：《第二次世界大战后中东战争史》，中国社会科学出版社，1987。

刘竞、张士智、朱莉：《苏联中东关系史》，中国社会科学出版社，1987。

彭树智主编《中东国家和中东问题》，河南大学出版社，1991。

王泰平主编《新中国外交 50 年》，北京出版社，1999。

徐向群、宫少朋主编《中东和谈史（1913—1995 年）》，中国社会科学出版社，1998。

杨灏城、江淳：《纳赛尔和萨达特时代的埃及》，商务印书馆，1997。

杨辉：《中东国家通史·巴勒斯坦卷》，商务印书馆，2002。

尹崇敬主编《中东问题 100 年》，新华出版社，1999。

殷罡主编《阿以冲突——问题与出路》，国际文化出版公司，2002。

赵国忠主编《简明西亚北非百科全书》，中国社会科学出版社，2000。

张士智、赵慧杰：《美国中东关系史》，中国社会科学出版社，1993。

《古兰经》，马坚译，中国社会科学出版社，1981。

联合国近东巴勒斯坦难民救济和工程处主任专员的报告（2000 年 7 月 1 日至 2001 年 6 月 30 日），大会正式记录，第五十六届会议，补编第 13 号（A/56/13），联合国，纽约，2001。

联合国近东巴勒斯坦难民救济和工程处主任专员的报告（2002 年 7

月 1 日至 2003 年 6 月 30 日），大会正式记录，第五十八届会议，补编第 13 号（A/58/13），联合国，纽约，2003。

联合国近东巴勒斯坦难民救济和工程处主任专员的报告（2016 年 1 月 1 日至 12 月 31 日），大会正式记录，第七十二届会议，补编第 13 号（A/72/13），联合国，纽约，2017。

二 英文图书

Palestine Human Development Report 2002, Birzeit University Development Studies Programme, 2002.

Country Profile: Palestinian Territories 2004, The Economist Intelligence Unit, London, 2004.

Country Profile: Palestinian Territories 2007 , The Economist Intelligence Unit, London, 2007.

Country Report: Israel & Palestinian Territories 2002, The Economist Intelligence Unit, London, 2002.

Country Report: Israel & Palestinian Territories 2003, The Economist Intelligence Unit, London, 2003.

Country Report: Palestinian Territories 2004, The Economist Intelligence Unit, London, 2004.

Country Report: Palestinian Territories 2005, The Economist Intelligence Unit, London, 2005.

Country Report: Palestinian Territories 2006, The Economist Intelligence Unit, London, 2006.

Country Report: Palestinian Territories 2007, The Economist Intelligence Unit, London, 2007.

Country Report: Palestinian Territories 2008, The Economist Intelligence Unit, London, 2008.

Country Report: Palestinian Territories 2009, The Economist Intelligence Unit, London, 2009.

Country Report: Palestinian Territories 2010, The Economist Intelligence Unit, London, 2010.

Eliyahu Tal, *Whose Jerusalem?* International Forum For A United Jersulem, 1994.

Fawzi A. Gharaibeh, *The Economies of the West Bank and Gaza Strip*, Westview Press, 1985.

Helena Cobban, *The Palestinian Liberation Organisation: People, Power and Politics*, Cambridge University Press, 1984.

Moshe Gil, *A History of Palestine, 634 – 1099*, Cambridge University Press, 1992.

Muhammd Y. Muslih, *The Origins of Palestinian Nationalism*, New York, 1988.

Rashid Khalidi, *Palestinian Identity: The Construction of Modern National Consciousness*, New York: Columbia University Press, 1998.

Shlomo Brom and Yiftah Shapir, ed., *The Middle East Military Balance 2001 – 2002*, Tel Aviv University, The MIT Press, 2002.

The Military Balance 2010, International Institute for Strategic Studies, London, 2010.

The Military Balance 2016, International Institute for Strategic Studies, London, 2016.

Yehoshua Porath, *The Emergence of the Palestinian-Arab National Movement 1918 – 1929*, Frank Cass, 1974.

Yehuda Lukacs, ed., *The Israeli-Palestinian Conflict: A Documentary Record*, Cambridge University Press, 1992.

Yezid Sayigh, *Armed Struggle and the Search for State: The Palestinian National Movement 1949 – 1993*, Oxford University Press, 1999.

三　主要网站

巴勒斯坦民族权力机构网站，http://www. pna. net。

巴勒斯坦中央统计局网站，http://www.pcbs.gov.ps。

巴勒斯坦国家新闻中心网站，http://www.pnic.gov.ps。

巴勒斯坦中央选举委员会网站，http://www.elections.ps。

巴勒斯坦国际新闻中心网站，http://www.ipc.gov.ps。

巴勒斯坦人权中心网站，http://www.pchrgaza.org。

巴勒斯坦投资促进处网站，http://www.pipa.gov.ps。

巴勒斯坦证券交易所网站，http://www.p-s-e.com。

巴勒斯坦红新月会网站，http://www.palestinercs.org。

巴勒斯坦信息技术协会网站，http://www.pita-palestine.org。

巴勒斯坦比尔宰特大学法学研究所网站，http://lawcenter.birzeit.edu。

耶路撒冷媒体新闻中心（JMCC）网站，http://www.jmcc.org。

中华人民共和国外交部网站，http://www.fmprc.gov.cn。

中华人民共和国驻巴勒斯坦国办事处网站，http://ps.chinacommercialoffice.org/chn/。

美国中央情报局网站，https://www.cia.gov/cia/publications/factbook。

阿拉伯国家联盟驻华代表处网站，http://www.arableague-china.org。

联合国近东巴勒斯坦难民救济和工程处网站，http://www.un.org/unrwa。

联合国教科文组织网站，http://www.unesco.org/general/eng/programmes/peace-palestine。

索　引

A

B

D

F

J

H

G

K

L

M

N

R

S

X

Y

Z

第一版

后　记

对于巴勒斯坦这样一个特殊国家，按照编委会的要求编著列国志是一项极具挑战性的工作，这体现在三个方面。首先是全书的体例安排。在尽量符合编委会要求的情况下，作者根据巴勒斯坦的独特情况又做了适当的调整，希望能够准确体现巴勒斯坦的特点。其次是学术观点。针对一些重要问题，国内外专家都提出了不同的观点，有的甚至相去甚远，在认真研究分析这些成果的基础上，作者也提出了一些自己的观点和看法，同时对国内学术界尚未涉及的领域进行了较为深入的研究。最后是资料的搜集。部分章节资料稀少，作者参考了巴勒斯坦民族权力机构网站及一些国际组织的出版物和研究机构的研究成果，尽量做到资料翔实、准确、最新。

作为《列国志·巴勒斯坦》的召集人，中国社会科学院西亚非洲研究所殷罡研究员无私地提供了所积累的大量研究资料，对本书的编著提出了指导建议，耐心解答编著过程中遇到的学术问题。熟悉巴勒斯坦情况的前新华社驻加沙记者马晓霖也不辞辛苦，认真地对全书初稿进行了校订。本书编著过程中，作者还得到了中国社会科学院世界历史研究所杨灏城研究员的指导和热心帮助。巴勒斯坦驻华大使馆为本书提供了部分图片。对于所有这些帮助，作者铭记于心并深表感谢。

书稿完成后，中国社会科学院西亚非洲研究所赵国忠研究员、殷罡研究员，中国国际战略学会高级顾问许林根少将，前新华社驻加沙记者马晓霖审阅了书稿，提出了详细的修改意见。对这些学界前辈提出的中肯的宝贵意见，我谨表示诚挚的谢意。由于作者水平所限，书中的错漏之处在所难免，希望读者批评指正。

姚惠娜

2010 年 4 月于北京

第二版

后　　记

《列国志·巴勒斯坦》的修订，得到中国社会科学院创新工程“修订《列国志》国际调研与交流项目”资助，使用了2013年度国家社科基金青年项目“巴勒斯坦民族国家构建的进程与困境研究”（13CSS014）的阶段性成果。

2016年，我到约旦河西岸访问两个月，考察了拉姆安拉、伯利恒、杰里科、希伯伦和纳布卢斯等重要城市，与巴勒斯坦学者、政府官员、宗教和商业人士进行了交流，还拜访了嫁到纳布卢斯的中国姑娘钟彩燕一家。这次修订以搜集到的第一手资料为基础，根据巴勒斯坦最新的官方数据，对全书内容进行了补充、调整和修改。我的研究生秦政撰写了第二章第五节的第八部分、第四章第一节的第六部分、第八章第六节及大事纪年，也为其他章节的资料搜集做出了贡献。

我在巴勒斯坦的调研活动，得到新华社两任驻加沙分社记者马晓霖、刘立伟和高路的大力支持与帮助。刘立伟和高路专门为本书拍摄了照片。与中国驻巴勒斯坦办事处陈兴忠主任、罗敏昕等外交官的交流加深了我对巴勒斯坦问题的理解。希伯来大学孔子学院中方副院长、北京大学王宇教授为访问提供了极大便利。所有这些帮助我都铭记于心，深怀感激。

受自身水平限制，书中难免有错漏之处，恳请读者批评指正。

姚惠娜

2017年8月于北京

新版《列国志》总书目

亚洲

阿富汗
阿拉伯联合酋长国
阿曼
阿塞拜疆
巴基斯坦
巴勒斯坦
巴林
不丹
朝鲜
东帝汶
菲律宾
格鲁吉亚
哈萨克斯坦
韩国
吉尔吉斯斯坦
柬埔寨
卡塔尔
科威特
老挝
黎巴嫩
马尔代夫
马来西亚
蒙古国
孟加拉国
缅甸
尼泊尔
日本
塞浦路斯
沙特阿拉伯
斯里兰卡
塔吉克斯坦
泰国
土耳其
土库曼斯坦
文莱
乌兹别克斯坦
新加坡
叙利亚
亚美尼亚
也门
伊拉克
伊朗
以色列
印度
印度尼西亚
约旦

越南

非洲

阿尔及利亚
埃及
埃塞俄比亚
安哥拉
贝宁
博茨瓦纳
布基纳法索
布隆迪
赤道几内亚
多哥
厄立特里亚
佛得角
冈比亚
刚果共和国
刚果民主共和国
吉布提
几内亚
几内亚比绍
加纳
加蓬
津巴布韦
喀麦隆
科摩罗
科特迪瓦
肯尼亚
莱索托
利比里亚
利比亚
卢旺达
马达加斯加
马拉维
马里
毛里求斯
毛里塔尼亚
摩洛哥
莫桑比克
纳米比亚
南非
南苏丹
尼日尔
尼日利亚
塞拉利昂
塞内加尔
塞舌尔
圣多美和普林西比
斯威士兰
苏丹
索马里
坦桑尼亚
突尼斯
乌干达
西撒哈拉
赞比亚
乍得
中非

欧洲

阿尔巴尼亚
爱尔兰

爱沙尼亚
安道尔
奥地利
白俄罗斯
保加利亚
比利时
冰岛
波黑
波兰
丹麦
德国
俄罗斯
法国
梵蒂冈
芬兰
荷兰
黑山
捷克
克罗地亚
拉脱维亚
立陶宛
列支敦士登
卢森堡
罗马尼亚
马耳他
马其顿
摩尔多瓦
摩纳哥
挪威
葡萄牙
瑞典
瑞士
塞尔维亚
圣马力诺
斯洛伐克
斯洛文尼亚
乌克兰
西班牙
希腊
匈牙利
意大利
英国

美洲

阿根廷
安提瓜和巴布达
巴巴多斯
巴哈马
巴拉圭
巴拿马
巴西
玻利维亚
伯利兹
多米尼加
多米尼克
厄瓜多尔
哥伦比亚
哥斯达黎加
格林纳达
古巴
圭亚那
海地
洪都拉斯
加拿大
美国
秘鲁

墨西哥
尼加拉瓜
萨尔瓦多
圣基茨和尼维斯
圣卢西亚
圣文森特和格林纳丁斯
苏里南
特立尼达和多巴哥
危地马拉
委内瑞拉
乌拉圭
牙买加
智利

大洋洲

澳大利亚
巴布亚新几内亚
斐济
基里巴斯
库克群岛
马绍尔群岛
密克罗尼西亚
瑙鲁
纽埃
帕劳
萨摩亚
所罗门群岛
汤加
图瓦卢
瓦努阿图
新西兰

GUIDE to the WORLD NATIONS DATABASE 列国志数据库

国别国际问题研究资讯平台

全部 图书 文章 文献资料 知识点 图表 图片 音频 视频

全部数据库 检索 高级检索 对比检索

热词推荐： 韩国 自然资源 对外贸易 美国 外交关系 欧洲 经济 基础

当代世界发展问题研究的权威基础资料库和学术研究成果库

国别国际问题研究资讯平台

列国志数据库 www.lieguozhi.com

列国志数据库是以“十二五”国家重点图书出版规划项目、中国社会科学院创新工程学术出版资助项目《列国志》丛书为基础，全面整合国别国际问题核心研究资源、研究机构、学术动态、文献综述、时政评论以及档案资料汇编等构建而成的数字产品，是目前国内唯一的国别国际类学术研究必备专业数据库、首要研究支持平台、权威知识服务平台和前沿原创学术成果推广平台。

从国别研究和国际问题研究角度出发，列国志数据库包括国家库、国际组织库、世界专题库和特色专题库4大系列，共175个子库。除了图书篇章资源和集刊论文资源外，列国志数据库还包括知识点、文献资料、图片、图表、音视频和新闻资讯等资源类型。特别设计的大事纪年以时间轴的方式呈现某一国家发展的历史脉络，聚焦该国特定时间特定领域的大事。

列国志数据库支持全文检索、高级检索、专业检索和对比检索，可将检索结果按照资源类型、学科、地区、年代、作者等条件自动分组，实现进一步筛选和排序，快速定位到所需的文献。

列国志数据库应用范围广泛，既是学习研究的基础资料库，又是专家学者成果发布平台，其搭建学术交流圈，方便学者学术交流，促进学术繁荣；为各级政府部门国际事务决策提供理论基础、研究报告和资讯参考；是我国外交外事工作者、国际经贸企业及日渐增多的广大出国公民和旅游者接轨国际必备的桥梁和工具。

数据库体验卡服务指南

※100元数据库体验卡目前只能在列国志数据库中充值和使用。

充值卡使用说明：

第1步 刮开附赠充值卡的涂层；

第2步 登录列国志数据库网站（www.lieguozhi.com），注册账号；

第3步 登录并进入“会员中心”→“在线充值”→“充值卡充值”，充值成功后即可使用。

声明

最终解释权归社会科学文献出版社所有。

数据库服务热线：400-008-6695

数据库服务QQ：2475522410

数据库服务邮箱：database@ssap.cn

欢迎登录社会科学文献出版社官网（www.ssap.com.cn）

和列国志数据库（www.lieguozhi.com）了解更多信息

图书在版编目(CIP)数据

巴勒斯坦/姚惠娜编著. --2版. --北京：社会科学文献出版社，2017.12

(列国志：新版)

ISBN 978-7-5201-1822-4

Ⅰ.①巴… Ⅱ.①姚… Ⅲ.①巴勒斯坦-概况 Ⅳ.①K938.1

中国版本图书馆CIP数据核字(2017)第290198号

·列国志(新版)·

巴勒斯坦(Palestine)

编　著/姚惠娜

出 版 人/谢寿光

项目统筹/张晓莉

责任编辑/王丽影　肖世伟

出　版/社会科学文献出版社·列国志出版中心(010)59367200

地址：北京市北三环中路甲29号院华龙大厦　邮编：100029

网址：www.ssap.com.cn

发　行/市场营销中心(010)59367081　59367018

印　装/三河市尚艺印装有限公司

规　格/开 本：787mm×1092mm　1/16

印 张：22.25　插 页：1　字 数：330千字

版　次/2017年12月第2版　2017年12月第1次印刷

书　号/ISBN 978-7-5201-1822-4

定　价/79.00元